Jean-Charles
de Castelbajac

Les ANGES et toi

Michel LAFON
103, boulevard Murat - 75016 Paris

DESSINS ORIGINAUX
DE
JEAN-CHARLES DE CASTELBAJAC

— Pour Daniel.

— À mes deux Dames Blanches,
ma grand-mère Blanche Empereur-Bissonnet
et ma mère Jeanne-Blanche de Castelbajac.

— À mes fils Guilhem et Louis-Marie.

— À Sandra.

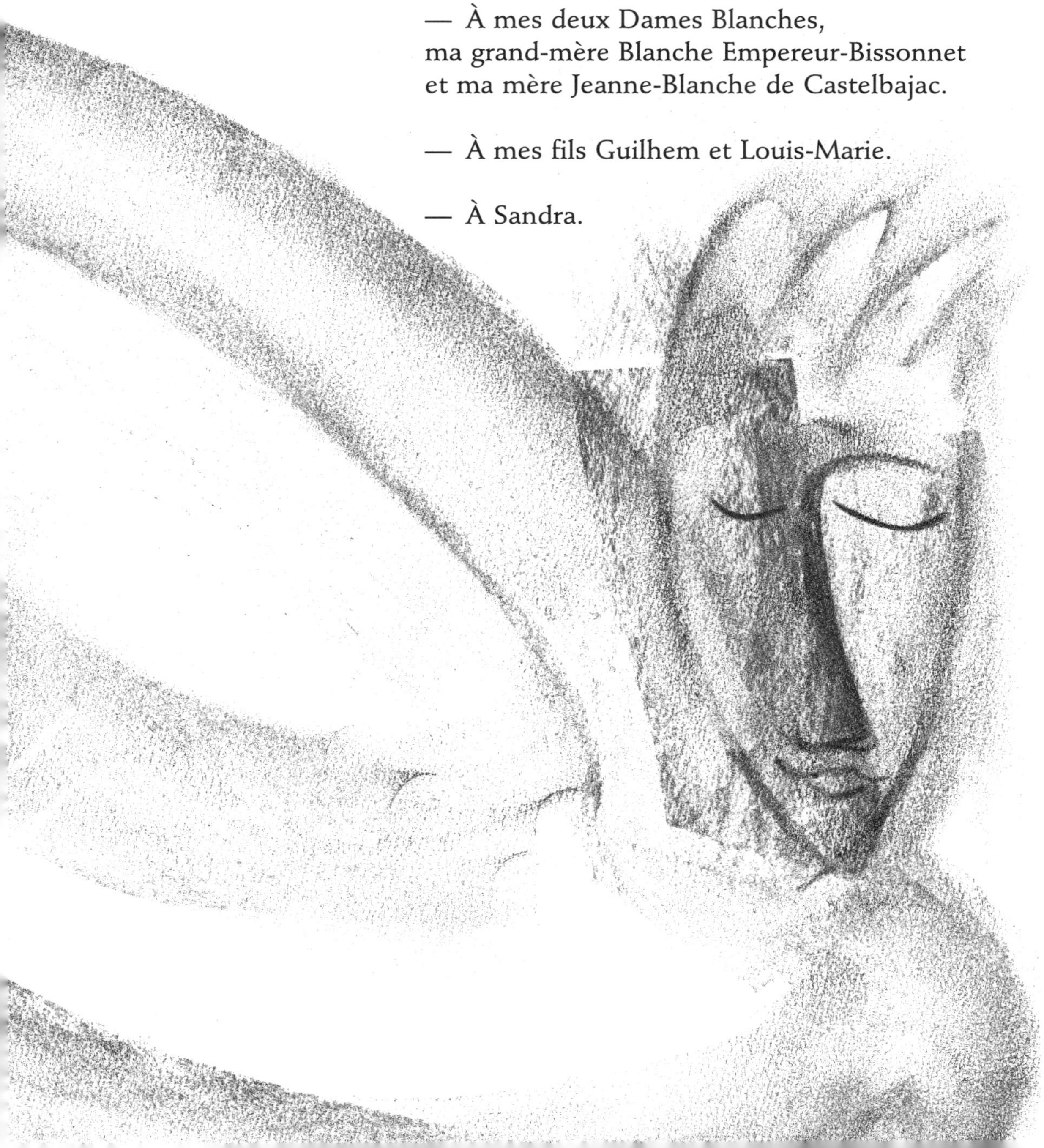

SUR LES AILES DE L'ANGE...

Du plus loin qu'il m'en souvienne, les anges m'ont inspiré. J'étais un petit garçon solitaire, l'ange devint mon compagnon. Je devais cet ami providentiel à ma grand-mère, qui me parlait toujours de mon ange gardien. Chez elle, à Nice, je dormais dans une chambre au bout d'un long couloir. Quand il me fallait le traverser, la nuit, les lourdes tentures qui habillaient les murs me remplissaient de terreur. J'imaginais derrière je ne sais quel ennemi. Un soir, j'ai demandé à mon ange de m'aider à surmonter ma peur. Elle a disparu pour toujours. Je venais de découvrir que l'ange figurait non seulement une compagnie, mais un protecteur et une force vive.

Tout cela me paraissait évident : je ne me suis jamais posé de questions sur l'existence des anges, pas plus d'ailleurs que sur celle de Dieu. Je sais maintenant que depuis l'aube de l'humanité, entre les mythes et l'Histoire, les anges veillent aux avant-postes de l'invisible dans le secret de la vie intérieure des hindous, des bouddhistes, des catholiques, des protestants, des islamistes, voire des animistes. Dans toutes les cultures, toutes les religions, ils sont là, présents, dans un idéal d'amour et de bienveillance. Au cours des siècles, les saints les plus vénérés, les plus grands prophètes, les artistes, peintres et sculpteurs, et les poètes les plus célèbres ont évoqué et glorifié ces créatures du Tout-Puissant. Mais bien avant que je ne me plonge dans les manuels, la présence angélique s'est imposée à moi. De façon naturelle, et singulièrement envahissante. Jeune créateur, je dessinais des anges sur les vêtements, je donnais à une bague une allure ailée, je faisais en sorte qu'on tienne mes tasses par le bout de l'aile d'un chérubin. Plus le temps passait, plus je suggérais l'ange par ces ailes en mouvement, dont la rythmique, comme celle des vagues, me semble appartenir à l'Éternel. Comme si les anges étaient là, parmi nous, au quotidien pluriel, pour nous permettre d'aller plus loin, plus haut, bref de nous dépasser.

J'ignorais encore, jusqu'au 11 mai 1981, qu'ils pouvaient nous sauver d'un péril. Ce jour-là, je revenais de faire un défilé à Rio et j'avais décidé de rejoindre Tokyo, via New York, pour une autre collection. C'était assez fou : je ne possédais pas de visa pour les

États-Unis. À Kennedy Airport, je me retrouvai donc dans le no man's land, en situation plutôt illicite, encadré par deux policiers assez désagréables qui devaient m'escorter jusqu'au terminal de Japan Airlines... Je suis fatigué, j'ai besoin de me rafraîchir. J'entre donc dans les toilettes, les deux policiers m'attendant à la porte. Près d'un lavabo, je vois un jeune homme affairé autour d'un petit paquet en kraft. Rien d'extraordinaire... Et pourtant soudain, je sens une présence, tout près de moi, qui m'enjoint fortement — c'était irrésistible — de quitter les lieux. Je n'éprouve aucune inquiétude, simplement « on » m'ordonne de sortir, et j'obtempère. Je dis aux policiers : « Il y a un garçon étrange, dans les toilettes... » À quoi ils me répondent sans aménité que tout le monde est étrange à New York. Nous faisons cinq pas et les toilettes explosent. Un kamikaze, une bombe, un ange et la vie préservée...

*

* *

À partir de cet événement, j'ai développé une acuité d'écoute toute particulière, j'ai fouillé dans l'histoire des anges — celle du moins que les hommes relatent —, j'ai cherché à mieux les connaître. Je me suis interrogé sur les anges rebelles, ces « démons » qui, au contraire de notre ange gardien, nous entraînent sur des voies périlleuses. Et j'en ai conclu qu'ils n'étaient pas si méchants que l'on croit. Je me souviens des dessins animés de mon enfance, avec le « bon » ange sur une épaule, et le « mauvais » de l'autre côté. Pas si mauvais, l'ange gauche, plutôt farceur ! Provocateur en tout cas. Es-tu capable de résister à cette tentation, à ce travers ? Image de notre terrible déchirement entre le bien et le mal, ces deux anges apparemment antagonistes visent en fait un but commun : nous permettre, l'un par l'assistance, l'autre par l'épreuve, de surmonter nos faiblesses et nos doutes.

Dans la décennie qui suivit la révélation new-yorkaise, la mode ne s'était pas encore emparée des anges. Pourtant je rencontrai de plus en plus de personnes — on trouve toujours ce que l'on cherche inconsciemment — qui me parlaient d'eux. Par exemple, le notaire de ma propriété du Gers, un être rationnel et pragmatique « en diable », disais-je étourdiment à l'époque, qui me conta un jour ses aventures angéliques, et me donna le nom de mon ange gardien. « Il s'appelle Daniel, me dit-il, c'est un ange de rédemption, de renaissance, qui demande qu'on distribue du bonheur, avec circonspection... »

« Avec circonspection »... Du coup, je suis devenu plus avare de mes dessins ou de mes créations ailées. Je peux dessiner un ange sur un casque de motard, pour mieux protéger celui-ci, ou à l'arrière d'une voiture ; quand je mets des ailes à un ours et que cet ours se retrouve dans les bras d'un enfant à qui ses parents parlent peu, je lui fais cadeau de ce compagnon qui combla mon enfance. Mais le jour où, pressé par une grande marque suédoise de vodka, je me suis vu dessiner un ange lutinant la bouteille pour une publicité, j'ai déchiré le contrat.

On ne badine pas avec les anges ! Et connaître notre ange gardien comme notre « démon » attitré nous permet de mieux cerner nos possibilités de faire le bien, et de résister à nos mauvais penchants, ou à nos erreurs de parcours. On a le droit de vouloir gagner de l'argent, de désirer le succès, le pouvoir, l'amour, mais les moyens d'y parvenir ne sauraient faire fi des lois du bien céleste. Les anges sont là, aussi, pour nous remettre sur le droit chemin.

*

*   *

Et puis soudain j'ai vu, à ma grande surprise, les anges envahir les journaux et les livres. Ils reviennent en première ligne sur le front du sacré, comme pour calmer nos angoisses en ces temps lourds d'incertitudes. Jamais autant de témoignages n'ont été publiés, concernant leurs interventions, leur protection, leurs avertissements, leurs « miracles ». C'est bien. À condition de ne pas se tromper de prière. Je me rappelle la fameuse chanson : « Lord, buy me a Mercedes Benz, Lord, buy me a color TV. » Trop de gens attendent de Dieu, et des anges, qu'ils leur offrent une télé couleur ! Ne sombrons pas dans cette déviance satanique, que même nos anges « démons » n'oseraient nous proposer.

C'est peut-être d'ailleurs cette utilisation pragmatique des plus subtiles de nos présences immanentes qui m'a donné le désir de ce livre. Un livre à plat, tranquille et modeste, qui nous conte l'histoire des anges à travers celle de l'humanité, nous indique les desseins de nos anges gardiens comme les challenges que nous proposent nos anges rebelles, mais qui aussi rappelle ce qu'est l'ange vraiment : un compagnon de route qui nous mène à la croix. C'est-à-dire à la résurrection, à la vie renouvelée, à l'expérience de Dieu et d'un homme enfin à son image.

Que les êtres humains se mettent soudain à l'écoute des messagers suprêmes est un signe double, qui reflète dans un premier temps une certaine détresse, mais annonce également qu'avec le troisième millénaire s'entrouvre un univers de paix, spirituel et lumineux. Si nous voulons arriver à cette beauté d'existence, ne nous trompons pas sur nos compagnons de route : l'ange est quelque chose de fort, c'est notre monture de combat. Car il faut se battre pour la douceur de vivre, il faut se battre pour avoir enfin le temps de rêver, il faut se battre pour instaurer un monde meilleur. Écoutons nos anges, en retrouvant le regard simple de l'enfance. Sachons que des myriades angéliques sont là pour nous aider — nous avons notre ange gardien, mais un ange en entraîne un autre —, et essayons de comprendre que dans cette démarche de fin de siècle (de *Faim de siècle* ?) vers ce qui devrait être enfin « les jours heureux », ils peuvent nous donner des ailes.

Jean-Charles de Castelbajac

Première partie

Des Anges et des Hommes

I

Les anges à travers l'Histoire

Anges messagers, médiateurs de Dieu dans le monde ; esprits-souffles qui se partagent le sensible ; astres-anges qui constituent l'armée des cieux dans les textes poétiques de la Bible, dans les liturgies de Qumrân, dans le recueil d'Hénoch ; anges marqués du sceau du nom propre qui sont des envoyés de Yahvé comme Michaël et Raphaël, ou anges gardiens personnellement attachés à chacun d'entre nous : l'apparition officielle du premier ange dans notre civilisation judéo-chrétienne survient dès les premières pages de l'Ancien Testament, au tout début de la Genèse. Lorsque Agar, la servante d'Abraham, enceinte du patriarche, s'enfuit, c'est l'ange de Yahvé qui la ramène au foyer où elle va — enfin — avoir un fils à la place de Sara, l'épouse d'Abraham, qui est stérile. L'ange de Yahvé lui dit alors :

« Tu es enceinte et tu enfanteras un fils,

et tu lui donneras le nom d'Ismaël,
car Yahvé a entendu ta détresse. »

Le nom Ismaël signifie « Que Dieu t'entende » ou « Dieu t'a entendu ». Il faut noter tout de suite que, dans les textes anciens, l'ange de Yahvé, ou ange de Dieu, n'est pas une créature distincte de Dieu, c'est Dieu lui-même sous la forme visible dans laquelle il apparaît aux hommes.

Quelques pages plus loin, mais de nombreuses années plus tard, toujours dans la Genèse, Dieu apparaît à Abraham, entouré de deux anges, pour lui annoncer que son épouse, malgré son grand âge, sera bientôt mère (elle enfantera Isaac).

Mais auparavant, les textes sumériens et assyro-babyloniens parlent de messagers semblables aux anges de la Bible. De même, dans l'Orient le plus ancien, on trouve des esprits, des génies très semblables à nos anges. Dans la tradition chinoise, ce sont des êtres invisibles, véritables ministres du « Seigneur du ciel », qui défendent autant qu'ils gouvernent les hommes, les animaux et la nature.

L'islam connaît également de nombreux anges ayant d'ailleurs chacun leur nom. Ils gardent les entrées du paradis pour empêcher les démons (« djinns » et « shaitans ») d'écouter aux portes. L'un des plus importants de la religion musulmane, Israfil, le « brûlant », est l'ange du jour du Jugement qui rend gloire à Allah dans un millier de langues, et Allah crée à partir de son haleine un million d'autres anges pour continuer son œuvre.

En fait, dans toutes les traditions spirituelles, sous différentes appellations ou formes, les anges apparaissent avec l'histoire de l'homme.

DES PLUS ANCIENNES CIVILISATIONS JUSQU'À NOS JOURS

Orientalistes, biblistes, ethnologues et historiens des religions s'accordent pour démontrer que la question des anges est loin de n'être qu'un domaine insolite dans les préoccupations des hommes d'aujourd'hui. Les textes anciens et les documents archéologiques de toutes les grandes communautés ont développé ce propos, depuis les plus antiques civilisations de Mésopotamie et d'Égypte jusqu'à nos jours.

En Égypte et en Mésopotamie, dans les textes de sagesse, les proverbes, les fables comme dans les compositions sumériennes, akkadiennes et babyloniennes, on retrouve des divinités du panthéon central rattachées à la protection de chaque individu : anges gardiens médiateurs des hommes à côté des grands dieux qui trônent au ciel.

Dans l'Asie des grandes cultures, l'adepte du Tao, notamment, croit en la présence dans le corps d'esprits divins porteurs de vie dont il faut s'attirer la bienveillance en menant une existence pure, remplie d'actes de bienfaisance.

Quant au mazdéisme iranien, il représente une terre de prédilection pour l'angélologie avec ces Fravasi, divinités créées pour l'assistance des humains et l'application des plans divins.

Si l'une des composantes majeures de la tradition religieuse juive est que Dieu se sert des anges pour diriger l'univers et l'Histoire, le monde gréco-romain, avant que s'y développe le christianisme, oscillait, par la pensée de Platon, entre Dieu et des puissances dont l'homme peut ressentir la présence ou l'action. Ainsi Éros est-il un « agent divin » placé entre les dieux et les hommes, personnifiant les pouvoirs de la déesse Aphrodite auprès des humains.

Chez Plutarque, prêtre de l'Apollon delphien, on trouve de bons démons qui transmettent aux hommes des impulsions divines et opèrent des interventions bénéfiques pour ceux qui les méritent.

Chez les Romains, il existe parmi les divinités des êtres intermédiaires entre ciel et terre « vivants, aériens, éternels » qui ont pour mission d'inspirer et de guider les hommes vers ce qu'ils doivent faire pour s'élever au-dessus de la condition humaine.

LES ANGES À TRAVERS LES RELIGIONS

Toutes les religions évoquent des êtres intermédiaires, par leur nature ou par leur fonction, entre la divinité et les hommes.

À Babylone et en Égypte

Déjà la religion babylonienne connaissait les anges et l'on sait que les Sumériens croyaient en un être bienfaisant (Lamma) qui protégeait personnellement chacun d'eux. Dans les croyances égyptiennes, Bès (ou Ihty ou Haty) est une des figures les plus familières de génie, mi-ange, mi-démon, suscitant rires ou frayeurs qui désarment les esprits malveillants ; Bès a la charge de protéger la vie quotidienne, d'où sa représentation figurative sur presque tous les objets familiers, notamment ceux qui se trouvent dans les chambres à coucher. En effet, il épargne à ceux qui dorment les tourments des démons. Il a également la réputation de protéger les femmes enceintes et leur nouveau-né.

À la vue de la statuette en bronze de Bès-Harpocrate que l'on peut admirer au musée de Berlin, on comprend aussi que la question du sexe des anges ait tant préoccupé les hommes : Bès y est représenté avec une poitrine féminine, des cuisses de femme et un sexe d'homme !

Cette question pourtant nous paraît bien naïve aujourd'hui. Les anges ne sont pas des créatures humaines, mais des êtres immatériels, incorporels, même si leur présence peut parfois revêtir des traits humains, comme certains en ont témoigné.

En Inde, Chine et Iran

C'est dans le taoïsme mystique que l'on trouve ce qui ressemble le plus à nos anges : durant sept années, au cours du quatrième siècle, un certain Yang Hsi écrivit, sous la dictée de plusieurs *chen-jen* (personnes réalisées) venues d'une Shang-ch'ing (pureté supérieure), les textes canoniques qui devaient devenir par la suite la base de la doctrine religieuse Shang-ch'ing.

Dans la religion hindoue, et bien avant l'époque védique, on rencontre, non pas des anges, mais plutôt des démons ou démones, pressentis comme des êtres représentant l'ignorance et le refus de l'ordre cosmique. Il s'agit d'êtres non humains, partie prenante dans la lutte du bien et du mal que se livrent les forces cosmiques dans le conflit éternel.

Dans la vieille religion iranienne, le mazdéisme, des êtres très proches de nos anges s'appellent les Fravasi. Il s'agit d'une cohorte de divinités spécialisées, dirons-nous, dans l'assistance, la protection des fidèles en situation dangereuse. Dans l'*Avesta*, livre sacré du mazdéisme, un long hymne d'éloge (un Yast) leur est consacré, qui est récité durant les cérémonies marquant le mois de mars et le dix-neuvième jour du mois. Les Fravasi, équivalents des *pitaras* en Inde, figurent non pas exactement des anges gardiens de chaque individu, mais des pères et ancêtres, génies tutélaires de la famille, du clan, de la tribu ou de la nation.

Dans l'Ancien Testament

Après la destruction du Temple de Salomon à Jérusalem par les Babyloniens, ce sont les anges qui rapprocheront désormais Dieu de son peuple : l'ange de Yahvé devient la voix, la parole de l'Éternel tout-puissant qui l'envoie en mission sur terre, et il sera aussi l'intermédiaire entre les hommes, et lui, il intercédera en notre faveur. Ainsi arrivent progressivement dans la Bible des anges ayant leur propre nom. D'abord Raphaël, « l'un des sept anges qui se tiennent devant la Gloire du Seigneur », puis Gabriel, l'ange interprète des visions, et Michaël, prince des anges qui secourt Israël.

Ensuite, chaque nation dans le monde aura son ange protecteur et intermédiaire entre Dieu et sa population. On dénombre alors soixante-dix nations qui auront ainsi leur ange gardien venant prendre la place des nombreux dieux particuliers de chacune d'entre elles. Leur nom propre sera forgé avec le suffixe « El » ou « Iah », qui signifie « Divinité », ajouté à la particularité protectrice de l'ange qui prendra désormais le relais de Dieu, le vrai, l'unique, remplaçant tous les dieux païens précédents.

Ce n'est qu'à partir du Moyen-Âge chrétien que se définit clairement la conception actuelle des anges dans le catholicisme : messagers entre Dieu et les hommes qu'ils protègent et soutiennent.

On peut noter toutefois que certains religieux juifs modernes ne voient plus en eux que des symboles ou des allégories. Mais au fond quelle importance ? Si les anges, aux yeux de certains, ne sont que le symbole de la présence divine en nous, une présence plus familière, moins terrible que la Divinité en soi, nous pouvons invoquer celle-ci de la même manière que nous le ferions avec un ange gardien.

Dans le Nouveau Testament

Même si les anges se font plus discrets dans la tradition chrétienne, leur importance est capitale : c'est un ange qui annonce à Joseph la naissance prochaine du Messie, c'est l'archange Gabriel qui annonce à la Vierge Marie qu'elle va porter et mettre au monde le Sauveur, c'est un messager accompagné d'une armée céleste qui guide les bergers vers la grotte de la Nativité, et c'est un ange encore qui prévient les parents de Jésus du massacre des enfants de moins de deux ans fomenté par le roi Hérode et leur permet de fuir en Égypte pour que Jésus échappe à cette tuerie.

Lorsque, après son baptême par Jean-Baptiste, Jésus se retire quarante jours dans le désert d'où il ressort vainqueur des tentations du Démon, ce sont les anges qui l'accueillent et le fêtent.

Et durant son agonie, un ange descend du ciel pour réconforter Jésus.

Enfin, le jour de Pâques, ce sont des anges qui,

devant le tombeau vide de Jésus, apprennent aux saintes femmes que le Christ est ressuscité.

Quant à l'Apocalypse, elle est entièrement révélée par un ange et la présence des anges y est constante. Un chœur d'anges entoure d'ailleurs en permanence le trône de Dieu et chante ses louanges. Ils sont au nombre de sept, ce sont les anges aux sept candélabres. Au moment de la révélation faite à Jean sur l'île de Patmos, Dieu dépêche son ange pour la faire connaître à Jean son serviteur ; d'après les exégètes, l'ange envoyé représente le Christ lui-même, et ainsi, « la parole de Dieu est attestée par Jésus-Christ ».

« Je me retournai pour regarder la voix qui me parlait et m'étant retourné je vis sept candélabres d'or, entourant comme un fils d'homme, revêtu d'une longue robe serrée à la taille par une ceinture en or. Sa tête, avec ses cheveux blancs, est comme de la laine blanche, ou de la neige, ses pieds pareils à de l'airain précieux que l'on aurait purifié au creuset, sa voix comme le mugissement des grandes eaux. Dans sa main droite il a sept étoiles, et de sa bouche sort une épée effilée, à double tranchant ; et son visage, c'est comme le soleil qui brille dans tout son éclat. »

À cette vue, Jean raconte qu'il tombe au sol,

comme mort, ou en extase, mais l'ange le touche de sa main droite et le rassure :

« Ne crains rien, c'est moi, le Premier et le Dernier, le Vivant. J'ai été mort, et me voici vivant pour les siècles des siècles, détenant la clef de la Mort et de l'Hadès. Écris donc tes visions : le présent et ce qui doit arriver plus tard. Quant au mystère des sept étoiles que tu as vues dans ma main droite et des sept candélabres d'or, le voici : les sept étoiles sont les anges des sept Églises ; et les sept candélabres sont les sept Églises. »

Dans l'islam

Dans le Livre saint des musulmans, le Coran, on trouve trois catégories d'esprits, dont les anges et les djinns. Créés par Allah, les anges célèbrent nuit et jour les louanges de Dieu sans jamais s'interrompre. Ils intercèdent également en faveur des croyants qu'ils sont spécialement chargés d'aider lorsqu'ils combattent pour une cause juste qui plaît à Dieu : ce sont des armées célestes de trois mille et cinq mille anges qui contribuent à la première victoire musulmane. Comme dans la tradition hébraïque, ils sont des messagers : ils ont pour nom *rusul*, qui signifie « envoyé ». Gardiens du ciel dont ils ferment l'entrée aux démons avec les djinns, les anges sont parfois personnifiés, tel Gabriel (Djibril), qui est l'ange de la révélation coranique puisque c'est lui qui transmet au Prophète Mahomet (ou Muhammad) la parole de Dieu que celui-ci retranscrira fidèlement. Cette dictée surnaturelle (selon la jolie expression de Louis Massignon), la Parole même de Dieu, donnera le Coran.

Les djinns constituent, eux, une classe intermédiaire entre les anges et les démons puisqu'il existe de bons et de mauvais djinns. Si les djinns semblent provenir de l'animisme arabe antérieur à la Révélation, les anges, eux, proviennent indiscutablement de l'héritage judéo-chrétien.

II

Qui sont les anges et que peuvent-ils pour nous ?

Traduit de l'hébreu *mal'ak*, le mot « ange » signifie « messager ». Il ne faudrait jamais oublier ce sens premier du mot. En effet, ces anges qui nous protègent, parlent à notre conscience ou nous font agir et réagir parfois, sont d'abord les messagers de Dieu. Même si, dans la doctrine religieuse des esséniens de Qumrân, dès le premier siècle avant Jésus-Christ, le nom des anges est un secret que seul l'initié connaît et ne peut en aucun cas dévoiler, que ce soit dans l'Ancien Testament, la tradition orthodoxe, l'essénisme ou le Nouveau Testament, l'angélologie dit la même chose : les anges sont des êtres invisibles, purs esprits dont les ailes — lorsqu'ils en ont, ce qui n'est pas systématiquement le cas — symbolisent autant la rapidité d'intervention que le rôle de messagers, d'intermédiaires, de relais, de guides qui accompagnent les hommes pour les protéger, et aussi transmettre leurs prières. Tout au long des saintes Écritures, au cours des chapitres, livres, versets de la Bible, de l'Ancien au Nouveau Testament, les anges apparaissent d'abord et avant tout pour transmettre aux hommes la volonté divine.

LA HIÉRARCHIE CÉLESTE

Messagers du « camp de Dieu », les anges des chrétiens eux-mêmes trouvent donc leur origine dans la plus ancienne partie de la Bible, cet Ancien Testament dont la rédaction s'échelonne entre le dixième et le premier siècle avant notre ère chrétienne. Chez les Hébreux, où apparaissent en premier lieu nos anges d'aujourd'hui, chérubins et séraphins sont représentés comme des êtres plutôt monstrueux (séraphins au corps de taureau ailé à tête humaine, semblables à ceux qui veillent à l'entrée des temples et palais assyriens ; ou séraphins parfois figurés comme des serpents venimeux, brûlants et volants qui hantent les déserts ; ou bien encore monstres à quatre têtes dont une d'homme, une de lion, une de taureau, une d'aigle). Ils n'en agissent pas moins toujours comme serviteurs de Dieu. L'origine de ces représentations est sans doute étrangère, probablement proche-orientale. Mais l'influence de la Perse est tout aussi marquée dans l'évolution de l'angélologie : les savants s'accordent à penser que la religion de Zoroastre, qui avait une doctrine très développée sur les esprits, a exercé une influence non seulement sur l'importance accordée aux anges mais aussi sur leur hiérarchisation.

Les sept anges de la Face qui entourent Jésus au moment de la révélation de l'Apocalypse à Jean sont présents dans l'angélologie perse et la notion d'archange y est ébauchée avant qu'apparaissent des anges supérieurs nommés « premiers princes » dans le Livre de Daniel.

Ainsi les anges sont-ils, dans leur figuration, le résultat d'une longue évolution, y compris dans la religion israélite. Ils ont d'ailleurs continué cette évolution dans l'ère chrétienne, où ils sont parfois devenus ailés. Chérubins et séraphins deviennent alors des anges à part entière, et les anges déchus pour s'être révoltés contre Dieu deviennent des démons.

Officiellement codifiée au sixième siècle par Denys l'Aréopagite, d'après la liste de saint Paul, la sainte Hiérarchie céleste se divise en trois ordres.

La première, la hiérarchie supérieure, se compose des chérubins, séraphins et trônes qui siègent immédiatement auprès de Dieu dans une plus grande proximité que tous les autres. Aux trônes revient la révérence, aux chérubins la sagesse, aux séraphins la bienveillance.

La seconde hiérarchie se compose des puissances — dont le rôle est de repousser les puissances contraires —, des dominations et des vertus.

La troisième hiérarchie, enfin, comprend des principautés qui gouvernent, des archanges qui révèlent, et des anges qui soutiennent parce qu'ils « gardent ceux qui sont debout de peur qu'ils ne tombent et aident ceux qui sont tombés à resurgir » (saint Bonaventure).

Séraphins, chérubins et trônes

Ordre le plus élevé dans la hiérarchie, les séraphins, dont le nom signifie en hébreu « incendiaires » ou « chauffants », portent six ailes et entourent le trône de Dieu en chantant : « Saint ! Saint ! Saint ! » Ce sont des anges d'amour, de lumière et de feu : leur chaleur purificatrice semblable à celle de la foudre fait disparaître tout ce qui est producteur de ténèbres.

« Chérubin » signifie « abondance de science » ou « effusion de sagesse ». Les chérubins transmettent leur pouvoir de connaître et de voir Dieu. Leurs chefs sont

Ophaniel, Rikbiel, Zophiel ; et Satan, avant sa chute, en faisait partie.

Le nom donné aux trônes, lui, tient à leur mission qui est de rapporter aux hommes la justice divine. Dans la kabbale juive, on les nomme les chars ou la *merkabah*. Le prince régnant des trônes s'appelle Oriphiel, Zabkiel ou Zaphiel.

Dominations, vertus et puissances

Depuis le Moyen-Âge, elles sont représentées vêtues de longues aubes ornées d'une étole verte et fermées par une ceinture d'or. Elles ont dans la main droite un bâton de commandement en or et dans la main gauche le sceau de Dieu.

Dans la hiérarchie intermédiaire des esprits célestes, les saintes dominations, un globe ou un sceptre en main, organisent et dirigent les tâches exécutées par les anges. Dans la tradition hébraïque, le chef de cet ordre s'appelle Hashrnal ou Zadkiel.

Les saintes vertus, dont le nom marque le courage et l'inflexibilité dans toutes les entreprises qui peuvent rapprocher de Dieu, ont la charge de faire les miracles sur terre.

Les saintes puissances, à égalité de rang avec les dominations et les vertus, accueillent les dons divins en empêchant les démons de dominer le monde. Le chef des puissances se nomme Ertosi, Sammael ou Camael.

Principautés, archanges et anges

La dernière des hiérarchies angéliques se compose des principautés déiformes, des archanges et des anges. Le seul nom de « principautés » annonce bien clairement leur hégémonie, la suprématie qu'elles exercent sur le monde terrestre et qui leur vient de Dieu dans un ordre sacré. Leur chef, le « premier parmi les principautés » est parfois nommé Requel, Anael ou Cerviel.

Les saints archanges ont même rang que les principautés. Avec les anges, ils sont les gardiens des hommes et de la terre. Et ce, afin de permettre aussi bien l'ascension vers Dieu que la conversion, la communion et l'union à Dieu. Mais ils peuvent être, comme les anges, messagers des êtres humains. Leur pouvoir est d'accorder aux hommes ce qu'ils leur demandent et demandent à Dieu, s'ils le méritent, bien sûr.

Trois archanges entourant le trône de Dieu sont fréquemment et nommément cités dans les Écritures. Ce sont Raphaël, Gabriel et Michaël, les seuls dont les noms ne changent pas tout au long des différents textes sacrés et qui sont officiellement reconnus dans la Bible.

GABRIEL

Gabriel, ange de miséricorde, chef des anges gardiens, dont le nom signifie « force de Dieu » ou « héros de Dieu », est l'ange de la révélation, des bonnes nouvelles. À la Vierge Marie il apprendra la naissance du Sauveur, à Mahomet il apportera, en compagnie de Michaël, la révélation lors de sa « nuit de puissance et de gloire ».

MICHAËL

Michaël, dont le nom signifie « qui est comme Dieu », est le prince des armées célestes, le saint patron d'Israël, le protecteur de l'Église catholique.

RAPHAËL

Raphaël, dont le nom signifie « Dieu guérit », est le chef des anges gardiens. Saint protecteur des pèlerins, ange de la providence, il veille sur notre monde.

Enfin arrivent les anges, grands intercesseurs entre les hommes et Dieu, la garde et l'assistance invisibles de Dieu auprès des hommes. L'appellation d'« anges gardiens » apparaît dans la bouche même du Christ à propos des enfants auxquels ils seraient tout particulièrement attachés.

LE RÔLE DES ANGES

La philosophie, la théologie, les religions et les sciences croient souvent aux anges. Et, nous l'avons dit, il ne s'agit pas ici de se poser des questions sur leur réalité mais de tenter de mieux comprendre ce qu'ils sont et font exactement, et ce que l'on peut raisonnablement attendre d'eux.

Créatures parmi les plus parfaites de Dieu, les anges sont de purs esprits, et le lien qui unit chaque homme au divin. Leur action concerne donc chacun d'entre nous en particulier ; c'est pourquoi il est essentiel de définir leur rôle, tel qu'il nous est révélé par les textes sacrés.

Le premier rôle des anges est de soutenir les humains tout en respectant parfaitement leur libre arbitre. Chacun d'entre nous a un ange gardien, « pour le diriger et l'aider, comme un pédagogue et un pasteur, c'est l'enseignement de Moïse », écrit saint Basile.

Dieu nous a donné cette assistance pour nous aider à combattre nos faiblesses.

Si près de Dieu...

Les anges ont une intelligence déiforme qui se rapproche de celle de Dieu et leur permet de concevoir, de comprendre nos insuffisances, tout en acceptant totalement dans le même mouvement, qui n'est que d'amour, notre libre décision. Bien qu'ils soient tournés vers Dieu et éblouis par la souveraine Bonté, ils nous aiment, sans limites, avec et jusque dans nos imperfections. En rien ils ne considèrent qu'ils s'abaissent à notre service mais au contraire, en nous accompagnant, ils obéissent à la volonté de Dieu et le servent.

Les humains, eux, ont beaucoup de mal à concevoir un amour aussi désintéressé qu'attentif. C'est pourtant au nom de cet amour d'essence divine que l'ange protège des dangers, apporte la paix intérieure et se fait le messager qui transmet nos prières au Seigneur. Mais ce qui trouble sans doute le plus l'intelligence humaine est que ce compagnon, qui connaît, comprend nos faiblesses et nos tentations, respecte totalement notre libre arbitre : il nous aide à concevoir le bien, il est notre bonne conscience mais il nous laisse entièrement libres de décider de notre destin. Un tel respect de notre nature est sans doute la plus grande et la plus stupéfiante leçon que les anges nous donnent. Si nous faisons le choix de privilégier nos mauvais instincts, notre ange gardien souffre pour nous, rappelle à notre conscience le droit chemin mais ne décidera jamais à notre place.

L'ange est un soutien indéfectible, prêt à répondre

à notre appel, toujours présent pour nous soutenir, nous aider, nous conseiller. Mais Dieu nous a voulus libres d'aimer et d'écouter notre ange gardien ou d'oublier, voire de nier son rôle.

Messager de nos prières auprès de la Divinité, l'ange est aussi pour nous le vecteur qui nous permet de nous élever vers elle. Cet esprit supérieur est le lien que Dieu a placé entre les humains et sa perfection, sa bonté infinie. Notre ange est en quelque sorte la main tendue que nous offre le Créateur pour que nous puissions nous parfaire spirituellement mais, encore une fois, toute liberté nous est laissée de ne pas saisir cette main, de l'ignorer.

L'ange est, en outre, ange de pénitence. La fonction est a priori inquiétante. Mais c'est oublier que nous recevons, dans le même temps que la punition voulue par Dieu, la possibilité de nous repentir, et la rémission. C'est là l'ineffable générosité du Sauveur. Le rôle de l'ange gardien n'est donc, toujours, que positif, et il ne tient qu'à nous de saisir cette constante opportunité.

L'ange est, enfin, ange de prière. Chaque prière que nous adressons au Seigneur est portée vers lui par notre ange gardien.

L'ange, trait d'union constant entre le Créateur et

l'homme, est le vecteur de notre spiritualité. Si nous ne montrons qu'indifférence à l'égard de cette formidable possibilité qui nous est donnée d'être en relation intime avec le spirituel, notre ange en éprouvera une infinie tristesse, mais jamais il ne nous abandonnera pour autant. Il sera toujours là pour répondre au plus timide, au plus faible appel ; toujours présent, toujours prêt à aider notre âme à progresser dans la vie spirituelle, à lui donner le choix de s'élever vers le bien.

L'armée des anges, d'après les Écrits sacrés, est, comme nous l'avons vu, organisée selon une hiérarchie précise. L'ordre supérieur le plus proche de Dieu se compose des chérubins, séraphins et trônes. Le second, des dominations, des puissances et des vertus. Le dernier est l'ordre des principautés, des archanges et des anges. « C'est cet ordre (...) qui, à travers les degrés de sa propre ordonnance, préside aux hiérarchies humaines, afin que se produise de façon ordonnée l'élévation spirituelle vers Dieu » (*Hier. cael.,* IX, 2 ; Gandillac).

La vocation de la hiérarchie angélique est de nous purifier, de nous illuminer et de nous unir à la perfection divine.

Ces trois rôles sont décrits et expliqués dans les

textes du pseudo-Denys puis de saint Thomas d'Aquin. Dieu étant la lumière suprême, ineffable, les anges la reçoivent et peuvent nous la communiquer en se tournant vers nous. Cette lumière, cette purification transmises par les anges peuvent amener l'âme vers les sommets de la vie spirituelle. L'homme ayant gravi tous les échelons de la spiritualité pourra enfin s'unir à la lumière divine. « Ainsi les anges assistent-ils à l'ascension de l'âme. Ils la voient sortir de l'obscurité du péché, s'élever jusqu'à eux par la vie de la grâce, et monter au-delà d'eux dans la gloire que le Verbe de Dieu, en s'unissant à elle, a conférée à la seule humanité », explique le cardinal Daniélou (*Les Anges et leur mission*, éd. Desclée).

Reste pour l'homme à saisir cette possibilité, ou à la dédaigner. C'est ainsi que la religion chrétienne définit le rôle de votre ange gardien. Elle rejoint en cela les autres religions. On retrouve dans toutes les démarches spirituelles ce lien possible entre Dieu et les hommes.

Les anges sont donc des compagnons toujours attentifs, présents, disponibles.

Le bon Curé d'Ars priait tous les jours son ange : « Bonjour, mon ange gardien. Je vous aime tendrement ; vous m'avez gardé cette nuit pendant que je dormais, gardez-moi, s'il vous plaît, pendant ce jour, sans malheur ni accident et sans offenser Dieu, au moins mortellement. »

Plus près des hommes...

Pour permettre à l'homme de mieux concevoir cette entité abstraite, cette présence qui n'a aucune matérialité, qui est pure intelligence, pur esprit, les textes anciens ont défini des anges qui seraient « localement » plus proches de nous. Ainsi dans la kabbale une relation est-elle établie entre l'horoscope de naissance de chaque individu et la proximité d'une « force spirituelle », ou ange, qui est en vibration avec nous.

La kabbale définit également un cadre d'activités qui est propre à chaque ange. Ceci, sans doute, pour nous permettre de mieux appréhender la réalité et la présence angéliques. La kabbale a ainsi défini soixante-douze anges correspondant à tous les degrés du Zodiaque. Cette définition est en quelque sorte théorique puisque les anges, selon les Textes, sont des milliers, des myriades. Considérons que ces soixante-douze anges sont en fait les représentants de ces myriades d'autres anges, définis et dénommés pour nous permettre de mieux appréhender les troupes angéliques, et de mieux concevoir leur divine présence.

La kabbale, d'ailleurs, répartit ces soixante-douze anges en neuf groupes de huit, constituant les neuf chœurs angéliques formant la hiérarchie.

À chaque ange ainsi défini a été donné un nom. Ce nom a été conçu par les rabbins kabbalistes selon des règles ésotériques en sélectionnant, dans la Bible, un texte qui parle des anges. Le texte est composé de trois versets dans lesquels trois lettres ont été choisies selon un ordre kabbalistique. Ces trois lettres forment un radical auquel il a été adjoint une terminaison en El ou Iah. Le choix s'est fait ainsi pour les soixante-douze anges correspondant aux degrés du Zodiaque.

Donc nous pouvons, pour mieux concevoir notre ange gardien, le définir en fonction de notre date de naissance et lui donner le nom correspondant.

Libre à nous de considérer ces définitions comme un simple moyen de faciliter notre prise de conscience des plans subtils de la spiritualité, d'estimer cette personnalisation superflue et donc de nous adresser à notre ange gardien comme à une entité abstraite sans utiliser ces vecteurs de matérialité que sont la localisation zodiacale ou le nom. Mais nous pouvons aussi trouver que ce nom et cette date facilitent pour l'homme ou la femme, ancrés dans leur corporalité, le rapport avec l'ange.

L'ange, étant esprit pur et empreint de bonté divine, comprend notre difficulté humaine à le concevoir, lui, guide de lumière, esprit céleste.

C'est sans doute, d'ailleurs, pour les mêmes raisons que les anges sont parfois matérialisés et décrits dans la Bible. Les ailes que nous leur prêtons symbolisent leur rôle de messagers entre la terre et les régions célestes où règne Dieu.

Mais dans les témoignages de plus en plus nombreux et récents d'hommes et de femmes ayant eu le bonheur de croiser leur ange gardien, on découvre de multiples formes de matérialisation : un ange ailé parfois, mais aussi un être ayant l'apparence d'un homme ou d'une femme, une voix intérieure (ou extérieure), un bruissement, l'impression d'une main qui pousse ou d'un souffle qui transporte, la sensation d'une présence ou l'émergence soudaine d'un sentiment de certitude, de paix, de bonheur ou de calme…

Peu importe somme toute cette matérialité de quelques instants, l'ange est intervenu pour le bien de son protégé et c'est cela l'important.

Deuxième partie

Anges-Gardiens Archanges et Démons

Les anges, nous l'avons dit, sont myriades, et c'est pour faciliter nos rapports avec l'armée céleste que la kabbale a « sélectionné », si nous osons dire, soixante-douze anges gardiens en fonction de notre date de naissance. Cette partie du livre leur est presque exclusivement consacrée. Nous avons cependant voulu faire une place à part aux dix archanges « commandeurs » qui protègent l'humanité tout entière.

Mais ce qu'il faut savoir aussi, c'est que dans la cohorte angélique existent des anges déchus, qui, à l'instar de Satan, se sont rebellés contre Dieu et ont rejoint les forces du Mal. Ceux-là aussi, hélas, nous interpellent, tentent de nous attirer sur le mauvais chemin. Il est important de connaître leur existence, de nous méfier de leurs sournoises interventions et de prier nos bons anges de les éloigner de nous. Les anges gardiens sont également faits pour cela. Nous vous présenterons donc également les soixante-douze anges rebelles et nous vous signalerons le nom des anges que vous pouvez invoquer pour les éloigner.

I

Ces soixante-douze anges qui nous gardent

Certains anges protègent plus volontiers les arts, les lettres, les affaires ou les négociations, la santé ou la recherche spirituelle. C'est pourquoi, outre votre ange gardien, vous pouvez aussi faire appel aux autres — à ceux des autres ! Les anges ne connaissent pas la rivalité ni la jalousie ! Toute demande sincère sera entendue. Quelle que soit la définition de l'ange, il reste un messager de la gloire divine toujours prêt à vous aider à vous rapprocher du Seigneur, et, plus prosaïquement, à mieux gérer votre vie.

Voici les soixante-douze anges définis depuis quatre mille ans par la kabbale. Chaque ange gouverne, en fait, cinq ou six jours de l'année, et les personnes nées pendant ces journées peuvent considérer cet ange comme leur ange gardien. La localisation de cet ange par rapport aux degrés du Zodiaque lui confère des centres d'intérêt et des qualifications particulières.

Du 21 au 25 mars

Vehuiah

Cet ange séraphin accorde une vraie volonté pour créer ou transformer, une particulière facilité pour passer à l'acte. Il vous aide à devenir leader dans n'importe quel domaine. En vous permettant d'acquérir rapidité de raisonnement et vraie lucidité envers vous-même, il vous fera performant et fort. En raffermissant votre âme, il vous rend courageux face au danger et capable d'accomplir des exploits ou d'être novateur. Vehuiah saura également vous aider à vous dominer et à vous libérer de cette brève folie qu'est la colère. Mais bien entendu cet ange ne vous entendra pas si vous l'invoquez pour satisfaire des besoins ou des envies égoïstes. En revanche si votre recherche tend vers la lumière et la bonté, cet ange gardien vous apportera une énergie puissante pour mener à bien vos projets et il fera couler vers vous ses forces spécifiques.

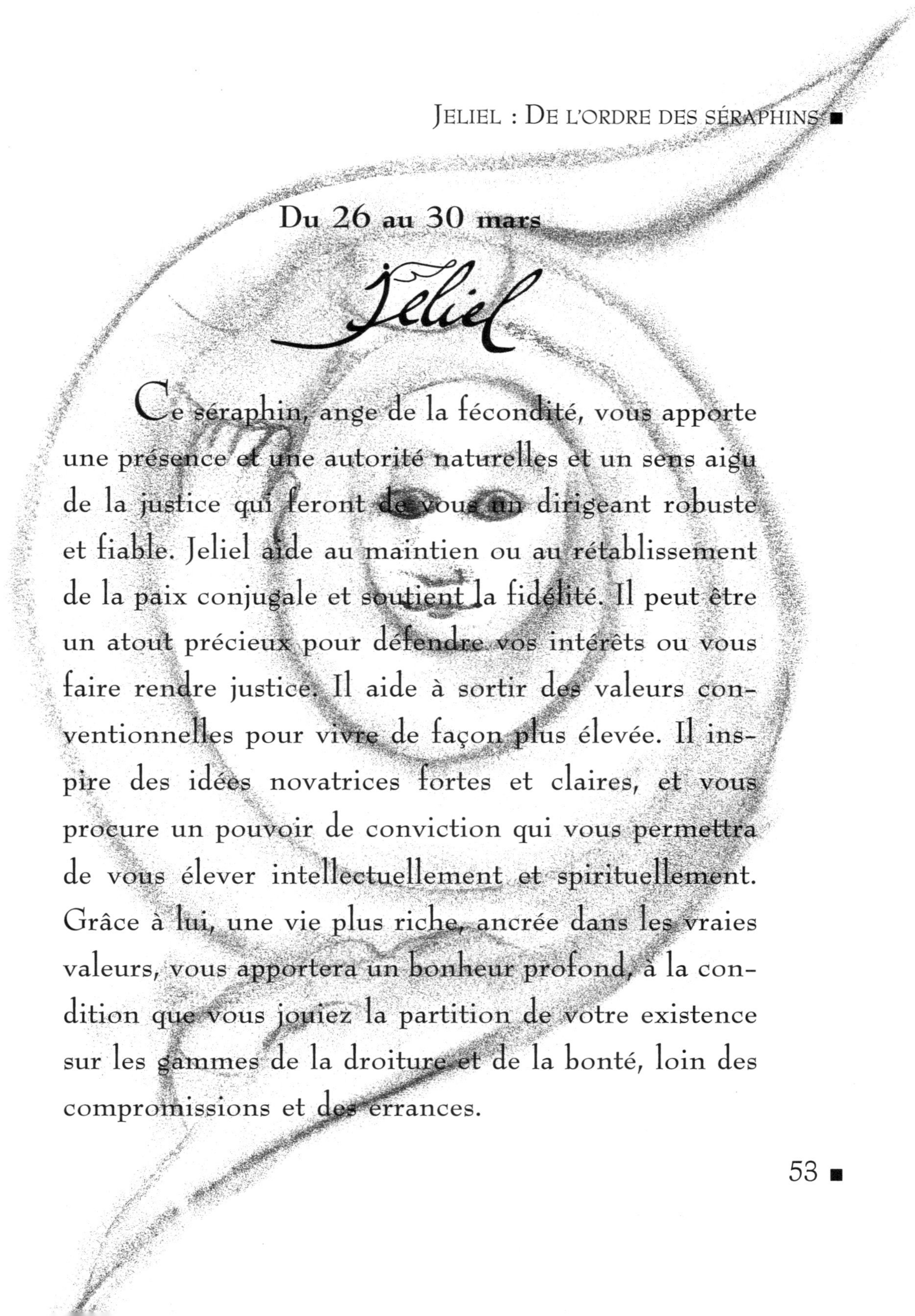

Du 26 au 30 mars

Jeliel

Ce séraphin, ange de la fécondité, vous apporte une présence et une autorité naturelles et un sens aigu de la justice qui feront de vous un dirigeant robuste et fiable. Jeliel aide au maintien ou au rétablissement de la paix conjugale et soutient la fidélité. Il peut être un atout précieux pour défendre vos intérêts ou vous faire rendre justice. Il aide à sortir des valeurs conventionnelles pour vivre de façon plus élevée. Il inspire des idées novatrices fortes et claires, et vous procure un pouvoir de conviction qui vous permettra de vous élever intellectuellement et spirituellement. Grâce à lui, une vie plus riche, ancrée dans les vraies valeurs, vous apportera un bonheur profond, à la condition que vous jouiez la partition de votre existence sur les gammes de la droiture et de la bonté, loin des compromissions et des errances.

Du 31 mars au 4 avril

Sitaël

Ce séraphin a le goût de la vérité, le sens de la noblesse et du dévouement. Il aide ses protégés à réussir dans les grandes causes quand elles sont justes et bonnes ou à obtenir des postes importants s'ils savent s'en montrer dignes. Soucieux de la parole donnée, Sitäel vous aidera à faire respecter les engagements, à la condition que vous sachiez être reconnaissant à l'égard de ceux qui vous aident ou vous aiment. Des dons de conciliation pourront vous être accordés et vous saurez argumenter pour la paix ou la tolérance dans les grands débats ou affrontements. Les autres sauront apprécier cette qualité rare et se référeront à votre opinion tant que vous saurez rester digne des bontés de votre ange gardien. Vous serez porteur d'espoir et estimé car vous serez un homme ou une femme au jugement sûr et équilibré.

Du 5 au 9 avril

Elémiah

Cet ange séraphin est l'ange des états d'âme. Il apporte la paix intérieure. Le goût des voyages, les nouvelles activités sont sous sa protection et il saura vous aider dans le domaine professionnel, surtout si une crise survient. Mais Elémiah attend de vous que vous soyez modeste et reconnaissant dans le succès. Un sens profond de la mesure, une capacité à prendre ses distances face à la réussite vous permettront de faire, tout au long de votre vie, des choix judicieux pour votre bien-être matériel et moral, si vous savez rester digne de la mission de votre ange gardien. Mais demandez-lui de vous protéger contre une ambition excessive et contre un goût trop prononcé pour les honneurs.

Du 10 au 14 avril

Mahasiah

Cet ange qui a le goût de la joie et de la paix prête à ses protégés une séduction certaine, le sens du beau et de l'harmonie. Mahasiah saura vous aider à vous enrichir intellectuellement et à réussir brillamment si dans vos finalités s'inscrivent l'harmonie et la paix. Vous aurez alors une force morale remarquable, le don de pardonner et l'art de vous faire aimer. Mais si vous manquez de loyauté ou de droiture, vos qualités ne vous empêcheront pas de connaître des épreuves.

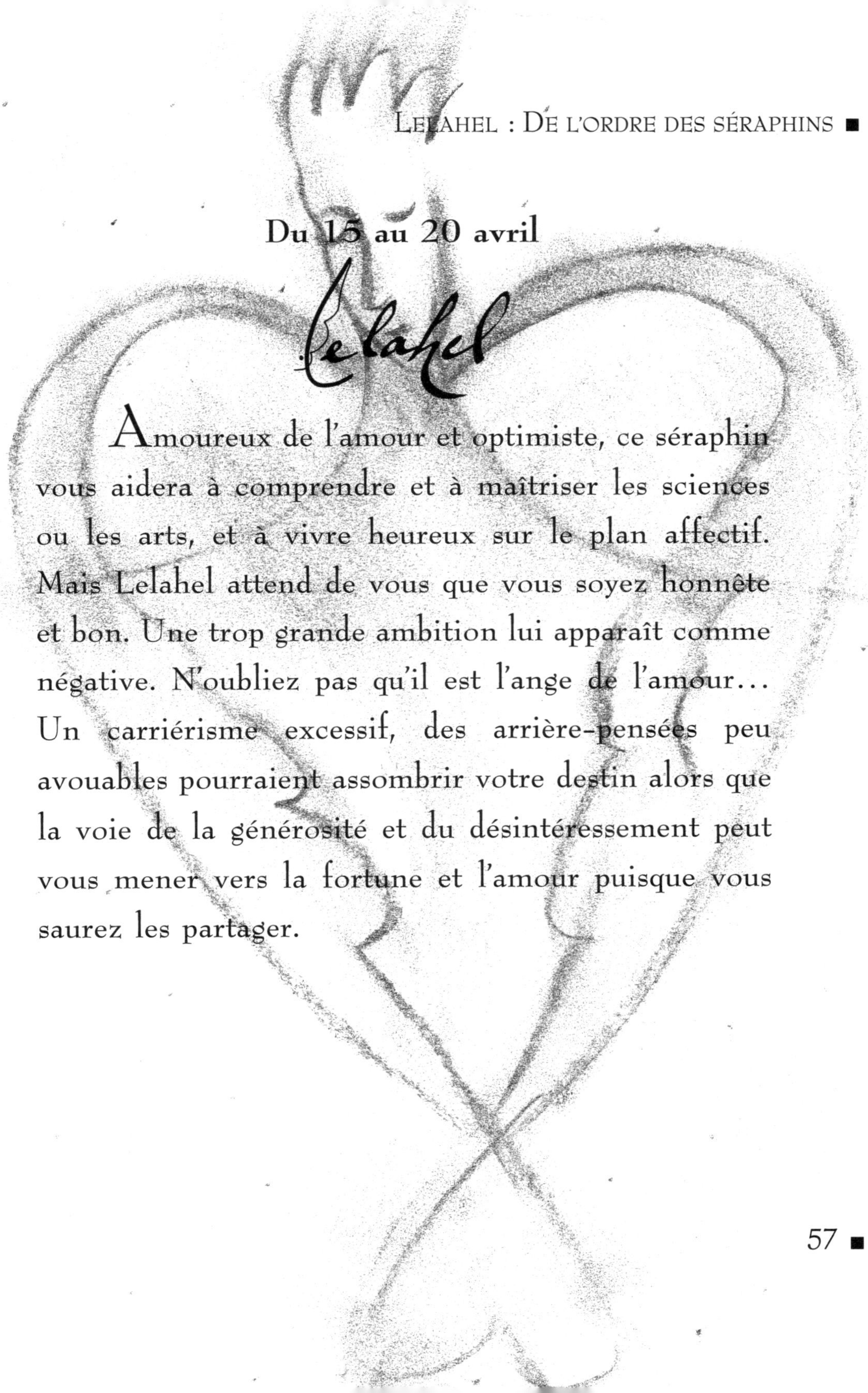

Du 15 au 20 avril

Lelahel

Amoureux de l'amour et optimiste, ce séraphin vous aidera à comprendre et à maîtriser les sciences ou les arts, et à vivre heureux sur le plan affectif. Mais Lelahel attend de vous que vous soyez honnête et bon. Une trop grande ambition lui apparaît comme négative. N'oubliez pas qu'il est l'ange de l'amour... Un carriérisme excessif, des arrière-pensées peu avouables pourraient assombrir votre destin alors que la voie de la générosité et du désintéressement peut vous mener vers la fortune et l'amour puisque vous saurez les partager.

Du 21 au 25 avril

Achaiah

Ange séraphin, Achaiah vous donne le sens de la précision, une habileté manuelle certaine et une patience pour les longs travaux. C'est un esprit ouvert et préoccupé de liberté. Vous trouverez auprès de lui une protection sereine vous offrant ingéniosité et persévérance, qui ouvriront pour vous la voie de la réussite. Votre ange gardien vous aidera, en outre, à découvrir le vrai sens de la vie. Mais les tentations qui vous guettent sont le laisser-aller et la paresse. Elles pourraient, si vous ne les combattez pas, annuler la richesse octroyée par vos qualités. Méfiez-vous également des certitudes faciles ou des raisonnements trop courts. Poussez votre intelligence à remettre en question les apparences et vos convictions premières, vous saurez alors évoluer avec force et vigueur.

Du 26 au 30 avril

Cahetel

Séraphin, cet ange qui saura intercéder pour vous obtenir la bénédiction divine aime les plaisirs et les goûts simples. Son penchant pour tout ce qui est naturel et modeste ne l'empêche pas de vous aider à avoir le sens des affaires. Fervent de la prospérité de la terre, il attend aussi que vous vous éleviez vers Dieu et que vous le glorifiiez. Il saura alors vous accorder l'éloquence, le succès et la reconnaissance de vos pairs. Mais sachez garder la tête froide et une vraie modestie autant vis-à-vis des autres que face à vous-même. En effet, vous avez tendance à écouter (voire apprécier) les flatteurs et vous résistez mal aux charmes de la vanité facile. Avec l'aide de Cahetel, vous pourrez trouver en vous l'ardeur de dépasser ces tentations et saurez vous engager sur la voie triomphante d'une vie réussie.

Du 1er au 5 mai

Haziel

Ce chérubin est un ange de bienveillance, de justice et de clémence. Il attend de vous que vous sachiez pardonner et aimer. Il saura alors intervenir pour vous protéger ou vous faire protéger par les puissants, et pour que les promesses qui vous sont faites soient tenues. Mais vous devez commencer par vous laver de toute rancœur. Haziel sait alors être le génie le plus généreux. Il sera comblé si vous prouvez que vous avez le sens et le goût du partage, et vous soutiendra dès lors pour que votre existence soit facile et douce.

Du 6 au 10 mai

Aladiah

Ange du pardon, ce chérubin vous aide à devenir discret, méthodique et attentif, et à mener à bien les entreprises difficiles. Son soutien vous permet d'améliorer votre image aux yeux des autres. Il sait participer à la guérison des plaies de l'âme et des maladies. Mais il attend de vous que vous sachiez vous repentir. Il saura alors vous environner de la grâce de l'Éternel. Aladiah vous souhaite juste et modéré, raisonnable dans la jouissance des biens terrestres mais aussi généreux, et défenseur des faibles. Si vos efforts pour acquérir ces qualités sont sincères, il saura intervenir pour que ceux qui détiennent le pouvoir terrestre vous soutiennent et vous protègent.

Du 11 au 15 mai

Lauviah

Ange de la pensée, de la connaissance et de la sagesse, ce chérubin aide à accroître les facultés intellectuelles. Il saura même vous apporter la renommée si vous savez faire appel à lui. Sous sa protection, vous apprendrez à approcher et analyser l'inconscient d'autrui. Bouclier de tous ceux qui espèrent en lui, Lauviah accorde aussi une protection contre les grandes et graves épreuves physiques et spirituelles de l'existence. Mais cet ange vous veut modeste et ayant l'esprit de sacrifice. La jalousie, l'égoïsme, l'orgueil et l'ambition sont vos mauvais génies. Cet ange vous soutiendra pour lutter contre ces tendances néfastes.

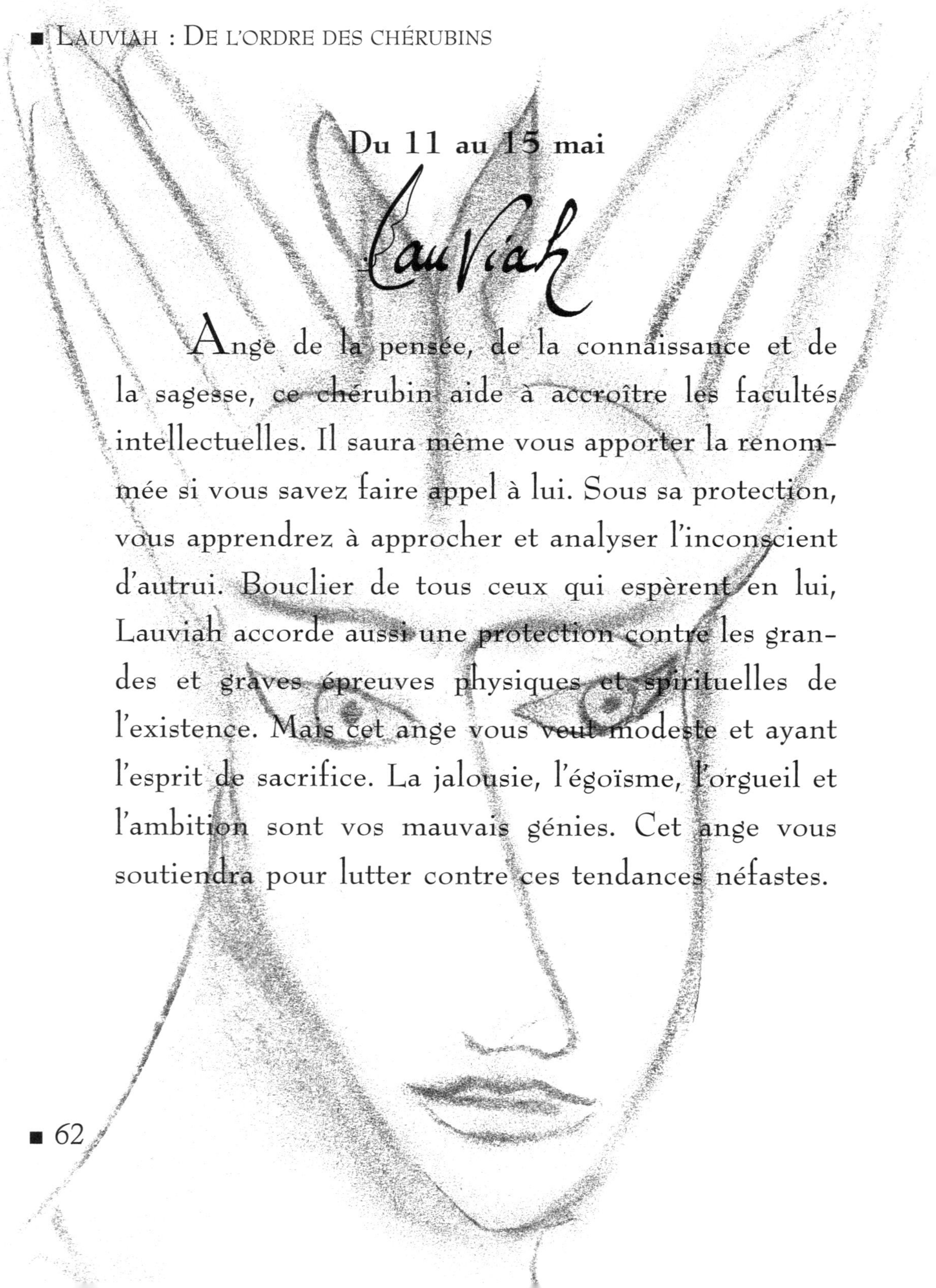

Du 16 au 20 mai

Hahaiah

Ange de la prémonition, ce chérubin apporte la gentillesse, la sérénité, le calme, la connaissance du « moi » profond. Placé sous sa protection, outre le fait que vous serez bien à l'abri de l'adversité, vous aurez souvent des rêves prémonitoires ou l'étonnante capacité d'interpréter les rêves des autres. Encore faudra-t-il que vous sachiez apporter la paix à ceux qui souffrent et écoutent vos conseils. Hahaiah vous veut intermédiaire attentif entre les hommes : il sera moins influent si vous ne mobilisez votre énergie que pour votre seul bénéfice.

Du 21 au 25 mai

Iezalel

Ange réconciliateur, Iezalel est le chérubin de la fidélité dans le couple autant qu'en amitié. À ceux et celles qui savent le lui demander, il apporte une grande capacité à ramener la paix, à réconcilier les ennemis, à effacer les antagonismes. À la veille d'une importante négociation, c'est à lui qu'il faut s'adresser pour parvenir à ses fins. À la veille d'un examen aussi car il donne une puissante mémoire ! Demandez-lui de vous détourner de l'insignifiant, du dérisoire et du médiocre. Le mensonge et l'erreur de jugement vous tenteront, sachez prier Iezalel de vous en protéger.

Du 26 au 31 mai

Mebahel

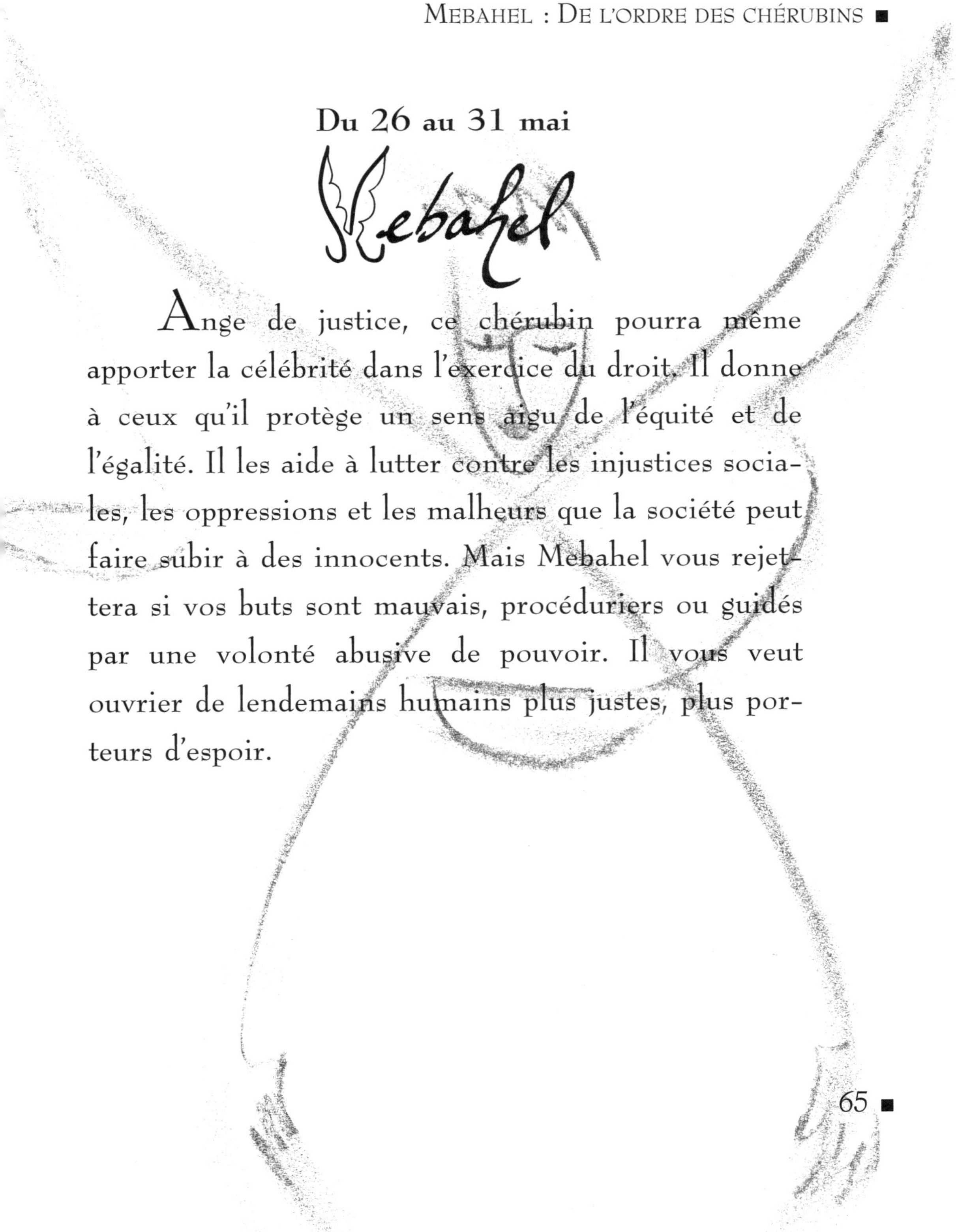

Ange de justice, ce chérubin pourra même apporter la célébrité dans l'exercice du droit. Il donne à ceux qu'il protège un sens aigu de l'équité et de l'égalité. Il les aide à lutter contre les injustices sociales, les oppressions et les malheurs que la société peut faire subir à des innocents. Mais Mebahel vous rejettera si vos buts sont mauvais, procéduriers ou guidés par une volonté abusive de pouvoir. Il vous veut ouvrier de lendemains humains plus justes, plus porteurs d'espoir.

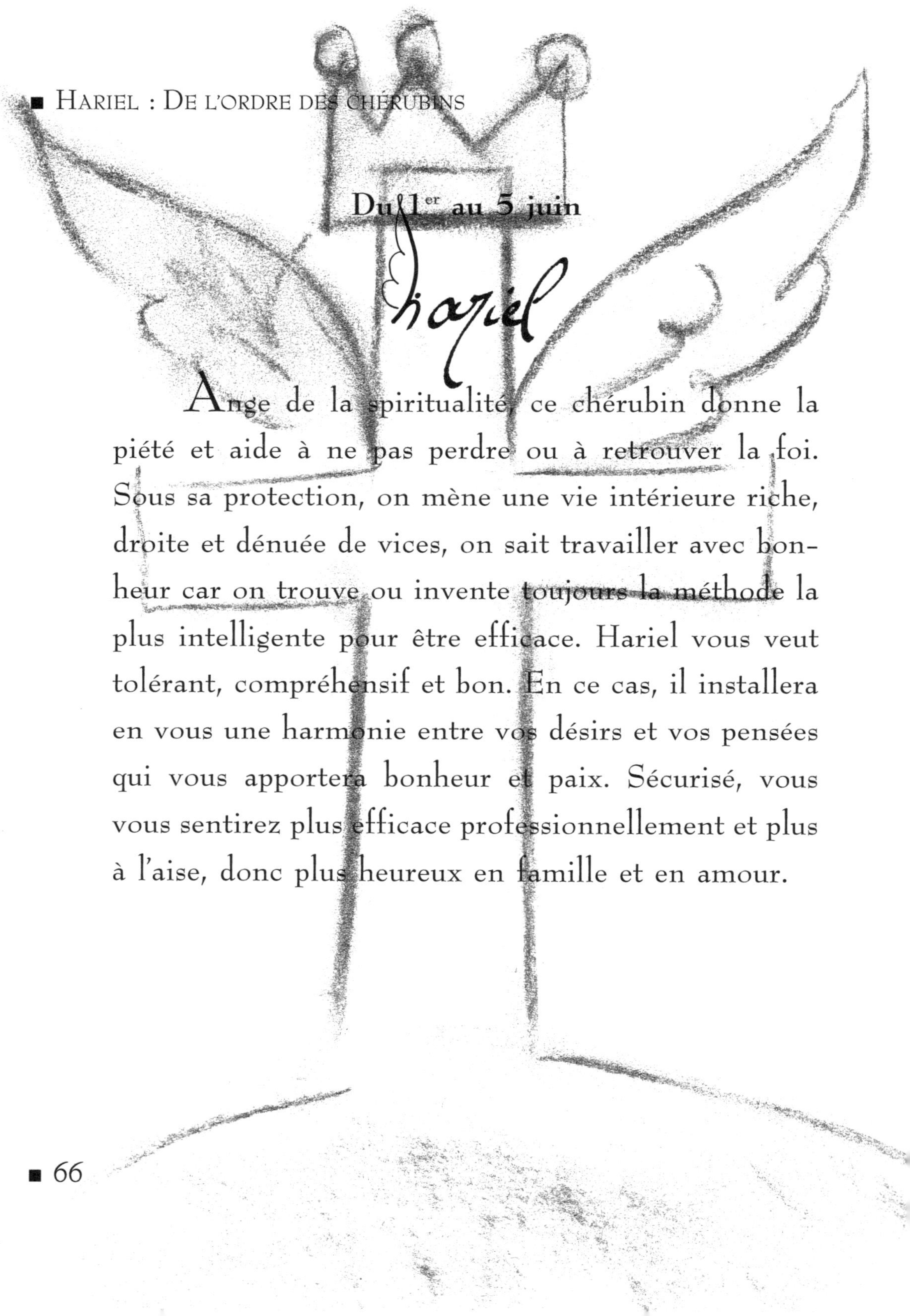

Du 1er au 5 juin

Hariel

Ange de la spiritualité, ce chérubin donne la piété et aide à ne pas perdre ou à retrouver la foi. Sous sa protection, on mène une vie intérieure riche, droite et dénuée de vices, on sait travailler avec bonheur car on trouve ou invente toujours la méthode la plus intelligente pour être efficace. Hariel vous veut tolérant, compréhensif et bon. En ce cas, il installera en vous une harmonie entre vos désirs et vos pensées qui vous apportera bonheur et paix. Sécurisé, vous vous sentirez plus efficace professionnellement et plus à l'aise, donc plus heureux en famille et en amour.

Du 6 au 10 juin

Hekamiah

Ange de la stratégie, ce chérubin procure à ceux qu'il protège l'autorité, la force, la bravoure, la loyauté, le sens de l'honneur. Hekamiah fait merveille dans la recherche de solutions à tous les conflits, à commencer par les conflits guerriers. La belle énergie de ses protégés se manifeste aussi dans une activité sexuelle forte et puissante. Mais il vous veut loyal, courageux et droit. Vous pourrez alors devenir le bâtisseur d'un univers meilleur pour vous-même et pour les autres. Votre ange gardien vous soutiendra si vous vous engagez dans cette voie noble. Mais sachez vous méfier de l'emprise de la passion qui fausse vos jugements et vous détourne de la voie royale que vous pouvez emprunter.

Du 11 au 15 juin

Lauhviah

À ceux qu'il protège, cet ange de l'ordre des trônes apporte toujours un sommeil bienfaisant, profond et réparateur. Aussi sont-ils, le jour, des êtres calmes, souvent beaux, ayant en tout cas le sens de l'harmonie et de la sérénité, le goût de la littérature, de l'écriture, de la musique, de la sagesse. Doués d'un grand sens de l'amitié, ignorant la dépression, ils savent calmer les angoisses des autres. Pour obtenir les interventions de Lauhviah, vous vous efforcerez de rester serein et de pratiquer la générosité. Alors vous saurez transformer vos angoisses et vos émotions pour devenir un être complet et équilibré que les autres rechercheront et aimeront.

Du 16 au 21 juin

Caliel

Avec lui, on ne se laisse pas influencer par les pressions ou par ses propres préjugés quand on veut avoir une juste opinion des choses et des êtres. Et comme on a beaucoup de mal à supporter les erreurs de la justice des hommes, on s'efforce, avec succès souvent, de confondre les faux témoins ou les calomniateurs. Ange de la vérité, Caliel veille tout particulièrement sur les magistrats. Mais Caliel vous veut sincère et vous avez à vous méfier de la tentation d'utiliser votre intelligence pour paraître et briller. Le péché d'orgueil vous guette et risque d'annuler votre puissance de conviction.

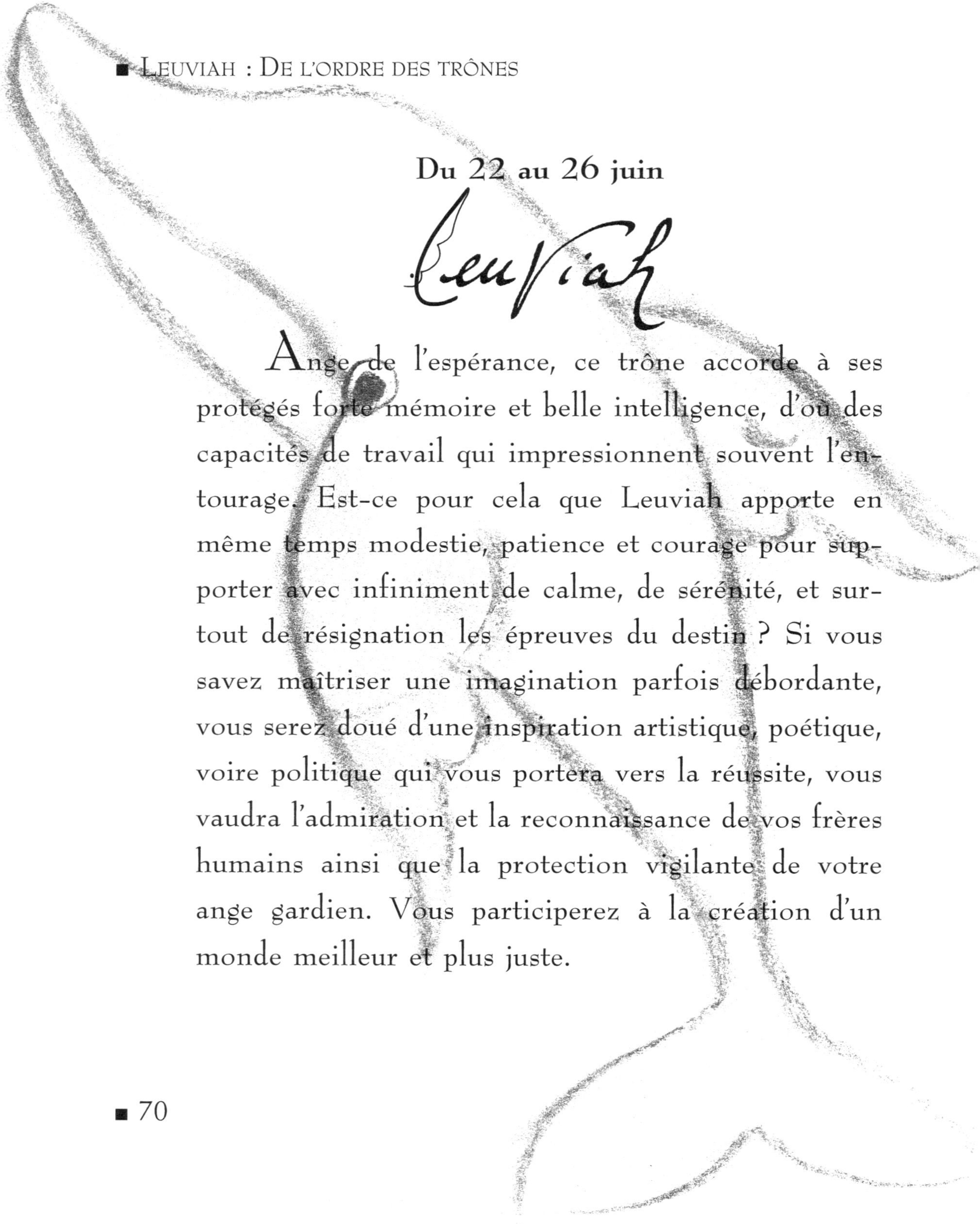

Du 22 au 26 juin

Leuviah

Ange de l'espérance, ce trône accorde à ses protégés forte mémoire et belle intelligence, d'où des capacités de travail qui impressionnent souvent l'entourage. Est-ce pour cela que Leuviah apporte en même temps modestie, patience et courage pour supporter avec infiniment de calme, de sérénité, et surtout de résignation les épreuves du destin ? Si vous savez maîtriser une imagination parfois débordante, vous serez doué d'une inspiration artistique, poétique, voire politique qui vous portera vers la réussite, vous vaudra l'admiration et la reconnaissance de vos frères humains ainsi que la protection vigilante de votre ange gardien. Vous participerez à la création d'un monde meilleur et plus juste.

Du 27 juin au 1er juillet

Pahaliah

C'est l'ange de la croyance. Ses protégés sont dominés par une attirance pour la spiritualité, une soif de foi. Il aide les missionnaires mais aussi ceux qui ne savent pas se faire aimer et ont à se faire pardonner une tendance aux médisances. Pahaliah vous veut pieux, chaste et bon. Vous pourrez alors approcher la sagesse et le savoir, et en tirer de puissantes satisfactions qui feront de vous un homme fort et heureux. Vous saurez entraîner les autres sur le chemin du vrai bonheur car votre force de conviction et votre exemple les mobiliseront et les motiveront.

Du 2 au 6 juillet

Nelchael

Ange de l'abstraction et de l'intelligence, ce trône vous apporte le recul propre aux grands esprits qui savent dominer leurs sentiments et mépriser les tentations, et sont parfaitement armés pour éloigner les forces du Mal. Mathématiciens, métaphysiciens et écrivains trouveront chez lui une aide précieuse. Mais Nelchael sait aussi aider ceux qui se sentent oppressés ou inquiets. Soutenu par votre ange gardien, vous pouvez devenir un homme brillant qui montre aux autres le chemin vers un monde meilleur.

Du 7 au 11 juillet

Yeiayel

Ange de tolérance, Yeiayel aide ceux qui ont le goût de l'aventure et des voyages. Il protégera des naufrages et vous aidera dans les négociations. Mais il vous veut libéral, attentif aux autres et ouvert. Il peut alors vous aider à conquérir la chance et la fortune. Soyez cependant vigilant : vous avez tendance à vous aimer vous-même un peu trop et à négliger les autres.

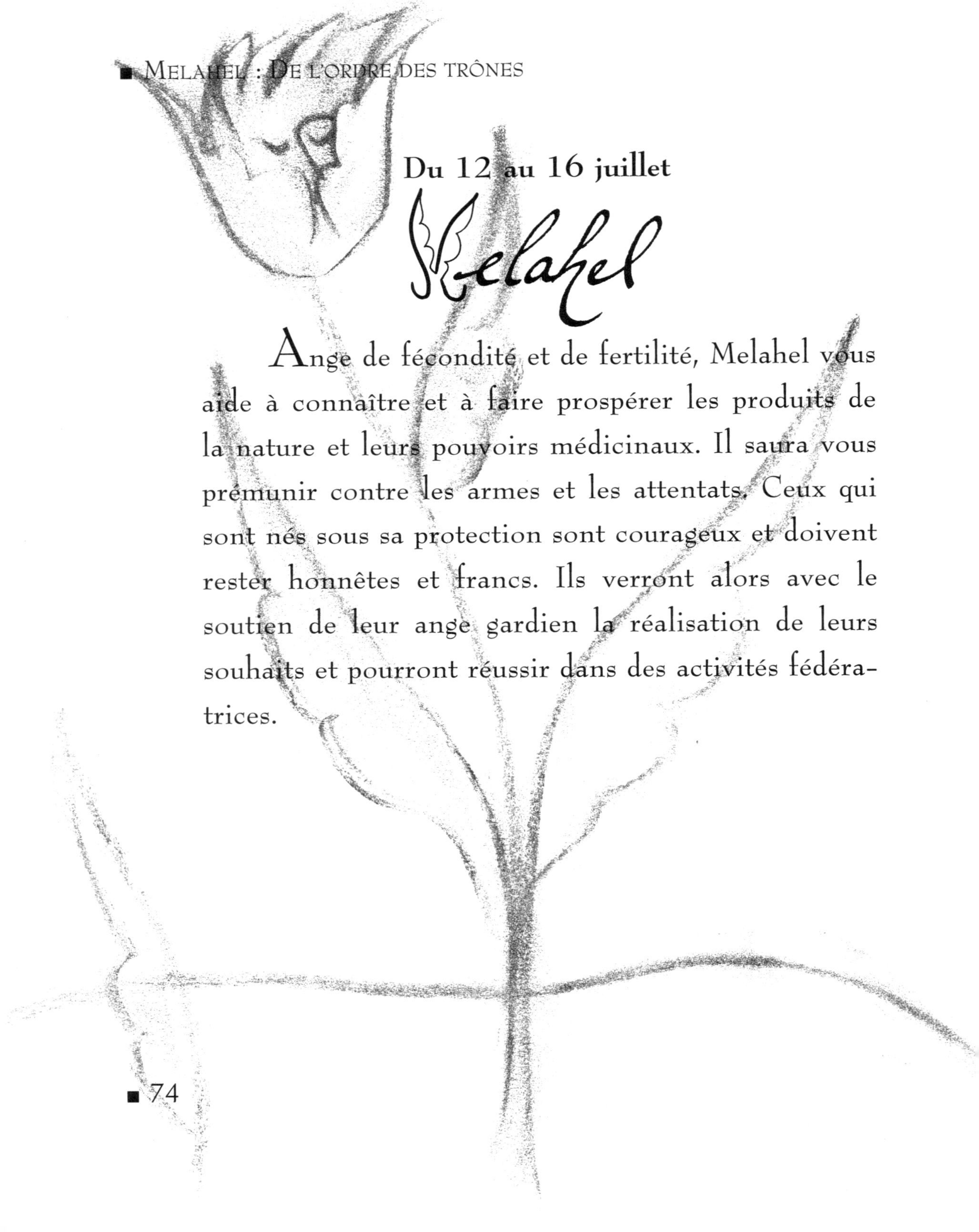

Du 12 au 16 juillet

Melahel

Ange de fécondité et de fertilité, Melahel vous aide à connaître et à faire prospérer les produits de la nature et leurs pouvoirs médicinaux. Il saura vous prémunir contre les armes et les attentats. Ceux qui sont nés sous sa protection sont courageux et doivent rester honnêtes et francs. Ils verront alors avec le soutien de leur ange gardien la réalisation de leurs souhaits et pourront réussir dans des activités fédératrices.

Du 17 au 22 juillet

Haheuiah

Cet ange épris de vérité vous octroiera calme et sang-froid. Il aime à protéger les démunis et écoute le repentir sincère des grands pécheurs. Il éloigne les dangers et vient en aide aux vrais repentis, même s'ils se sont rendus coupables de crimes. Mais pour être digne de cet ange gardien très compréhensif, sachez fuir les désordres de rêveries nombreuses qui vous entraînent loin des réalités, voire des lois. Sachez demander la protection d'Haheuiah pour évoluer vers le bien et le beau qui sauront alors combler votre âme, loin des chimères.

Du 23 au 27 juillet

Nith-Haiah

Cet ange de l'ordre des dominations vous donne sagesse, large compréhension et grande ténacité dans les études. Il apporte la paix de l'âme et la sérénité dans la solitude. Nith-Haiah sait entrouvrir les portes des sciences occultes et de la métaphysique. Il vous veut fort, tenace et bon. Mais ne cédez pas à la tentation d'impressionner les autres ou de les dominer. N'oubliez pas que votre ange peut vous aider mais vous laissera toujours votre libre arbitre, méfiez-vous donc des charmes fallacieux de la vanité et des pièges du pouvoir abusif.

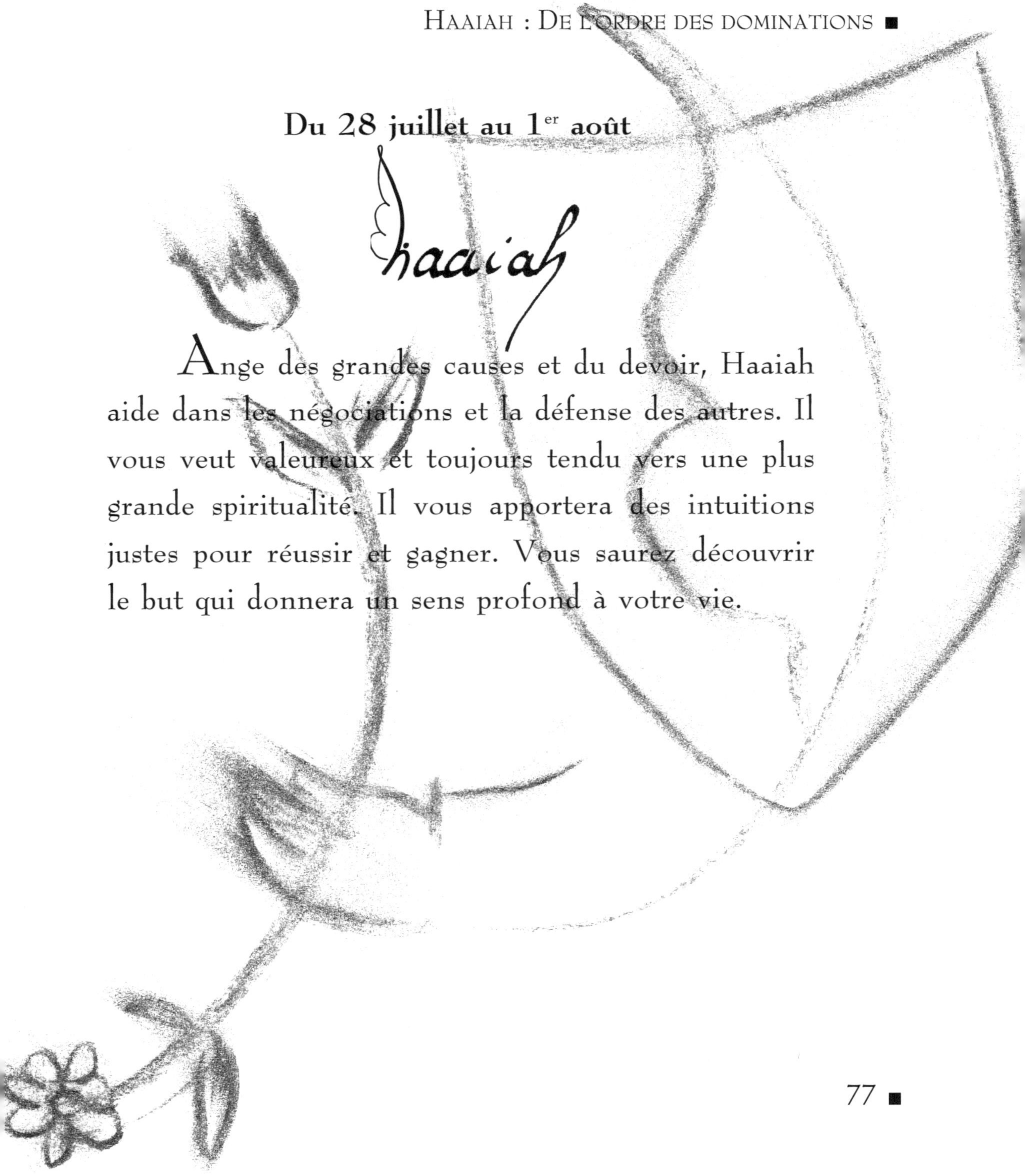

Du 28 juillet au 1er août

Haaiah

Ange des grandes causes et du devoir, Haaiah aide dans les négociations et la défense des autres. Il vous veut valeureux et toujours tendu vers une plus grande spiritualité. Il vous apportera des intuitions justes pour réussir et gagner. Vous saurez découvrir le but qui donnera un sens profond à votre vie.

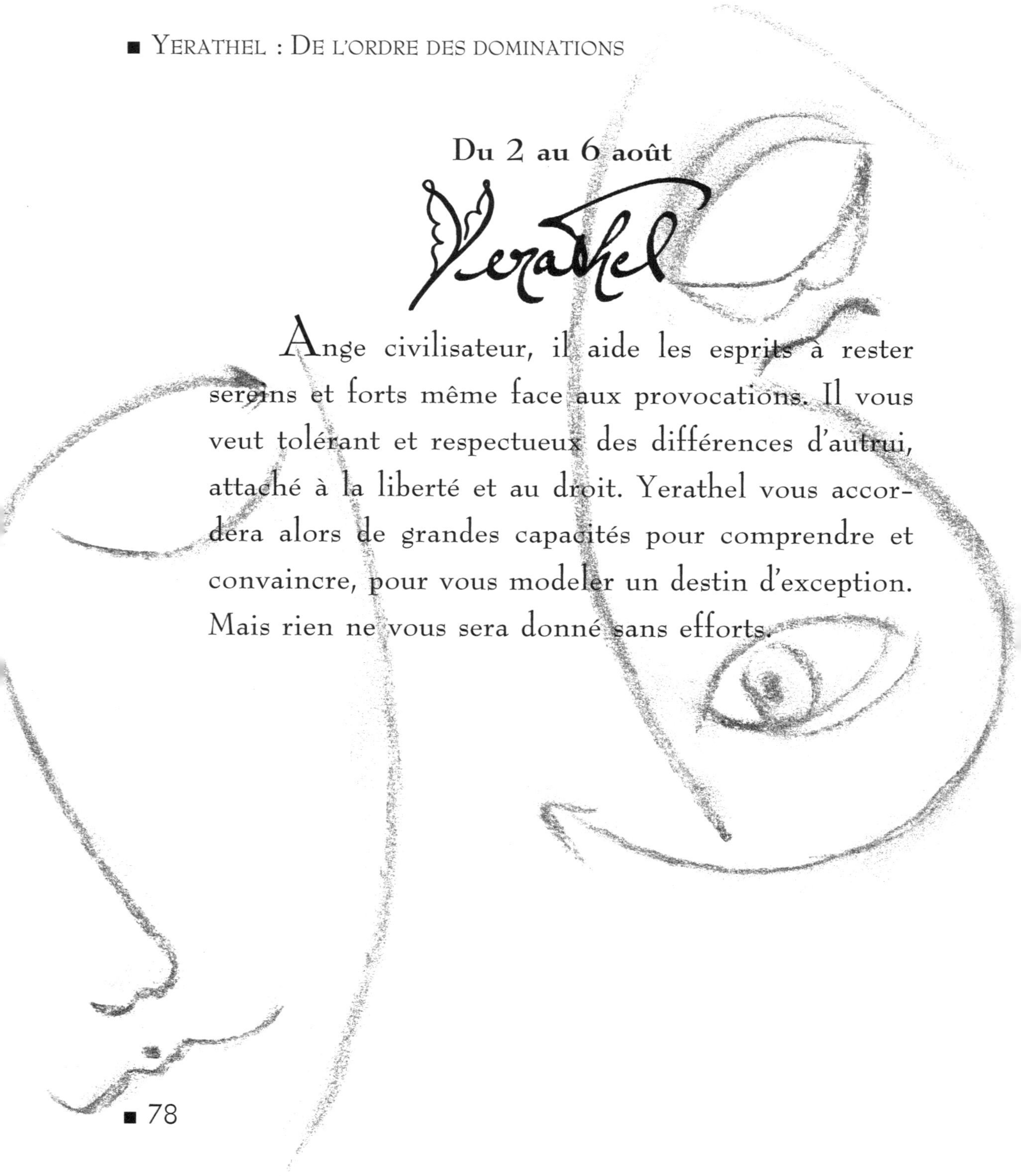

Du 2 au 6 août

Yerathel

Ange civilisateur, il aide les esprits à rester sereins et forts même face aux provocations. Il vous veut tolérant et respectueux des différences d'autrui, attaché à la liberté et au droit. Yerathel vous accordera alors de grandes capacités pour comprendre et convaincre, pour vous modeler un destin d'exception. Mais rien ne vous sera donné sans efforts.

Du 7 au 12 août

Seheiah

Ange de longévité qui protège et guérit les malades, Seheiah saura vous aider à garder un mental sain et équilibré. Il vous veut prudent et vous aidera à mener une vie longue et heureuse. Mais ne vous laissez pas aller à répéter sans cesse les mêmes erreurs par obstination ou par orgueil. Sachez vous remettre en question et pratiquer une modestie sincère.

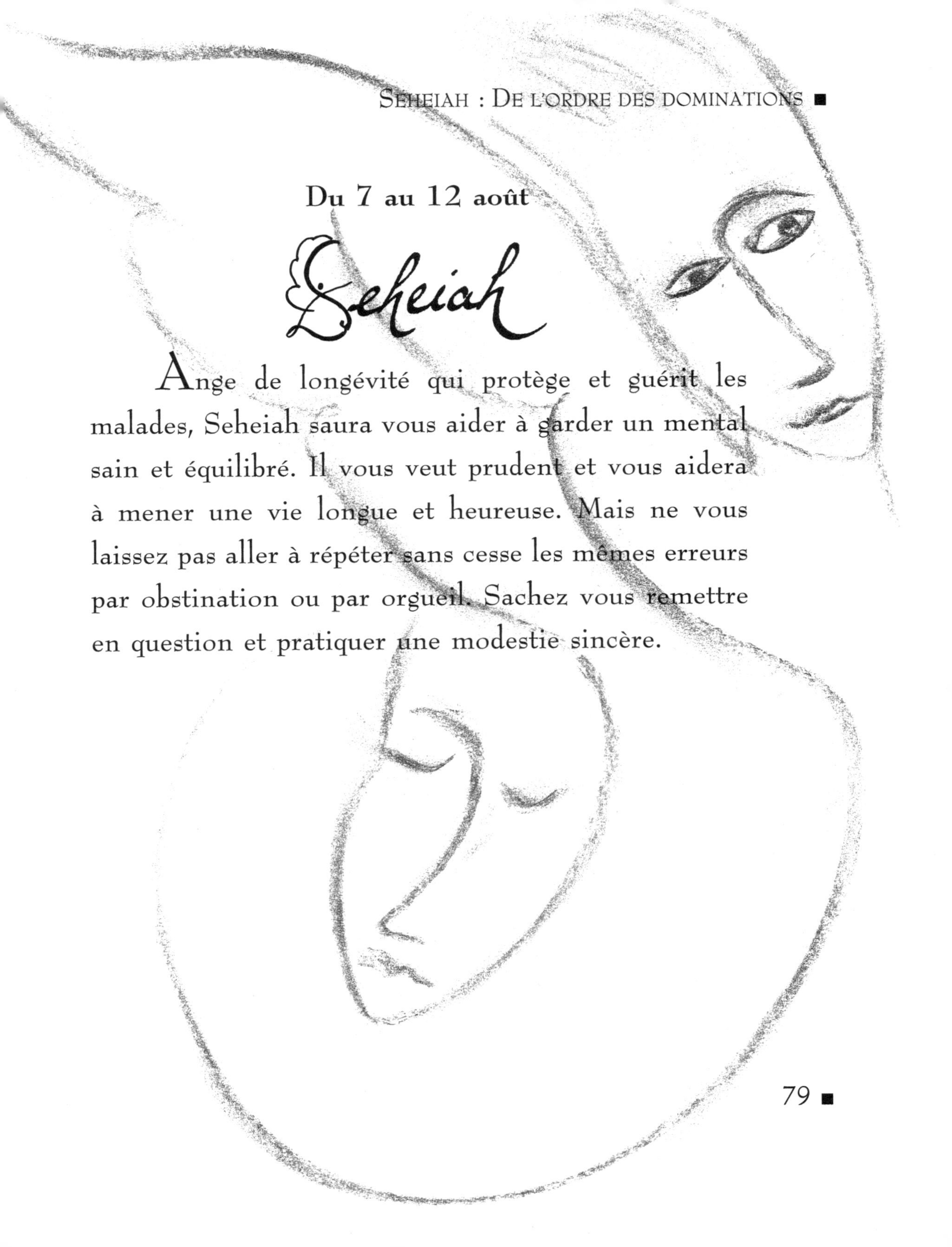

Du 13 au 17 août

Reiyel

Ange de l'inspiration, il vous rend convaincant et fort. Et il saura vous aider à méditer et à lutter contre vos ennemis. Mais Reiyel vous veut respectueux des lois divines, et juste. Sachez reconnaître vos torts et être modeste. Vous n'en serez que mieux aidé. Vous aurez alors une énergie persuasive pour convaincre, diriger et réussir. Méfiez-vous des fausses valeurs ou des amis qui n'admirent que la réussite matérielle, ils vous entraîneraient loin de l'œuvre que pouvez réaliser car vous êtes inspiré et doué. Cultivez la générosité et la tendresse, vous y trouverez des satisfactions profondes et durables.

Du 18 au 22 août

Omaël

Ange de patience, Omaël vous fait aimer la vie, jusqu'au goût de soigner. Médecins, accoucheurs et chirurgiens pourront compter sur son aide à la condition qu'ils soient respectueux de la vie et des autres. Cultivez la patience, soyez attentif aux douleurs d'autrui et vous aurez une vie harmonieuse et douce.

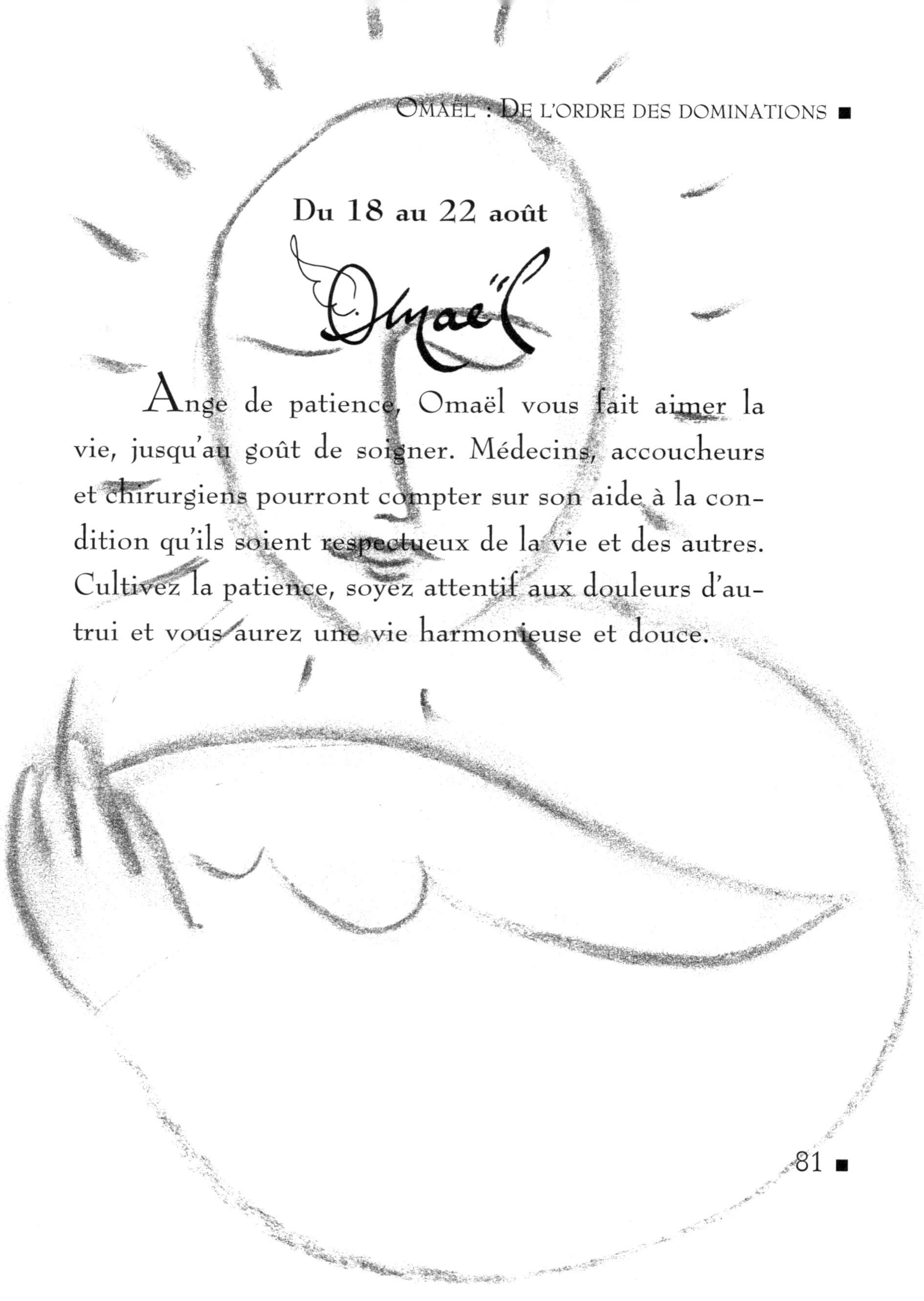

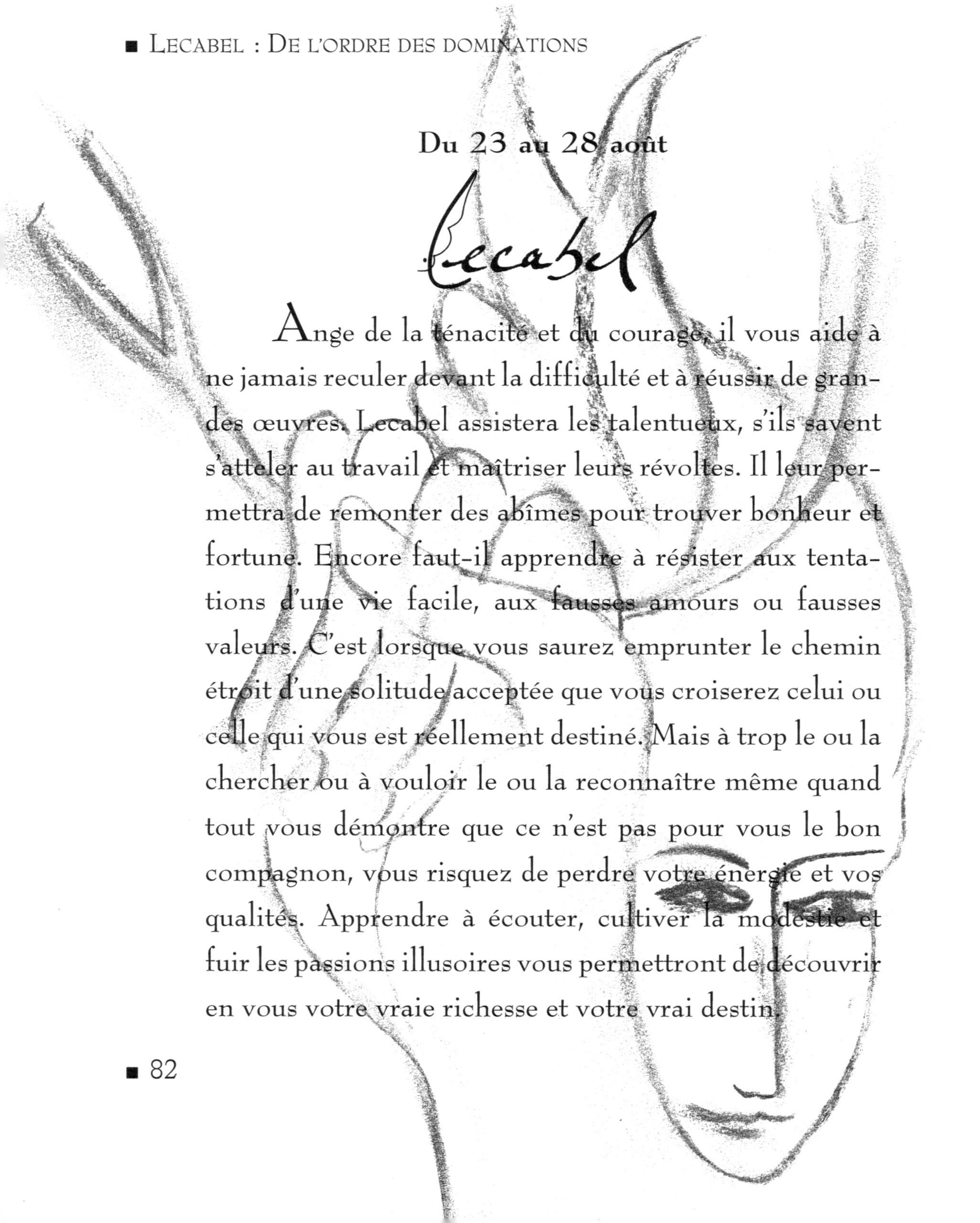

Du 23 au 28 août

Lecabel

Ange de la ténacité et du courage, il vous aide à ne jamais reculer devant la difficulté et à réussir de grandes œuvres. Lecabel assistera les talentueux, s'ils savent s'atteler au travail et maîtriser leurs révoltes. Il leur permettra de remonter des abîmes pour trouver bonheur et fortune. Encore faut-il apprendre à résister aux tentations d'une vie facile, aux fausses amours ou fausses valeurs. C'est lorsque vous saurez emprunter le chemin étroit d'une solitude acceptée que vous croiserez celui ou celle qui vous est réellement destiné. Mais à trop le ou la chercher ou à vouloir le ou la reconnaître même quand tout vous démontre que ce n'est pas pour vous le bon compagnon, vous risquez de perdre votre énergie et vos qualités. Apprendre à écouter, cultiver la modestie et fuir les passions illusoires vous permettront de découvrir en vous votre vraie richesse et votre vrai destin.

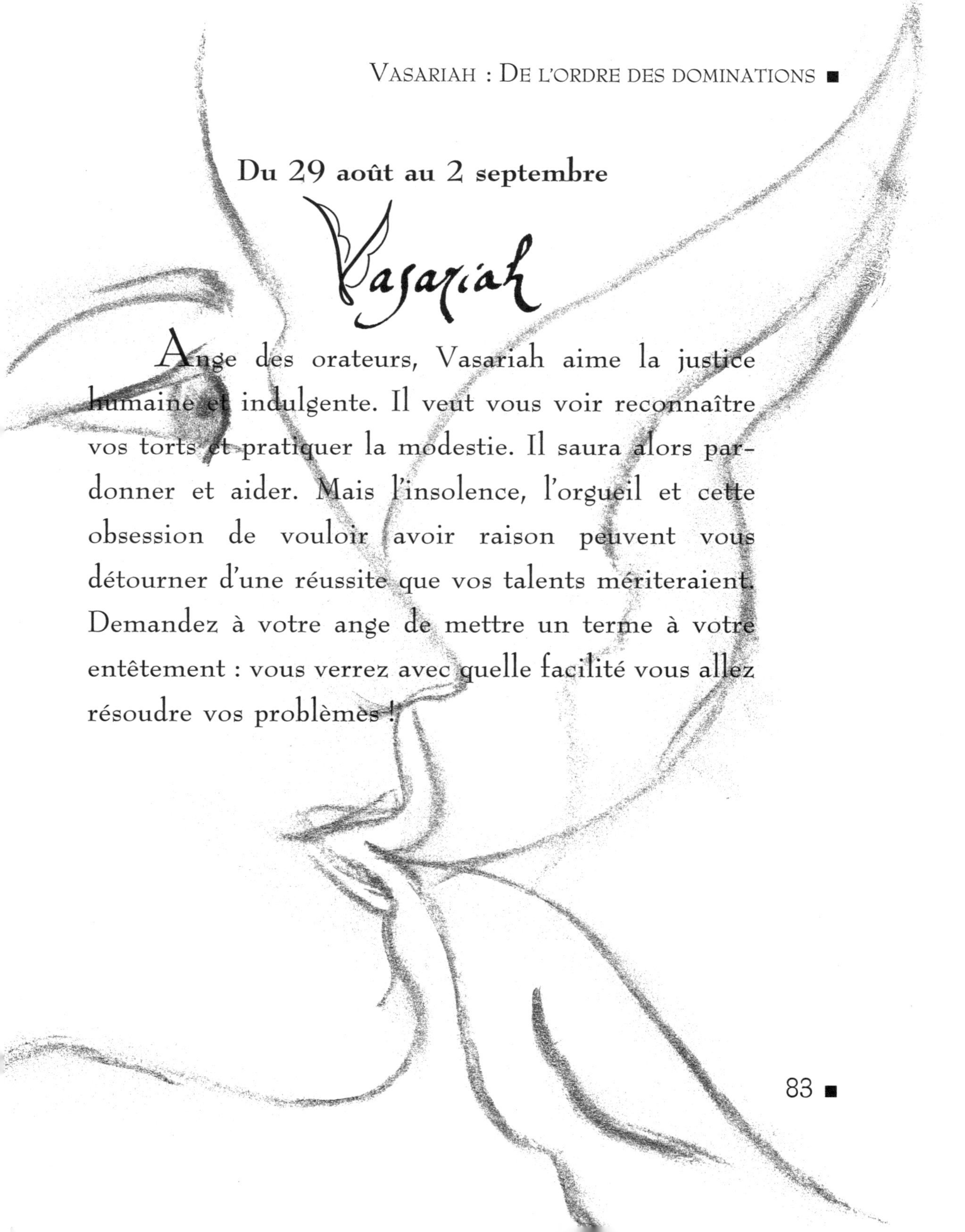

Du 29 août au 2 septembre

Vasariah

Ange des orateurs, Vasariah aime la justice humaine et indulgente. Il veut vous voir reconnaître vos torts et pratiquer la modestie. Il saura alors pardonner et aider. Mais l'insolence, l'orgueil et cette obsession de vouloir avoir raison peuvent vous détourner d'une réussite que vos talents mériteraient. Demandez à votre ange de mettre un terme à votre entêtement : vous verrez avec quelle facilité vous allez résoudre vos problèmes !

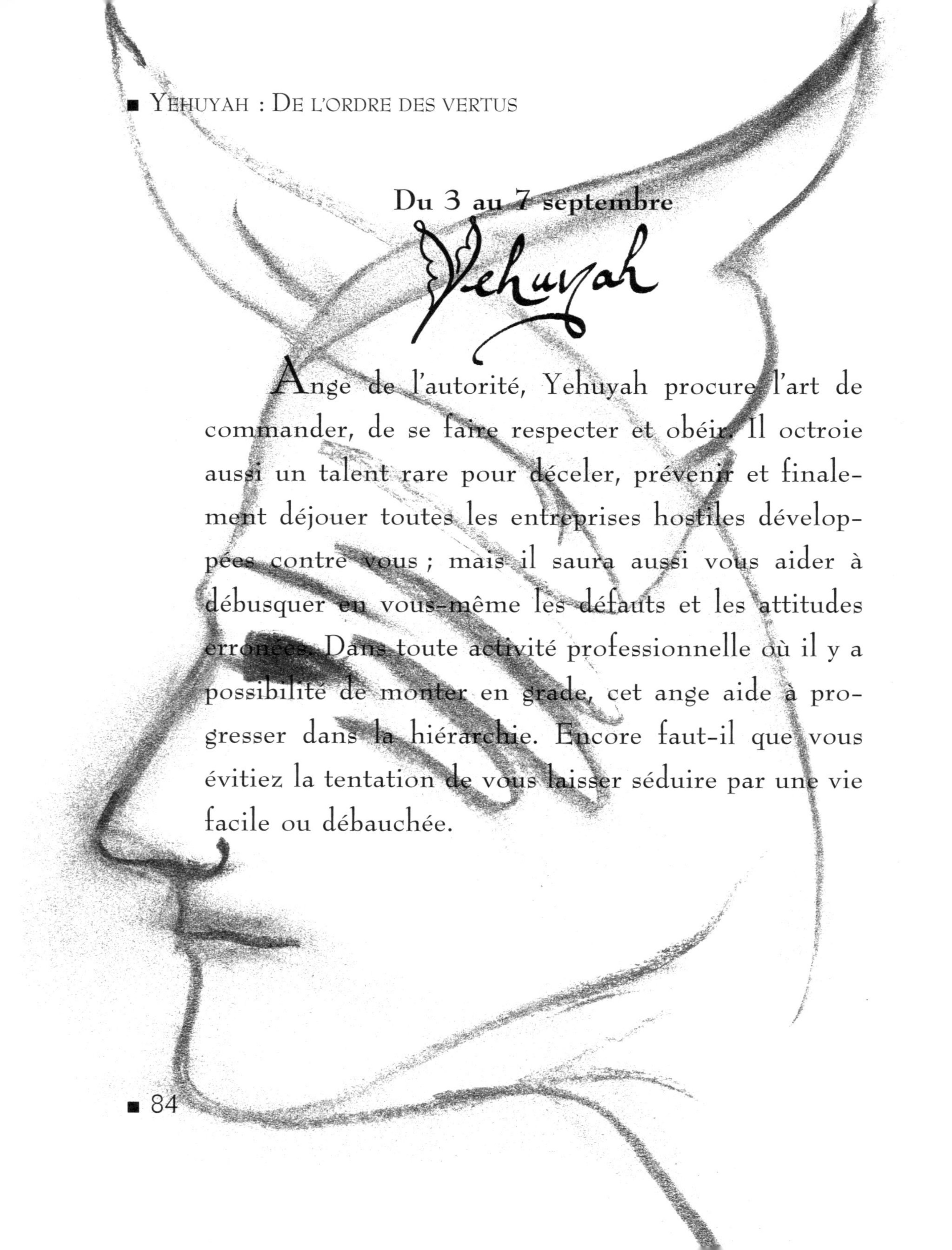

Du 3 au 7 septembre

Yehuyah

Ange de l'autorité, Yehuyah procure l'art de commander, de se faire respecter et obéir. Il octroie aussi un talent rare pour déceler, prévenir et finalement déjouer toutes les entreprises hostiles développées contre vous ; mais il saura aussi vous aider à débusquer en vous-même les défauts et les attitudes erronées. Dans toute activité professionnelle où il y a possibilité de monter en grade, cet ange aide à progresser dans la hiérarchie. Encore faut-il que vous évitiez la tentation de vous laisser séduire par une vie facile ou débauchée.

Du 8 au 12 septembre

Lehahiah

Ange de la chance, Lehahiah ne laisse pas ceux qu'il protège dans l'oubli : ils gagnent décorations, honneurs, concours, amitiés des puissants, loteries. Autre effet hautement bénéfique de cet ange : sous sa bienveillance, le protégé garde en toutes circonstances un calme olympien, sachant même, avec un art consommé, désamorcer la colère d'autrui ! Mais il vous faut avoir l'ambition d'être juste quels que soient les événements, pour ne pas mettre vos capacités au service de fausses valeurs.

Du 13 au 17 septembre

Chavaquiah

Ange de la concorde, Chavaquiah procure à ses protégés un talent rare pour calmer les esprits, faire s'entendre entre eux les adversaires, résoudre les problèmes de société, de famille. D'ailleurs une forte tranquillité émane d'eux : ils savent pardonner les offenses. Mais veillez à ne pas vous enfermer dans une vie étroite et mesquine où s'installerait une indifférence aux autres. En revanche votre ange peut vous aider à vivre et agir avec enthousiasme et générosité et vous serez alors riche car vous aurez l'art de faire fructifier toutes vos ressources, qu'elles soient matérielles ou morales.

Du 18 au 23 septembre

Menadel

Ange de l'attachement, Menadel rend ses protégés assez casaniers. Ils n'aiment guère les changements de quelque ordre que ce soit et préfèrent leur modeste territoire habituel aux plus beaux pays lointains. En échange, cet ange aide à garder son emploi, à obtenir régulièrement des augmentations de salaire. Avec l'aide de Menadel, vous pouvez trouver le courage tranquille et la ténacité nécessaires pour vous consacrer à une vie solide et généreuse qui vous apportera la joie et la lumière.

Du 24 au 28 septembre

Aniel

Ange de l'endurance, Aniel vous apporte son aide dans l'effort, tant physique que mental. Sous sa protection, on sait conserver un sang-froid étonnant dans les pires situations de l'existence. Votre ange gardien peut aussi vous aider à exprimer votre personnalité profonde et à révéler un vrai charisme qui vous procurera bonheur et réussite. Mais pour avancer, il vous faut apprendre à laisser au bord du chemin votre égoïsme naturel et votre tendance à la vanité. Ce n'est qu'à ce prix que vous dépasserez vos limites.

Du 29 septembre au 3 octobre

Haamiah

Ange de l'initiation, Haamiah apporte à ses protégés une grande force mentale et une belle propension à percer le secret de toutes les religions et de tous les cultes. D'où une grande capacité à acquérir de vrais trésors tant matériels que spirituels. Votre ange gardien vous aidera à réagir avec bonté et sincérité, ce qui vous conférera beaucoup de séduction et vous évitera de vous embourber dans des passions destructrices. Vous saurez alors convaincre et réveiller dans le cœur des hommes le sens du spirituel.

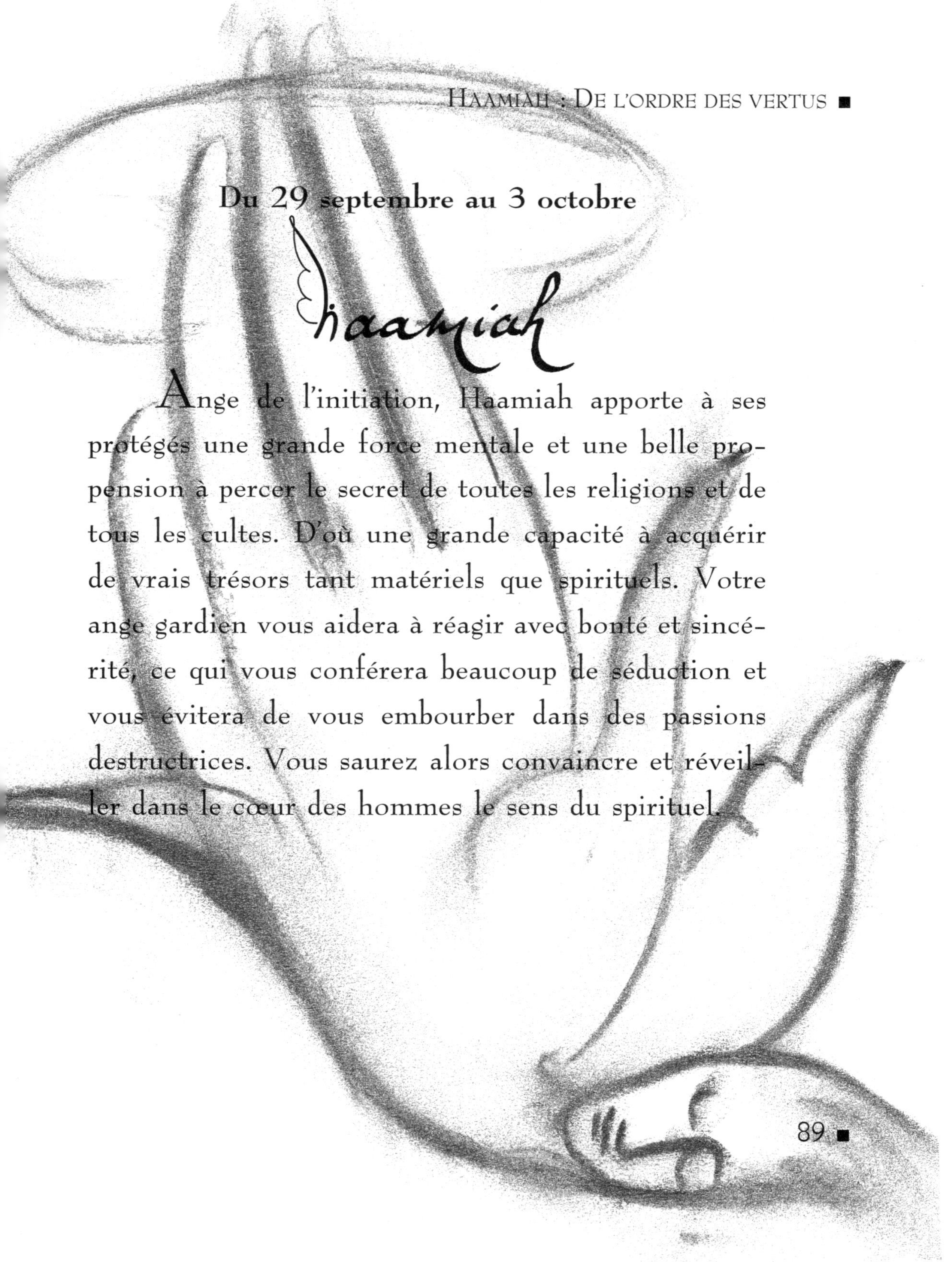

Du 4 au 8 octobre

Rehaël

Ange de l'amour paternel et filial, cet ange aime que vous soyez respectueux de la famille. Il accorde alors une longue vie et peut intervenir pour retarder l'échéance finale dans les grandes maladies. Il veille également au respect des hiérarchies professionnelles. Mais vous devez apprendre à décider : vous avez tendance à trop analyser chaque situation et à ne pas agir car vous ne savez choisir la meilleure solution, ce qui vous fait apparaître comme versatile ou incapable. Grâce à Rehaël vous pourrez développer votre personnalité et exprimer toutes vos capacités.

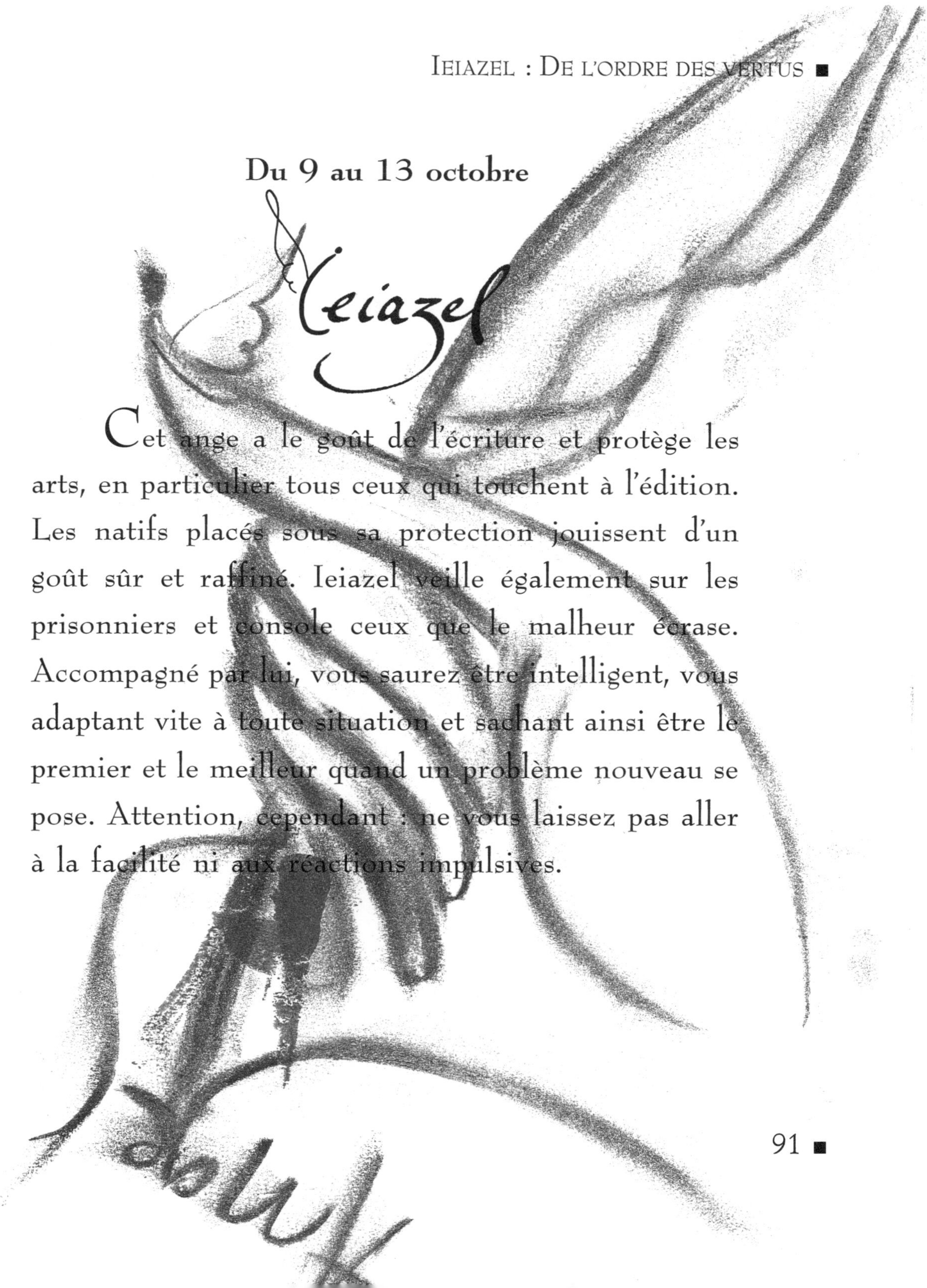

Du 9 au 13 octobre

Ieiazel

Cet ange a le goût de l'écriture et protège les arts, en particulier tous ceux qui touchent à l'édition. Les natifs placés sous sa protection jouissent d'un goût sûr et raffiné. Ieiazel veille également sur les prisonniers et console ceux que le malheur écrase. Accompagné par lui, vous saurez être intelligent, vous adaptant vite à toute situation et sachant ainsi être le premier et le meilleur quand un problème nouveau se pose. Attention, cependant : ne vous laissez pas aller à la facilité ni aux réactions impulsives.

Du 14 au 18 octobre

Hahahel

Enthousiasme et patience sont les deux qualités que favorise cet ange. À la condition que vous soyez aimant, croyant et confiant en Dieu. Hahahel soutient les martyrs et les persécutés. Il donne aux natifs placés sous sa protection un goût, voire une vocation pour les missions religieuses. Mais il sait également vous rendre rayonnant car fidèle à vos idéaux. Vous serez alors très apprécié et très recherché, et l'on vous écoutera.

Du 19 au 23 octobre

Michaël

Cet ange inspire le goût de la chose publique et de la diplomatie. Michaël aide à réussir dans ces domaines, à condition que vous restiez digne de son attention. Il veille sur les voyageurs et prolonge la réussite en vous rendant clairvoyant. Mais vous devez vous méfier de votre tendance à la froideur, voire au mépris ou à l'intransigeance. Si vous tombez dans ces travers, votre jugement est moins sûr et vos chances de réussir votre vie sur le plan matériel ou spirituel s'en verront amoindries.

Du 24 au 28 octobre

Veuliah

Ange de la loyauté et de la discipline, Veuliah vous aidera si vous avez le sens de la justice et de la liberté. Si vous bâtissez votre existence autour de ces vertus, il vous protégera et vous fera protéger par les puissants. Il sait rendre la force et la conviction à ceux qui doutent ou chancellent. Sous sa protection, vous saurez mettre en valeur vos qualités et établir des relations agréables avec votre entourage. Mais il faut savoir vous appuyer sur des règles de vie saines et empreintes de bonté, car vous avez une tendance naturelle à l'insouciance et vous tolérez vos défauts sans chercher à les combattre. Cette indulgence pour vous-même, apprenez à la canaliser vers les autres.

Du 29 octobre au 2 novembre

Yelahiah

Cet ange de l'ordre des puissances apporte un réel sens de l'adaptation, et le courage indispensable dans les épreuves. Le goût des voyages ou des philosophies nouvelles marque l'âme des protégés de Yelahiah. Dynamisme et combativité sont des qualités que votre ange gardien saura vous aider à développer et vous aurez alors la faculté de lutter pour vos idéaux et de réussir. Mais évitez vos tendances à l'agressivité, aux déclarations péremptoires, aux abus de pouvoir. En cultivant la nuance et la tolérance, vous obtiendrez des résultats étonnants.

Du 3 au 7 novembre

Sehaliah

L'intelligence doublée d'une insouciance positive caractérise les natifs protégés par cet ange qui apporte vitalité et santé. Sehaliah sait soutenir les simples et les modestes, et ceux qui faiblissent. Mais il sait aussi confondre les mauvais ou les orgueilleux. Plus vous serez humble, plus vous serez proche de votre ange. Il saura alors vous aider à devenir noble et déterminé, ce qui vous permettra d'approcher au mieux la perfection. Chaque jour vous tendrez à devenir meilleur et utiliserez vos capacités pour exercer un pouvoir juste. Veillez en revanche à ne pas vous enfermer dans un égocentrisme étroit qui vous pousserait à vouloir dominer vos semblables par simple orgueil.

Du 8 au 12 novembre

Ariel

Ange des dons occultes, Ariel aide à développer l'intuition et la reconnaissance. Il soutient la recherche d'idées neuves si elles sont dominées par des pensées nobles. Il entrouvre la porte de la connaissance par la voyance. Mais luttez contre une propension à vouloir séduire pour mieux briller. Vous avez le sens de l'engagement et de la parole donnée, mais vous vous laissez aller, à certaines périodes de votre vie, à la faiblesse ou à l'indifférence. Il vous faut dynamiser votre volonté pour rester digne de l'attention bienveillante de votre ange.

Du 13 au 17 novembre

Asaliah

Charme et bonne humeur caractérisent les natifs protégés par cet ange qui leur donne le goût d'interpréter le sens caché des mots et des écrits. Pour louer Dieu, suivre la voie juste et rester probe, Asaliah sera d'une aide précieuse. Mais il attend de vous que vous soyez sage et bon. Il vous aidera alors à approcher de la vérité et à vous élever vers la lumière divine. Le discernement vous permet d'argumenter ou d'enseigner. Mais ne soyez pas trop critique à l'égard de vous-même ou des autres et ne cédez pas à la tentation d'une certaine malhonnêteté. Vous savez maquiller la vérité parfois pour arriver à vos fins. Cette mauvaise habitude qui cherche à tromper les autres ne peut que vous être néfaste à moyen terme, alors que sur la voie de l'honnêteté vous réussirez et découvrirez la vérité au-delà des apparences.

Du 18 au 22 novembre

Mihaël

Cet ange de concorde favorise l'amour, l'amitié, la fidélité et permet aux natifs placés sous sa protection de jouir d'intuitions et de pressentiments qui les aident à prévoir et à comprendre. Ses protégés ont souvent une vie de couple harmonieuse, évoluant dans une fidèle tendresse qui se trouve enrichie par une vie sexuelle intense et féconde. Avec l'aide de Mihaël, vous saurez vous entourer et utiliser instinctivement les bonnes solutions pour évoluer, progresser et réussir. Le défaut qui vous dessert est une tendance à vous mésestimer et/ou (selon les périodes) à vous surestimer. Cultivez la lucidité, entraînez-vous à faire le point sur vos qualités et vos défauts : cela vous aidera à définir sereinement votre ego et à travailler sur vous-même pour évoluer vers un mieux-être.

Du 23 au 27 novembre

Vehuël

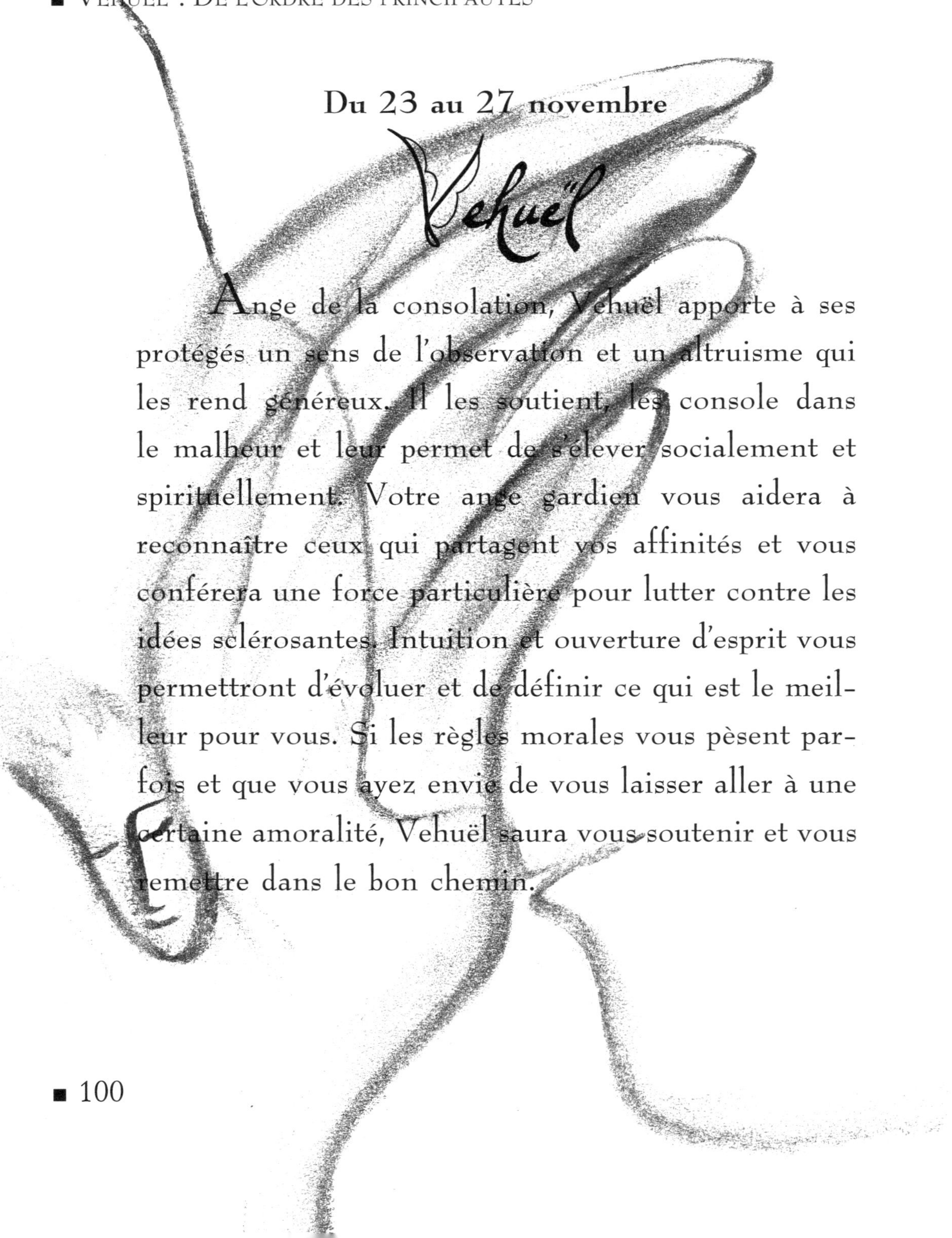

Ange de la consolation, Vehuël apporte à ses protégés un sens de l'observation et un altruisme qui les rend généreux. Il les soutient, les console dans le malheur et leur permet de s'élever socialement et spirituellement. Votre ange gardien vous aidera à reconnaître ceux qui partagent vos affinités et vous conférera une force particulière pour lutter contre les idées sclérosantes. Intuition et ouverture d'esprit vous permettront d'évoluer et de définir ce qui est le meilleur pour vous. Si les règles morales vous pèsent parfois et que vous ayez envie de vous laisser aller à une certaine amoralité, Vehuël saura vous soutenir et vous remettre dans le bon chemin.

Du 28 novembre au 2 décembre

Daniel

Ange des confessions, Daniel aide à prendre des décisions réfléchies. Amoureux de la justice, il attend de ses protégés qu'ils soient équitables et droits. Il sait alors guérir les maux et consoler. Il aide à faire pardonner les péchés et à oublier les injures si la confession est complète et sincère. À ses côtés, vous développerez maturité et intégrité, lesquelles vous permettront d'acquérir dans la société la place que vous méritez. Mais évitez la rigidité et la froideur qui peuvent parfois teinter votre personnalité, elles vous conduiraient à des attitudes obtuses, empreintes de méfiance, soupçonneuses et donc peu agréables pour ceux qui vous entourent. Enfermé dans un carcan étroit, vous ne pouvez développer des sentiments généreux et nobles.

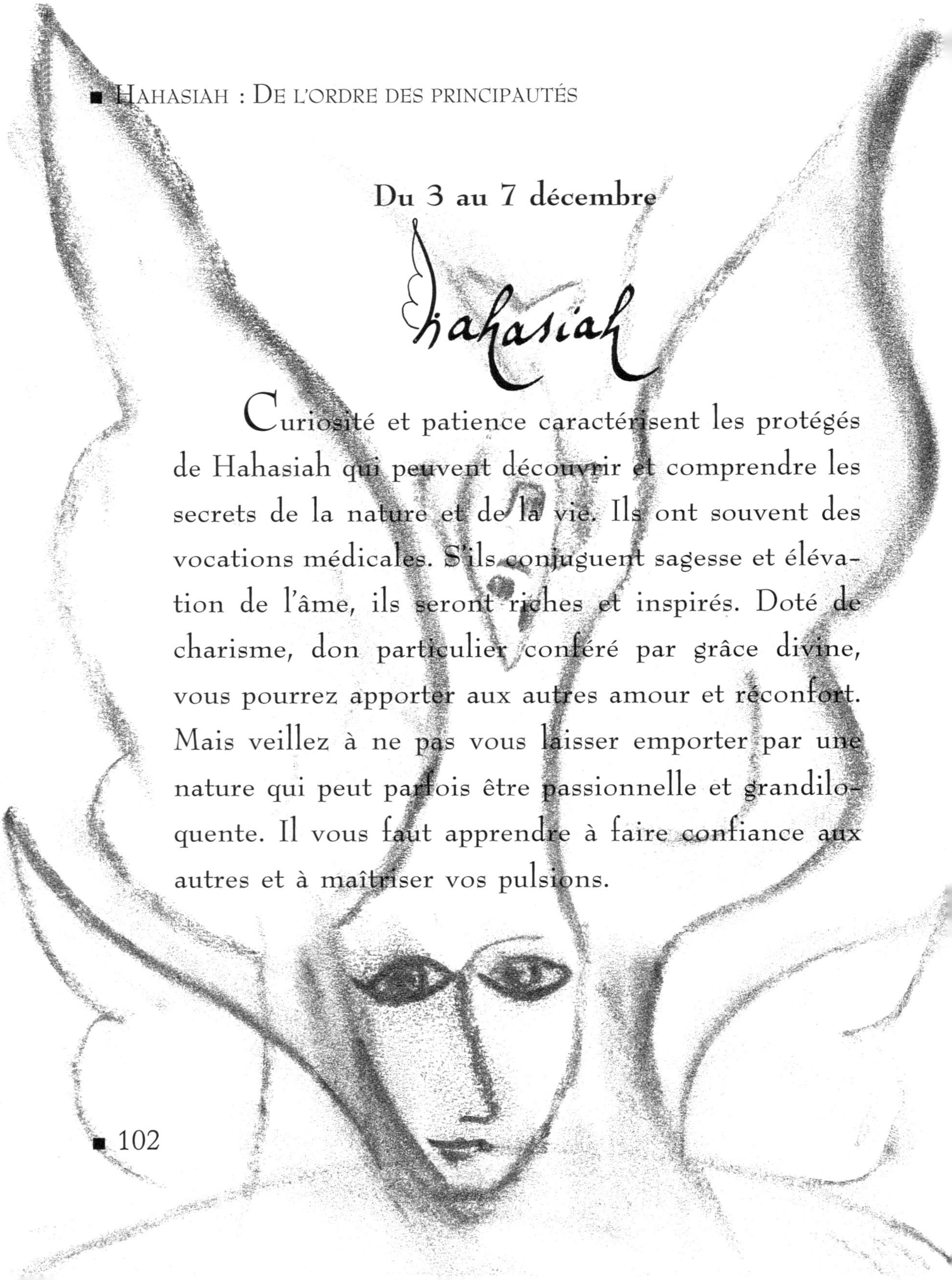

Du 3 au 7 décembre

Hahasiah

Curiosité et patience caractérisent les protégés de Hahasiah qui peuvent découvrir et comprendre les secrets de la nature et de la vie. Ils ont souvent des vocations médicales. S'ils conjuguent sagesse et élévation de l'âme, ils seront riches et inspirés. Doté de charisme, don particulier conféré par grâce divine, vous pourrez apporter aux autres amour et réconfort. Mais veillez à ne pas vous laisser emporter par une nature qui peut parfois être passionnelle et grandiloquente. Il vous faut apprendre à faire confiance aux autres et à maîtriser vos pulsions.

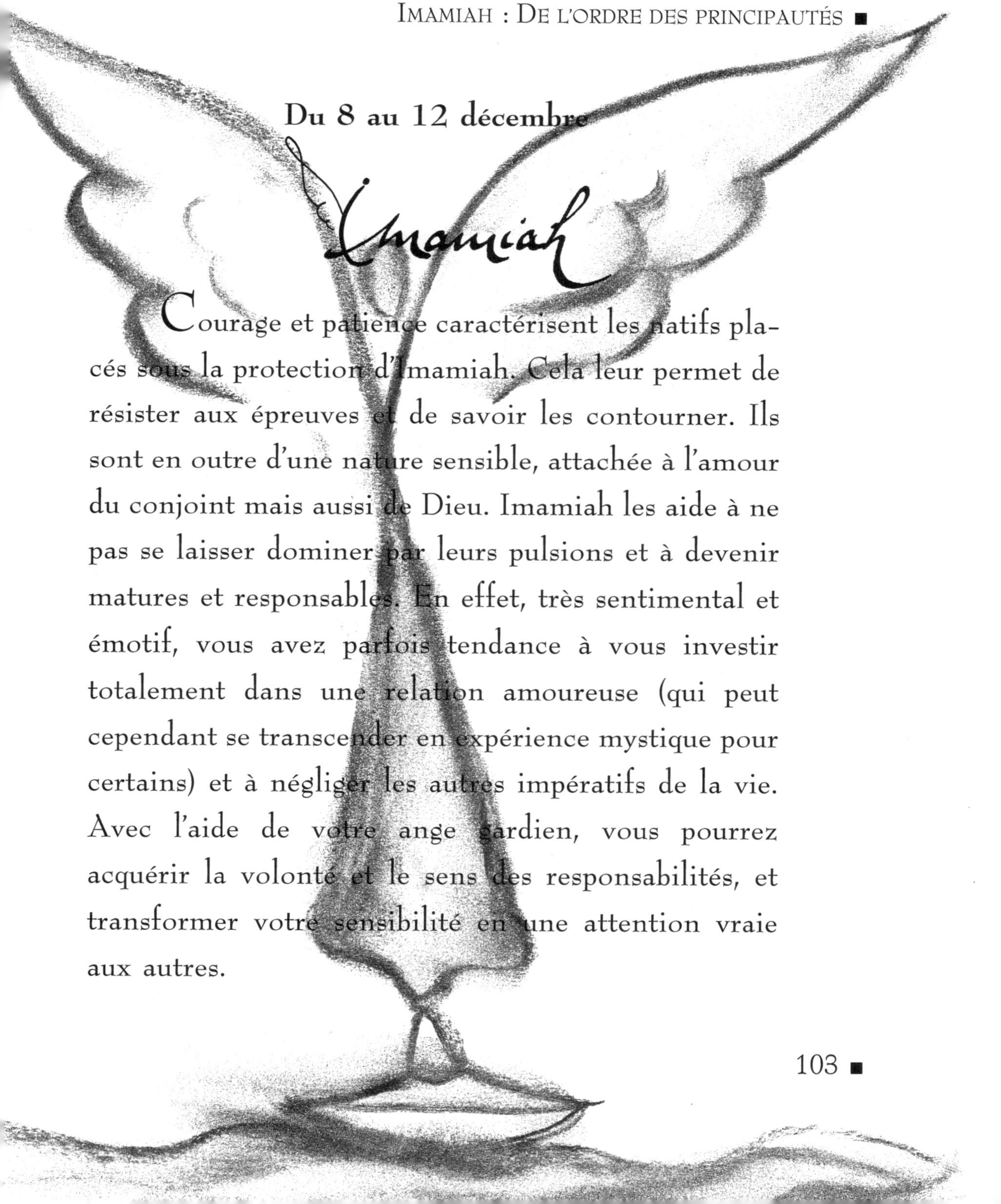

Du 8 au 12 décembre

Imamiah

Courage et patience caractérisent les natifs placés sous la protection d'Imamiah. Cela leur permet de résister aux épreuves et de savoir les contourner. Ils sont en outre d'une nature sensible, attachée à l'amour du conjoint mais aussi de Dieu. Imamiah les aide à ne pas se laisser dominer par leurs pulsions et à devenir matures et responsables. En effet, très sentimental et émotif, vous avez parfois tendance à vous investir totalement dans une relation amoureuse (qui peut cependant se transcender en expérience mystique pour certains) et à négliger les autres impératifs de la vie. Avec l'aide de votre ange gardien, vous pourrez acquérir la volonté et le sens des responsabilités, et transformer votre sensibilité en une attention vraie aux autres.

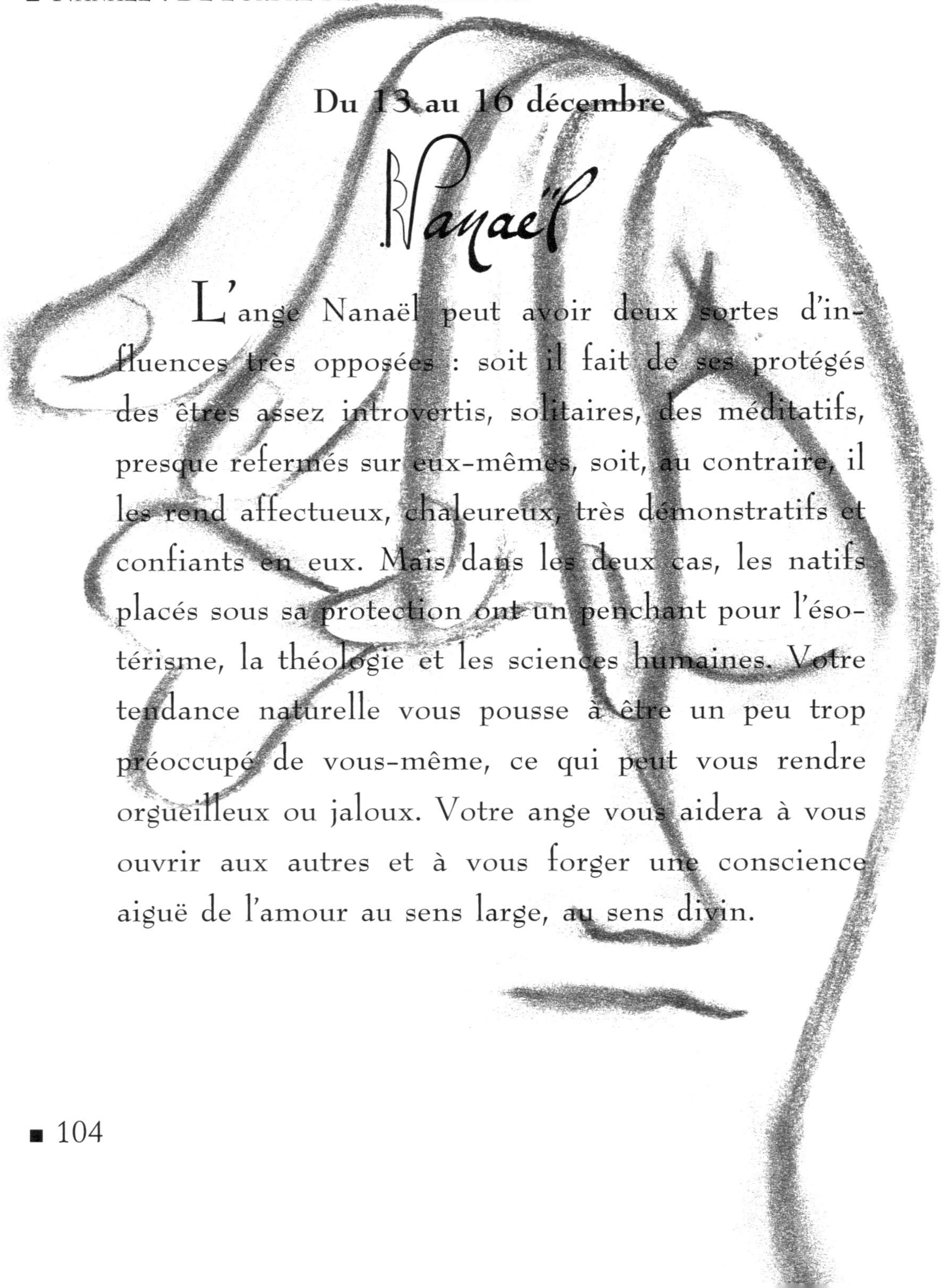

Du 13 au 16 décembre

Nanaël

L'ange Nanaël peut avoir deux sortes d'influences très opposées : soit il fait de ses protégés des êtres assez introvertis, solitaires, des méditatifs, presque refermés sur eux-mêmes, soit, au contraire, il les rend affectueux, chaleureux, très démonstratifs et confiants en eux. Mais dans les deux cas, les natifs placés sous sa protection ont un penchant pour l'ésotérisme, la théologie et les sciences humaines. Votre tendance naturelle vous pousse à être un peu trop préoccupé de vous-même, ce qui peut vous rendre orgueilleux ou jaloux. Votre ange vous aidera à vous ouvrir aux autres et à vous forger une conscience aiguë de l'amour au sens large, au sens divin.

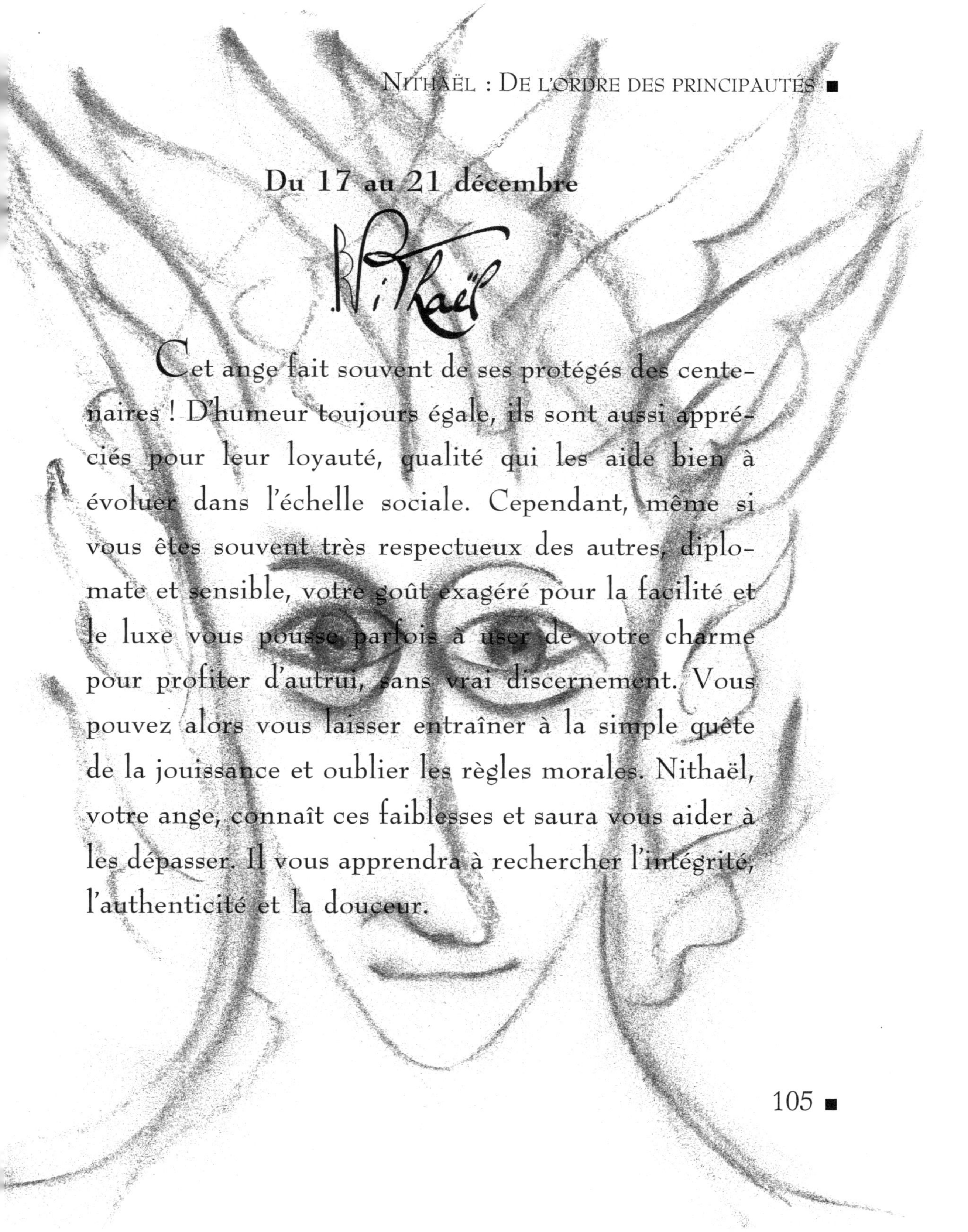

Du 17 au 21 décembre

Nithaël

Cet ange fait souvent de ses protégés des centenaires ! D'humeur toujours égale, ils sont aussi appréciés pour leur loyauté, qualité qui les aide bien à évoluer dans l'échelle sociale. Cependant, même si vous êtes souvent très respectueux des autres, diplomate et sensible, votre goût exagéré pour la facilité et le luxe vous pousse parfois à user de votre charme pour profiter d'autrui, sans vrai discernement. Vous pouvez alors vous laisser entraîner à la simple quête de la jouissance et oublier les règles morales. Nithaël, votre ange, connaît ces faiblesses et saura vous aider à les dépasser. Il vous apprendra à rechercher l'intégrité, l'authenticité et la douceur.

Du 22 au 26 décembre

Mebahiah

Cet ange de la fécondité accorde sans difficulté aux couples qui le souhaitent la possibilité d'avoir une nombreuse progéniture. Mebahiah fait souvent de ses protégés des pratiquants fidèles, à la foi solide, en tout cas des êtres pieux et charitables. Votre nature très affective vous donne d'autant plus de charme que vous alliez beaux sentiments et raison puissante. Cet équilibre mental fait toute votre séduction. Mais méfiez-vous de votre tendance à développer une trop haute idée de vous-même.

Du 27 au 31 décembre

Poyel

Ange bienfaiteur, il accorde tout ce qu'on lui demande ! Ses protégés parviennent souvent, s'ils le souhaitent, à la renommée, à la célébrité, voire à la puissance et à l'argent. En tout cas, ils sont éloquents, ou au moins beaux parleurs. Mais n'oubliez pas que Poyel est votre intermédiaire auprès de Dieu ! Ange gardien, il vous veut pieux, honnête et travailleur. Si vos faiblesses sont la passivité, la timidité ou l'insouciance un rien immature, Poyel saura vous aider à vous transformer. Il vous incitera à devenir plus indépendant, moins influençable, plus adulte.

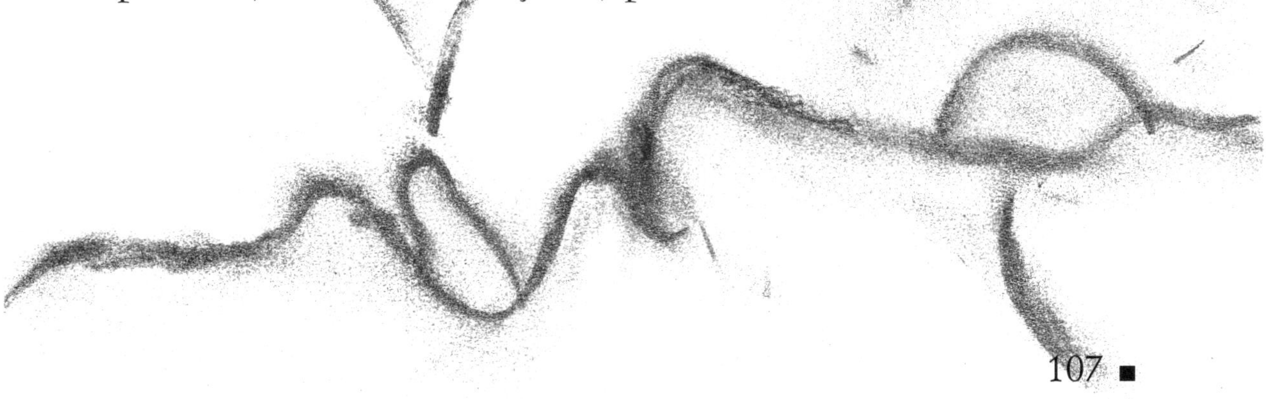

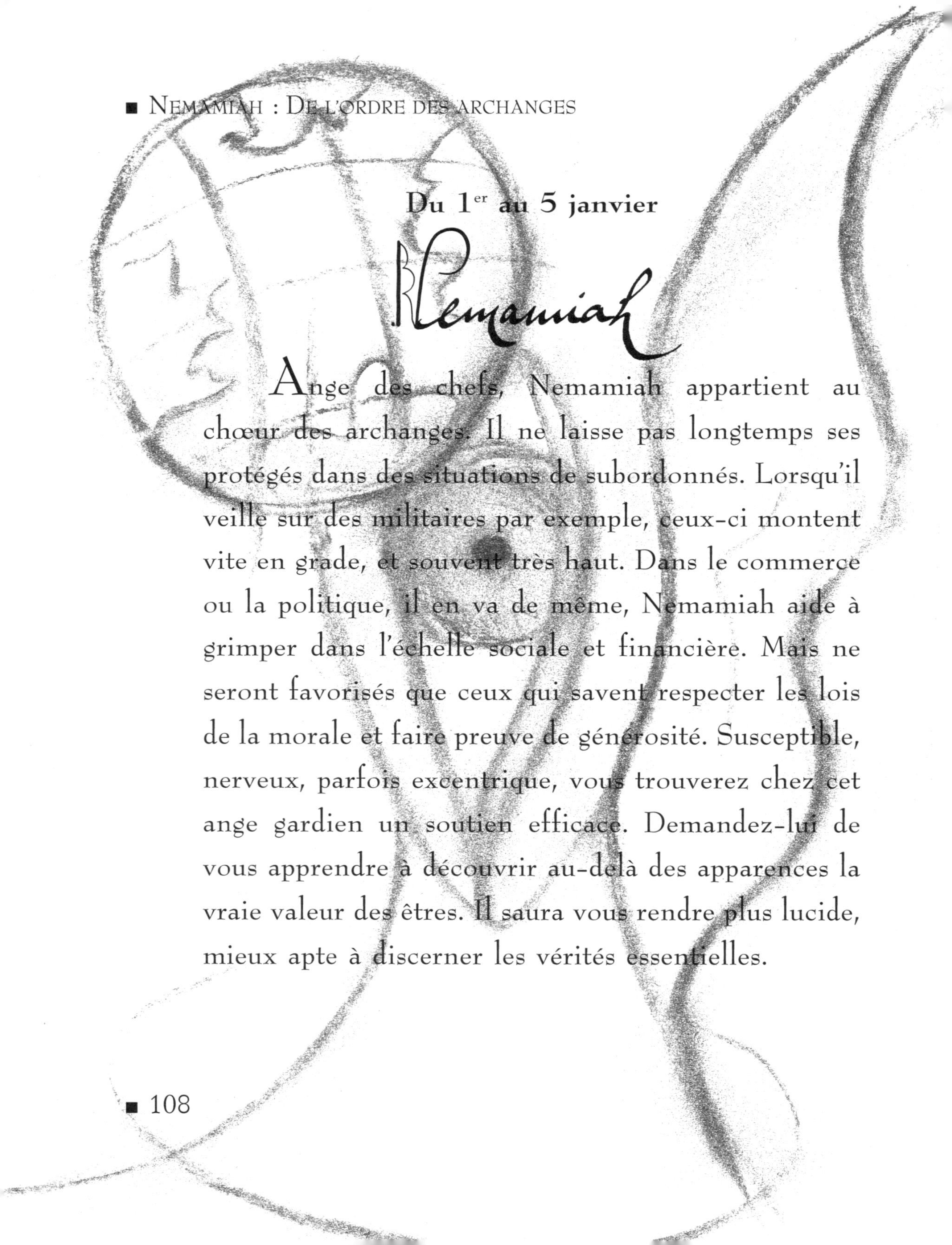

Du 1er au 5 janvier

Nemamiah

Ange des chefs, Nemamiah appartient au chœur des archanges. Il ne laisse pas longtemps ses protégés dans des situations de subordonnés. Lorsqu'il veille sur des militaires par exemple, ceux-ci montent vite en grade, et souvent très haut. Dans le commerce ou la politique, il en va de même, Nemamiah aide à grimper dans l'échelle sociale et financière. Mais ne seront favorisés que ceux qui savent respecter les lois de la morale et faire preuve de générosité. Susceptible, nerveux, parfois excentrique, vous trouverez chez cet ange gardien un soutien efficace. Demandez-lui de vous apprendre à découvrir au-delà des apparences la vraie valeur des êtres. Il saura vous rendre plus lucide, mieux apte à discerner les vérités essentielles.

Du 6 au 10 janvier

Yeialel

Les protégés de cet ange de l'endurance physique sont forts, trapus et courageux. Même si leur caractère est un peu bourru, rien ne les arrête et surtout pas leurs petits maux personnels ou petites maladies qu'ils traitent avec mépris. Peu enclins à s'épancher sur leurs tracas personnels, ils sont recherchés pour le réconfort moral qu'ils savent apporter aux autres. Encore faut-il qu'ils évitent de tomber dans une dureté naturelle qui fait d'eux des critiques froids et sectaires. Yeialel saura vous aider à développer une intelligence profonde, vous évitant les travers du dogmatisme ou de l'obstination.

Du 11 au 15 janvier

Harahel

Les protégées de cet ange de la fécondité n'ont aucun mal à avoir des enfants, bien au contraire, elles accouchent même en très peu de temps avec une grande facilité. De plus tous ceux et celles que protège Harahel ont un grand sens des affaires, de l'économie financière, des placements boursiers. Ils sont souvent très cultivés car ils sont passionnés par tout ce qui est savoir, notamment dans les domaines des sciences et de l'Histoire. Une vie droite et généreuse leur permettra d'obtenir toute la protection de leur ange gardien. Celle-ci leur évitera de tomber dans certains excès : curieux de nature, ils ont parfois le tort de croire tout connaître, relativisent à outrance et font donc des erreurs de jugement.

Du 16 au 20 janvier

Mitzraël

Ange de la raison, l'archange Mitzraël procure à ses protégés un calme et une sagesse qu'ils savent déployer dans les situations les plus critiques où bien d'autres perdent leur sang-froid. Ces mêmes talents leur servent aussi bien à se connaître et à aider les autres qu'à voir en eux. Ils n'ont d'ailleurs jamais de problèmes avec leurs supérieurs, au contraire, ils leur sont généralement très dévoués et se font apprécier en conséquence. Pourtant certains se laissent aller à leurs pulsions et Mitzraël sait les aider à se maîtriser. Colère, manque de pondération dans les affirmations, petites méchancetés plus ou moins gratuites, goût un peu trop prononcé pour les joutes verbales ou les disputes sont autant de défauts que vous pourrez dominer avec le soutien de votre ange gardien.

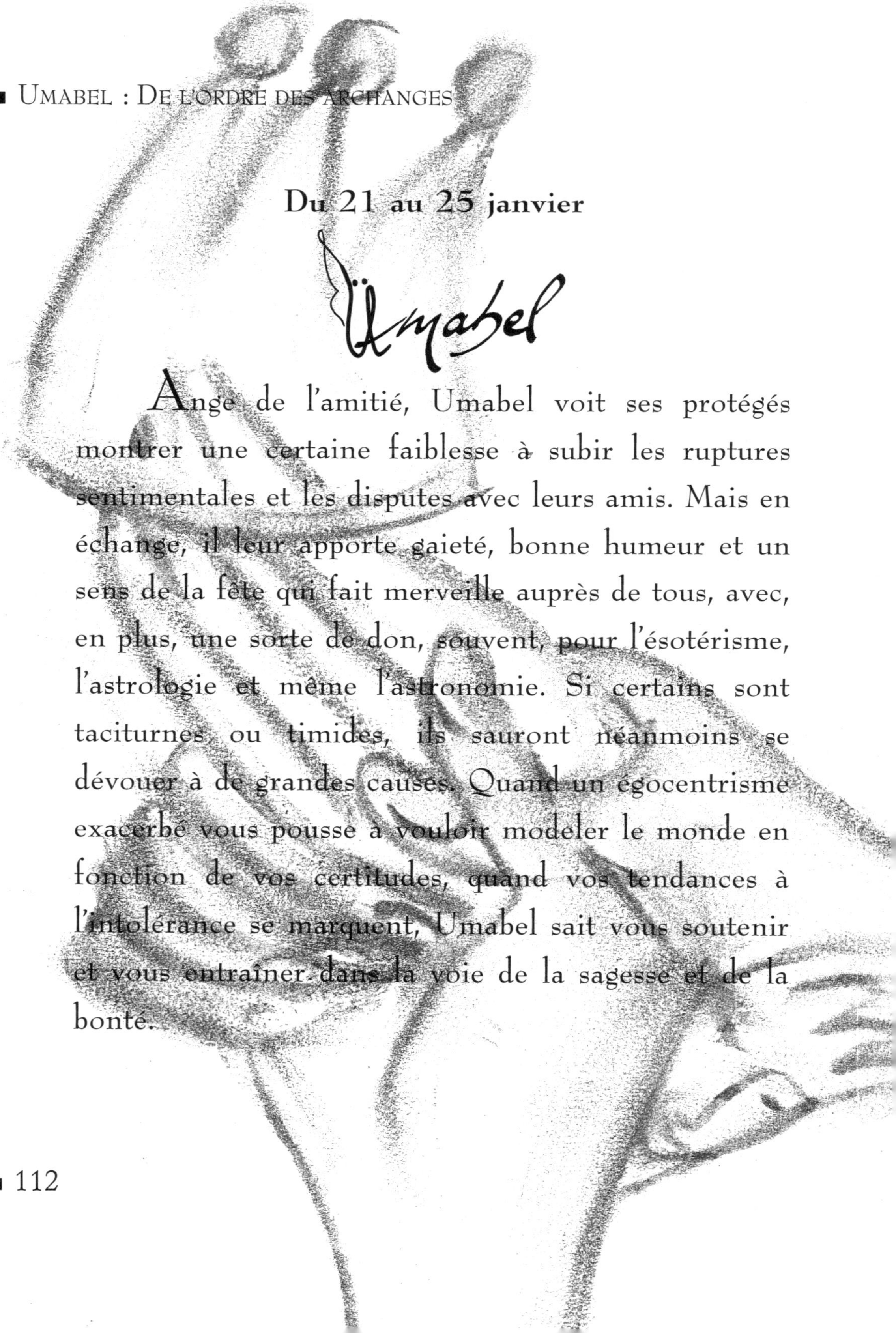

Du 21 au 25 janvier

Umabel

Ange de l'amitié, Umabel voit ses protégés montrer une certaine faiblesse à subir les ruptures sentimentales et les disputes avec leurs amis. Mais en échange, il leur apporte gaieté, bonne humeur et un sens de la fête qui fait merveille auprès de tous, avec, en plus, une sorte de don, souvent, pour l'ésotérisme, l'astrologie et même l'astronomie. Si certains sont taciturnes ou timides, ils sauront néanmoins se dévouer à de grandes causes. Quand un égocentrisme exacerbé vous pousse à vouloir modeler le monde en fonction de vos certitudes, quand vos tendances à l'intolérance se marquent, Umabel sait vous soutenir et vous entraîner dans la voie de la sagesse et de la bonté.

Du 26 au 30 janvier

Iah-Hel

Ange de l'ascétisme, Iah-Hel peut faire aimer à ses protégés une vie austère, faite de privations. De toute façon, un grand sens moral caractérise ceux qui sont nés sous sa protection. Iah-Hel leur donne le goût de la perfection et une morale fondée sur la modération des plaisirs et de leurs exigences. En contrepartie, il leur procure une vie généralement heureuse en mariage comme en amitié. Si vous avez tendance à embellir la réalité, à tricher un peu ou beaucoup pour tromper les autres, votre ange saura vous aider à retrouver le chemin de l'honnêteté et vos efforts seront récompensés car votre protecteur connaît bien les tentations auxquelles vous êtes soumis.

Du 31 janvier au 4 février

Anauël

Ange de la santé, Anauël donne à ses protégés une constitution physique qui leur permet de résister aux maladies ou, pour le moins, de guérir très vite. Gais et joueurs, beaux parleurs et sympathiques, les natifs placés sous sa protection réussissent brillamment dans les activités commerciales. La lucidité, la méthode ainsi qu'un solide sens pratique sont des qualités que votre ange vous aidera à développer. Il vous apprendra à éviter les erreurs d'interprétation et à projeter avec intelligence les conséquences d'une décision. Anauël sait aussi calmer les susceptibilités excessives.

Du 5 au 9 février

Mehiel

Ange de l'écriture, Mehiel donne à ses protégés non seulement le goût de la culture, de la lecture et de l'écriture, mais un réel don dans ce dernier domaine grâce à un sens développé de l'analyse et de la synthèse. Souvent ceux qui l'ont pour ange gardien sont écrivains ou journalistes. D'autres se font apprécier pour leur rapidité à extraire et retenir d'un énorme dossier les quelques pages qui le résument parfaitement. Attention, cependant : si vous avez tendance à vous laisser influencer, à tomber parfois dans une certaine naïveté ou crédulité, votre ange gardien, qui connaît ces travers, saura vous aider à les corriger, à condition bien sûr que vous lui demandiez son aide.

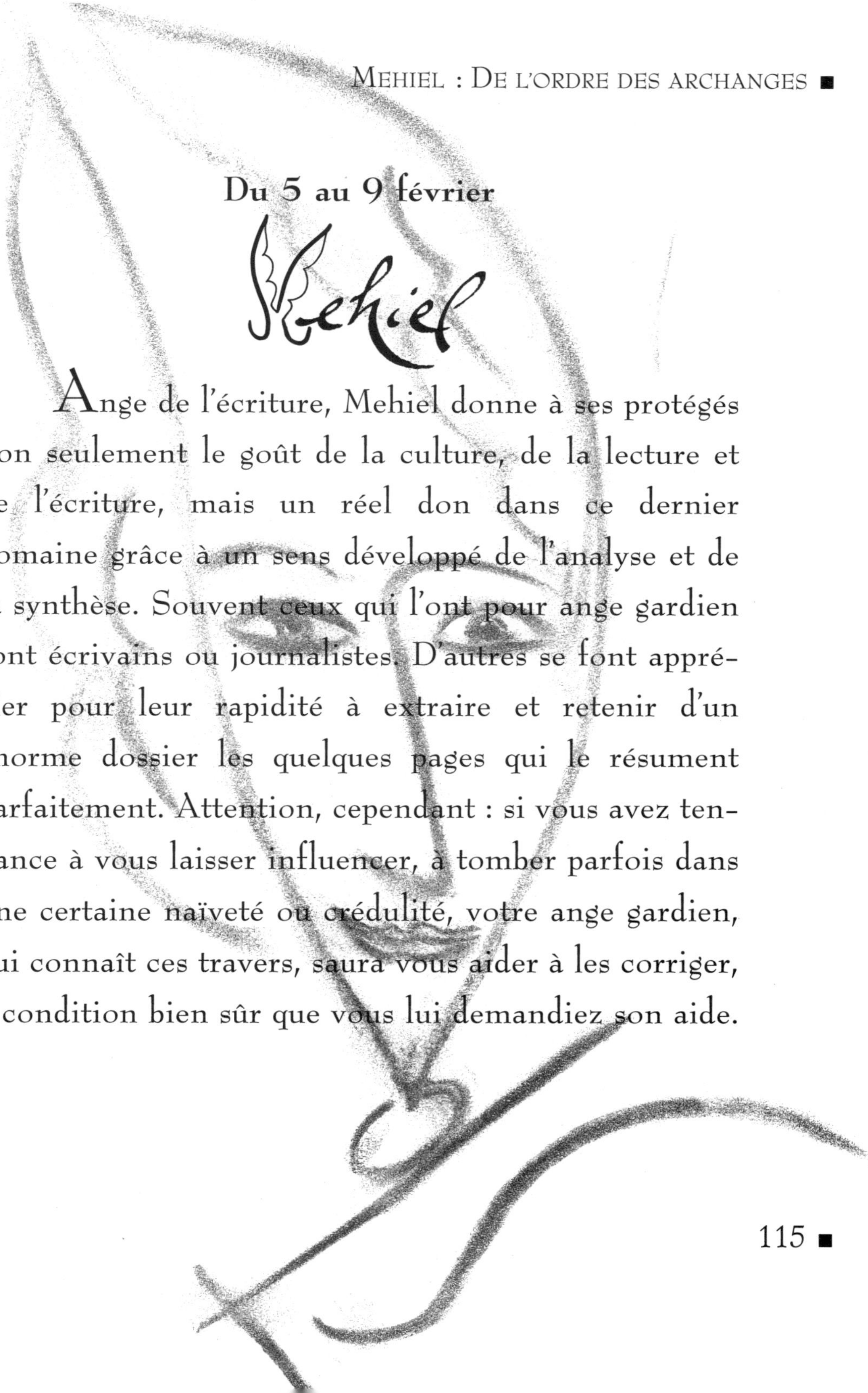

Du 10 au 14 février

Damabiah

Ange de la force mentale, Damabiah semble se tenir en permanence aux côtés de ses protégés, qu'il préserve des mauvais sorts. Voilà sans doute pourquoi un éternel optimisme les caractérise, même face aux situations qui sembleraient sans issue à d'autres. Ils restent confiants et finissent par gagner. Ce n'est pas que rien ne les atteigne, mais ils ont, grâce à leur ange, la possibilité de vaincre la tristesse.

Du 15 au 19 février

Manakel

Ange de la séduction, Manakel apporte beauté, élégance et charme. Ses protégés sont sympathiques à tous. Ils réussissent dans la vie parce qu'ils savent parler et se faire aimer. Réserve et discrétion sont les qualités que vous aide à développer cet ange, qui facilite l'apprentissage du pardon et aide à repousser les idées noires, à découvrir le beau, le bon et le vrai.

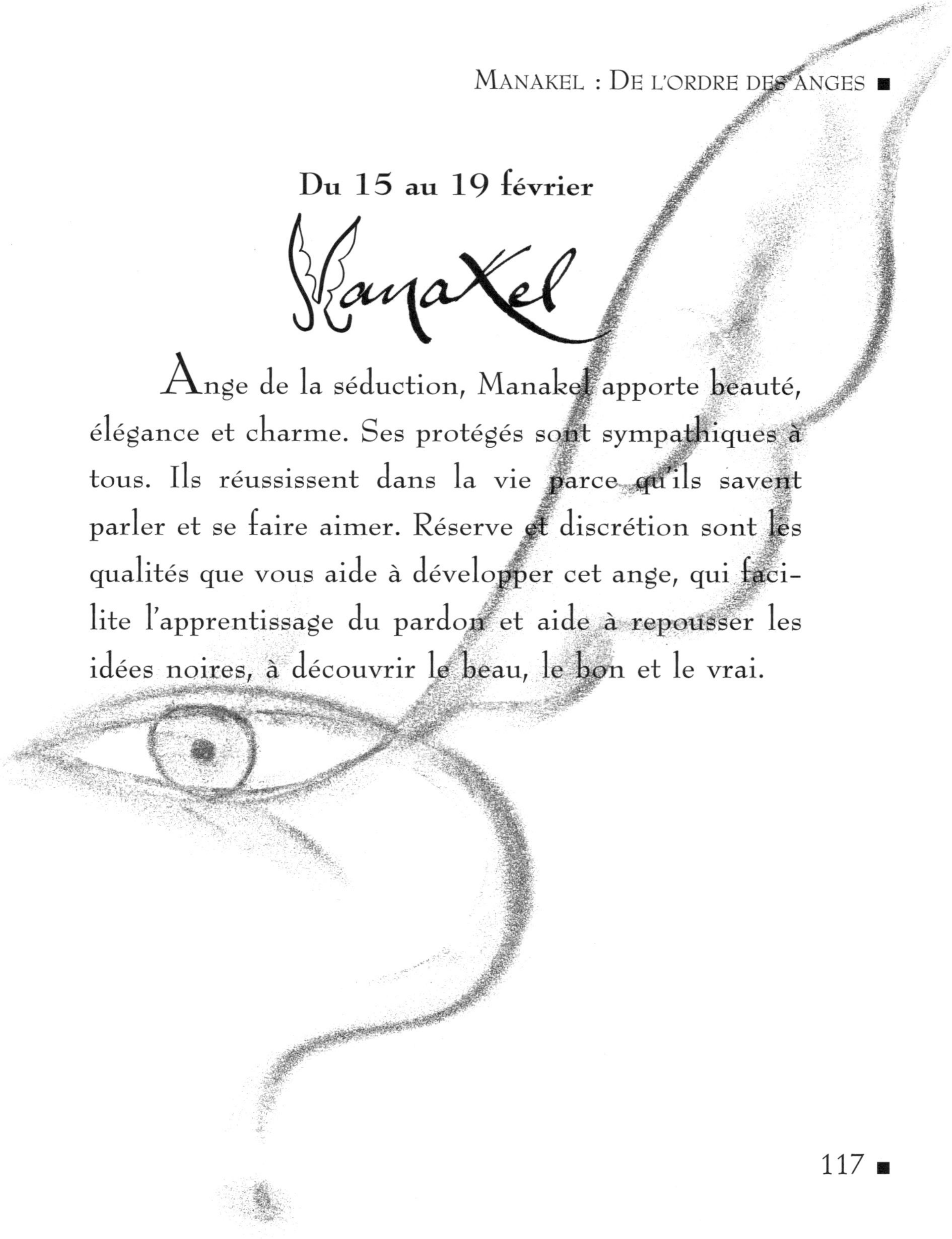

Du 20 au 24 février

Eyaël

Ange des centenaires, Eyaël fournit d'abord à ses protégés une robuste santé qui, souvent, leur permet d'atteindre un âge très avancé en excellente forme tant physique que mentale. Tout au long de leur vie, les fidèles d'Eyaël pourront se passionner avec succès pour les arts et les sciences qui permettent de déterminer le caractère et de prévoir le destin des hommes : l'étude des influences des astres, des signes, etc. Riche d'une imagination féconde, vous pouvez demander à votre ange gardien de vous aider à avoir confiance en vous, vous transformerez alors ce don en activité créatrice. Et si vous avez parfois tendance à fuir la réalité dans les rêves et à ne jamais concrétiser un projet, votre ange saura vous aider à devenir efficace et pratique.

Du 25 au 28/29 février

Habuhiah

Ange de la médecine douce, Habuhiah donne souvent à ses protégés des dons de guérisseurs dont ils ne s'aperçoivent pas toujours. Mais s'ils étaient attentifs, ils verraient que cette « main verte » qui les caractérise à l'égard des plantes ne tient pas seulement à leur goût prononcé pour la faune et la flore, mais leur offre des possibilités beaucoup plus vastes. D'un esprit vif et curieux, vous avez le sens de la découverte. Cependant, une certaine instabilité caractérielle vous dessert. Votre ange gardien saura vous apporter tout au long de votre vie plus de pondération et de patience.

Du 1er au 5 mars

Rochel

Ange de la mémoire, Rochel donne à ses protégés une extraordinaire facilité à retenir les textes les plus longs. Ils réussiront donc dans toutes les études qui font appel à la mémoire, comme le droit, bien sûr, où ils excelleront en particulier car ils sont des orateurs d'autant plus doués que leur culture est à la hauteur de leur faculté de mémorisation ! Lucide, efficace, vous avez pourtant tendance à ignorer les remarques qui vous déplaisent ou à ne pas entendre ceux qui sont d'un avis différent du vôtre. Parfois cupide, avaricieux, vous n'aimez pas donner ni partager. Ces défauts que votre ange connaît pourront être combattus si vous manifestez un véritable désir de vous améliorer. Et vous constaterez comme les satisfactions du cœur comblent beaucoup plus que les biens accumulés.

Du 6 au 10 mars

Jamabiah

Ange de l'initiation, Jamabiah donne à ses protégés une sorte de deuxième sens pour tout ce qui est surnaturel, ésotérique. S'ils cultivent ce don, ils se consacreront avec bonheur au sacré, au religieux, à la magie. Doué d'une nature sensible et d'un jugement sûr, vous êtes attiré par les arts et la beauté. Votre ange gardien, qui connaît votre valeur, vous aidera à lutter contre certains travers : trop sensible, vous pouvez parfois vous laisser entraîner par vos émotions ou impressionner par ceux qui savent jouer des sentiments. Par paresse, vous risquez de vous laisser aller à la nonchalance ou à la négligence. Jamabiah peut vous aider à acquérir volonté et discipline morale, vous saurez alors réussir votre vie matérielle et spirituelle.

Du 11 au 15 mars

Haiaiël

Ange de la voyance, Haiaiël donne à certains de ses protégés un sixième sens qui leur permet parfois de faire des rêves prémonitoires ou d'avoir des intuitions très réelles d'événements à venir. Le reste du temps, on apprécie chez eux la capacité qu'ils ont à déjouer les pièges et traîtrises qui peuvent se tisser autour d'eux ou de ceux qu'ils aiment. D'une intelligence vive et curieuse, vous êtes à l'écoute du monde et de l'air du temps. Vous savez analyser et prévoir. Mais vos tendances à la critique un peu trop systématique vous empêchent parfois d'exprimer sereinement vos vrais ressentis. Plus de modestie et de tolérance, et vous deviendrez celui que l'on écoute.

Du 16 au 20 mars

Mumiah

Ange des guérisseurs, Mumiah fait souvent de ses protégés des hommes et des femmes ayant le don de guérir, soit par la médecine traditionnelle, soit par l'imposition des mains, la médecine par les plantes, la prière. L'inconstance ou la mélancolie sont des travers qui vous conduisent parfois à mal appréhender le monde et ceux qui vous entourent. Votre ange gardien peut vous aider à reconnaître et apprécier les vraies valeurs.

II

Le pouvoir des dix Archanges commandeurs

Esprit céleste d'un ordre supérieur, être spirituel placé au-dessus de l'ange, Archange signifie ange commandeur. À chaque catégorie d'anges correspond un ange appelé Archange qui gouverne cette catégorie.

Attention, ces anges commandeurs n'appartiennent pas à l'ordre des archanges de la hiérarchie céleste décrite précédemment, même s'ils portent le même dénominatif d'archange. (Pour les différencier ici nous mettrons une majuscule au dénominatif Archange quand il se réfère aux commandeurs.)

Chaque Archange accorde les puissances de sa force angélique à tout humain qui s'adresse à lui et lui demande son aide ou sa protection.

Comme pour les anges gardiens, les Textes leur ont attribué un nom et un rôle particuliers. Dix anges commandeurs forment la cohorte représentant les Archanges.

Chacun de ces Archanges commandeurs correspond à une planète ou à un lieu céleste (ou sphère planétaire) et est défini par certaines capacités particulières.

Cette cohorte divine des Archanges a la bonté et le devoir de nous aider dans notre quête vers une élévation spirituelle. Nous pouvons donc faire appel aux Archanges en tant que messagers. Le culte des Archanges donne beaucoup de consolation et de courage.

METATRON

Cet Archange régit l'ensemble des forces créatrices. Metatron est l'architecte de Dieu, son horloger. Ange du temps, de l'espace, il peut nous aider à créer un monde selon nos souhaits.

RAZIEL

Cet Archange appelé aussi Iophel correspond à l'intelligence et préside à la conscience que nous avons des œuvres divines. C'est l'Archange de l'amour véritable, de la chance, de la bonne fortune, mais aussi des solutions inespérées à des problèmes difficiles. Si vous placez votre volonté et vos actions au service du bien, Raziel vous aidera très efficacement. Il accorde alors l'amour au sens fort du terme, celui que vous pouvez éprouver et celui que vous pouvez recevoir. En découle bien sûr le sens du dévouement et de l'abnégation. Il saura vous inspirer dans toute tentative de création ainsi que pour acquérir la vraie liberté, celle de l'âme.

BINAËL

Appelé aussi Tsaphkiel, cet Archange préside à la sphère de Saturne. Binaël dirige le monde de la pensée, de la compréhension, de la science déductive, et inspire courage quotidien et sang-froid.

Vous pouvez lui demander de vous aider pour tout ce qui concerne les qualités morales et intellectuelles. C'est le maître de la patience. Il sait conférer à ses protégés le sens de l'économie et le goût de la simplicité. Il vous aidera à trouver les protections de ceux qui ont le pouvoir. Mais il est aussi celui qui nous permet la découverte de nouvelles idées et de nouveaux paysages : c'est donc l'Archange des grands voyages.

HESEDIEL

Nommé aussi Tsadkiel, cet Archange accorde la richesse matérielle à la condition que vous en fassiez bon usage : sachez pratiquer le partage et la charité. Cet Archange est également en rapport avec la justice et la miséricorde. Il peut vous aider à comprendre la loi divine et à être juste. Il accorde le sens de l'autorité, du pardon, et aide les parents à bien éduquer leurs enfants.

À la condition que vous ne soyez pas obsédé par le goût du pouvoir et que vous agissiez dans l'intérêt de tous, Hesediel vous assistera dans votre réussite. Mais il vous veut respectueux des différences d'autrui.

CAMAËL

Cet Archange, appelé aussi Samaël, est celui de la réussite en général et du courage physique. Que vous soyez guerrier, sportif ou médecin, Camaël vous aide, il prend soin également de ceux qui se repentent. Il nous veut œuvrant pour la paix et la sécurité entre les hommes. Si votre but est tout au long de votre vie d'élever votre âme, Camaël saura regrouper autour de vous les conditions favorables à cette élévation.

RAPHAËL

Cet Archange est un des plus célèbres et celui qui a été le plus représenté dans la peinture par les plus grands maîtres, avec Gabriel. C'est l'Archange de la providence qui veille sur l'humanité. Il est l'Archange de la vocation et de l'élévation sociale et économique. Mais il est aussi celui de la générosité et de la magnanimité. Vous pouvez invoquer Raphaël pour obtenir joie intérieure et joie de vivre. Raphaël sait également vous octroyer la sérénité dans l'enthousiasme.

Pour faire reconnaître vos mérites, quand vous voulez qu'un projet se concrétise et se réalise, adressez-vous à Raphaël. Les qualités auxquelles cet Archange est particulièrement sensible sont la modestie, la bravoure et la générosité.

Haniel

Cet Archange est celui de la beauté, de la victoire de Dieu et il est en rapport avec tout ce qui concerne l'amour. Haniel est l'Archange de l'amour humain quand il est réciproque (et lorsque l'un se donne à l'autre dans une totale générosité).

Vous pouvez vous adresser à lui pour développer votre harmonie intérieure.

Michaël

Son nom signifie : « Qui est comme Dieu. » C'est le plus connu des Archanges et ce dans les trois religions monothéistes (judaïque, chrétienne et musulmane). Il est apparu à Moïse, et à Mahomet en même temps que l'ange Gabriel ; lorsque le temps en fut venu, il a annoncé sa mort prochaine à Marie ; et dans le Coran, Michaël est aussi celui qui pèsera les âmes au jour du Jugement dernier.

C'est l'Archange de l'intelligence, le premier des Archanges. Michaël, dont le prophète Daniel souligne l'autorité particulière en l'appelant « un des premiers princes », est l'« ange destiné au peuple élu ». L'angélologie judaïque extra-biblique met aussi en relief la figure de Michaël, non seulement en tant que protecteur du peuple juif mais comme défenseur compatissant au cours du Jugement, dépositaire des secrets de la providence et guide des âmes vers le ciel.

La victoire des troupes de Michaël sur celles des anges rebelles est évoquée avec force dans l'Apocalypse : « Alors il y eut une bataille dans le ciel : Michaël et ses anges combattirent le Dragon. Et le Dragon riposta, avec ses anges, mais ils eurent le dessous et furent chassés du ciel. On le jeta donc, l'énorme Dragon, l'antique Serpent, le Diable ou le Satan, comme on l'appelle, le séducteur du monde entier, on le jeta sur la terre et ses anges furent jetés avec lui. »

La volonté profonde de Michaël est de voir les humains réussir à vivre dans la paix et le bonheur l'union de leur corporalité et de leur spiritualité. C'est dire s'il saura vous soutenir si vous lui demandez de vous aider à trouver une harmonie entre vos désirs de réussite terrestre et spirituelle.

GABRIEL

L'Archange de la Révélation est celui qui apporte la parole de Dieu et les bonnes nouvelles. Il est aussi celui de la régénération qui permet toujours de tout recommencer. Il peut vous aider à retrouver la santé quand vous êtes malade, à vous ressaisir même si vous vous êtes longtemps laissé aller à vos mauvais génies, à renouer une amitié même si vous avez déçu ou blessé quelqu'un qui vous est cher. Il vous permet de reprendre ou de recommencer une action mal engagée. Bref, il peut faire en sorte de redistribuer les cartes si vous prenez conscience de vos erreurs et que vous vous repentez. C'est donc l'Archange de tous les possibles : ayez le courage d'entreprendre de grandes mutations sur vous-même, Gabriel interviendra pour vous soutenir dans toute démarche d'amélioration de votre être profond.

SANDALPHON

Ange-prince, Sandalphon aide les humains à préparer leur accession à la plénitude. Il nous veut toujours plus élevés, plus attentifs, plus aptes à approcher de la perfection divine. Aussi est-il l'Archange qui soutiendra puissamment vos élans les plus purs. Quand vous tendez vers la réalisation de votre harmonie intérieure, quand vous œuvrez pour le bien, que ce soit sur le plan matériel ou spirituel, cet Archange, qui est chargé de préparer l'approche de l'ère messianique, vous facilitera la tâche. Il repoussera devant vous les écueils, il ouvrira le chemin et forcera le destin.

III

Les anges déchus

Si le Diable n'existe pas, tout au moins dans sa représentation fantasmagorique de satyre aux pieds fourchus vêtu de noir et rouge, et armé d'une fourche à trois dents, si le Diable est une chimère, le Mal personnifié, en revanche, existe dans toutes les religions ou croyances, et en particulier chez les chrétiens : lorsque les Apôtres demandent à Jésus s'il est le prince de ce monde, il répond : « Non, le prince de ce monde, c'est Satan ! »

Selon certains exégètes de la Bible, Satan, le Diable, les démons, le Mal furent sans doute conçus par Dieu le deuxième jour, car ce fut la seule journée dont, selon la Genèse, le Créateur ne se réjouit pas comme pour les six autres ; en effet, il s'agit curieusement, ont-ils remarqué, du seul jour dont la Bible ne dise pas : « Dieu vit que cela était bon. »

Beaucoup pensent pourtant, comme le prêtre Origène, théologien et exégète grec du troisième siècle après Jésus-Christ, qui niait le mal absolu et la damnation éternelle, que toutes les créatures spirituelles devaient être égales à l'origine. La hiérarchie qui s'ensuivit entre elles correspondrait aux différents grades de leurs infidélités progressives et répétées à Dieu. Ainsi, les démons représenteraient le degré le plus bas, celui des anges déchus à cause de leur esprit maléfique.

Selon d'autres exégètes de la Bible, dès leur création, les anges eurent le choix entre le bien et le mal. Tandis que les « bons » anges restèrent fidèles à Dieu, les mauvais anges, ou anges des ténèbres, choisirent le mal en s'éloignant du Créateur. Parmi eux figurent en premier Satan, Belzébuth et Asmodée, ou Bélial.

Le Talmud évoque souvent les « créatures d'en bas », les « démons inférieurs », autant de mauvais anges qui tourmentent les humains.

La Bible connaît également d'anciens dieux de l'époque polythéiste qui sont devenus des démons : ainsi les *sedim*, sortes de dieux-taureaux d'origine babylonienne, Lilith, déesse-démon de Mésopotamie, Léviathan, dragon marin dans la mythologie ougaritique, ou encore Asmodée, mauvais esprit perse.

Il y a aussi, dans l'Ancien Testament, les démons d'origine animale mais la plupart des démons sont d'origine angélique, si l'on peut dire. Ce sont au départ des anges qui, chargés par Dieu d'accomplir des missions désagréables, menaçantes, destinées à effrayer, ou à carrément punir les hommes, ont fini par y prendre goût en quelque sorte, et ont conservé un caractère démoniaque. Il n'est pas exclu, proposent les analystes, que l'origine de Satan vienne par exemple de ce fameux Ange exterminateur qui a la charge d'exercer la vengeance de Yahvé dans la Bible.

Chez les musulmans, Satan n'est qu'un ange rebelle et déchu pour avoir refusé de se prosterner devant le premier homme, Adam, comme Dieu le lui ordonnait. Dans le Coran, il est le tentateur appelé Shaitan (Satan).

Dans le Talmud, Satan est la source même du Mal en ce monde. Ne représente-t-il pas, parfois, ces « autres » qui nous entourent, ou tout simplement cet « autre » qui existe en chacun de nous et s'acharne à nous amener à douter, nous faire perdre la foi en Dieu et en ce que nous entreprenons ?

L'exemple concret nous en est donné dès le début de la Bible : lorsque, après être parvenu à faire s'échapper son peuple d'Égypte, Moïse gravit la montagne dont il allait rapporter les Commandements du Seigneur (les Tables de la Loi), il était parti en disant au peuple d'Israël : « *Au bout de quarante jours, au commen-*

cement de la sixième heure, je reviendrai. » Or au bout de quarante jours, Satan parut et répandit la confusion dans les esprits : « *Où est votre maître, le quarantième jour est passé, la sixième heure aussi, et Moïse n'est pas revenu ! Votre maître est mort* ! » Comme il vit que le peuple ne s'émouvait pas davantage, Satan eut recours à une vision : il fit passer sous les yeux des Israélites l'image du cercueil de Moïse.

Tous les subterfuges, toutes les ruses sont bons à Satan pour égarer et perdre les hommes. On sait ce qui s'ensuivit : si Moïse n'était pas revenu à temps, son peuple sombrait à nouveau dans le polythéisme et la luxure, en commençant par se prosterner devant le Veau d'or fabriqué en hâte avec les bijoux que les femmes avaient réussi à sauver dans l'exode d'Égypte.

Il est à noter que, chez les Hébreux, le nom Satan (Ha-Satan) a une valeur numérique de trois cent soixante-quatre, et comme l'année comprend un jour de plus, on en déduit que Satan n'a aucun pouvoir maléfique pendant ce trois cent soixante-cinquième jour qui est une grande fête chez les juifs : le Grand Pardon, journée consacrée à Dieu, au cours de laquelle est observé un jeûne absolu. Cette fête est célébrée au mois de *tishri* (septembre-octobre).

SATAN, CHEF DES DÉMONS, PRINCE DES TÉNÈBRES DE CE MONDE

Indiscutablement, le Nouveau Testament (comme l'Église d'aujourd'hui) prend très au sérieux l'activité du démon sur la terre et l'influence de ce fameux Diable ou Malin appelé par l'évangéliste saint Jean dans l'Apocalypse le « séducteur du monde entier ».

Ce n'est pas contre des adversaires de chair et de sang que nous avons à lutter, dit la Bible, mais contre les régisseurs de ce monde des ténèbres, contre les *esprits du Mal*.

Sans cesse à l'affût du moyen de nous faire sombrer dans la faute, le péché, de nous gagner à eux, les esprits du Mal représentent un danger permanent décrit tout au long de la Bible. Depuis le péché contracté par Adam, dont tout être humain est coupable à la naissance (chez les chrétiens notamment, où il est toutefois effacé par le baptême), le grand tentateur reste en permanence derrière nous. Voilà pourquoi, écrit saint Paul, « nous ne faisons pas autant de fois le bien que nous aimerions accomplir et il nous arrive souvent, au contraire, de faire le mal que nous haïssons pourtant d'instinct ».

Tandis que « les mauvais esprits fuient la lumière et cherchent les ténèbres » (Sanhédrin), la fonction de l'armée des anges est de servir dans le combat contre les forces mauvaises qui s'emparent de l'âme humaine.

Nos âmes se trouvent exactement placées entre les anges, qui nous apportent leur secours, et les démons, qui n'ont de cesse de nous égarer.

Le langage populaire ne s'y trompe pas, on parle de démon de la jalousie, de démon du jeu ou bien encore du fameux démon de midi (expression d'ailleurs biblique, « le mal qui ravage en plein midi ») pour parler, en l'occurrence, de cette impulsion de nature sexuelle et sentimentale qui saisit une personne d'âge mûr, les hommes surtout, dit-on, et fait tant de ravages dans les couples.

On remarquera au passage que le Diable n'est pas une femme, ce qui, à bien y réfléchir, est étonnant lorsqu'on note l'idéologie de la suprématie du mâle qui a régné dans les systèmes sociaux d'autrefois. On aurait pu s'attendre à ce que, initiateur des sept péchés capitaux, le Diable soit plutôt représenté avec les atours de séduction et de grâce ordinairement attribués à la gent féminine. Pour les apologistes grecs, les anges déchus et les démons ne sont-ils pas nés de l'union des anges avec les filles des hommes ? Toujours est-il que si les anges n'ont pas de sexe, le prince des ténèbres est, dans toutes les cultures, un mâle aussi puissant que furieux. Cela tient sans doute au fait que Satan, qui est parvenu à tenter Ève au paradis, est celui par qui la mort est arrivée depuis sur terre, alors que la femme est source de vie.

Cela dit, il existe des démons femelles et l'un des principaux est Lilith, que le Talmud décrit avec des ailes et une longue chevelure (elle aurait même été la première compagne d'Adam, avant la création d'Ève) et qui reste si dangereuse que nul homme ne devrait coucher seul dans une maison, car celui qui s'y risquerait serait emporté par elle.

Le Moyen-Âge discutera abondamment du sexe et de la spiritualité des anges, bons comme mauvais, et l'école thomiste (opposée aux franciscains) finira par l'emporter en considérant que tous les anges, même les mauvais, sont de purs esprits, asexués.

Pour sa part, l'Ancien Testament ne parle pas de l'origine des anges et des démons. Le Talmud en revanche, puis les théologiens chrétiens les ont considérés comme créés par Dieu, tous, et surtout, créés bons. On explique que, si certains de ces anges sont devenus mauvais, ce n'est que par leur faute et non celle de Dieu, qui ne saurait créer que le bien.

La première faute

Les démons, le Diable, les « mauvais » anges sont d'abord rusés, sournois et d'une extraordinaire habileté. Il n'y a qu'à se souvenir de la façon dont Satan s'y prend pour que Adam et Ève désobéissent à Dieu et soient chassés du paradis.

D'abord, il revêt la forme du plus rusé des animaux, le serpent. Ensuite, c'est à l'épouse qu'il s'adresse et non à l'homme, la sachant plus liante, plus confiante aussi, plus candide et impressionnable assurément, et enfin, parce que le Diable sait que s'il la convainc, elle saura mieux que quiconque faire fléchir son homme ! Il connaît ses pouvoirs de persuasion.

Pour mettre en échec les plans de Dieu dont on le sait jaloux parce qu'il le reconnaît supérieur à lui, à tel point qu'il n'a que haine à l'égard de ses créatures — les hommes —, le Diable fait sournoisement appel aux principales faiblesses des humains qu'il veut corrompre. D'abord, il excite la curiosité d'Ève (« tes yeux s'ouvriront ») ; puis sa vanité (« vous serez "comme des dieux" ») ; enfin l'orgueil : (« vous saurez parfaitement discerner de vous-mêmes "ce qui est bien et ce qui est mal" »). C'est ainsi que le démon s'y prend, depuis la nuit des temps, pour parvenir à faire de l'homme son jouet.

LA PUISSANCE DE SATAN SELON L'ÉVANGILE

Tout au long des Évangiles il est proclamé que le Christ a ruiné, par sa venue sur terre, avec le mystère de sa mort et de sa résurrection, la domination que le Malin exerçait sur le monde. Il n'empêche que tout comme l'Ancien Testament, les Évangiles ne cessent de dénoncer Satan, le symbole du Mal. Satan, que saint Jean qualifie de « mauvais », « accusateur », « médisant », « calomniateur », « adversaire », « ennemi ». C'est avec Judas, qui livra le Christ, que Satan se manifeste le plus clairement puisque, finalement, tout se passe comme si soudain, au moment où Jésus le désigne comme étant celui qui « parmi vous me trahira », le démon était entré en lui. À partir de cet instant l'Évangile le décrit comme possédé. Par le fait même, certains exégètes considéreront que Judas est en quelque sorte absous car il va ne va plus désormais être maître de ses actes et pensées, ce qui « explique » la trahison d'un apôtre que Jésus avait lui-même choisi. Choisi et désigné pour que puisse s'accomplir sa mission…

Reprenant la formule du Christ, saint Paul parle aussi de « prince de ce monde » à propos du démon, un « monde » d'hommes vivant dans la corruption, l'intolérance et la haine de leur prochain. Et ce, à l'opposé du Seigneur qui n'est qu'obéissance (au Père) et amour désintéressé de l'humanité.

En fait, en décrivant la société des hommes envahis par le Mal, saint Paul désigne les notables, scribes, princes, prêtres et autres orgueilleux qui ont décidé de faire mourir le Christ parce que, avant tout, celui-ci les dérange par sa franchise, son honnêteté, ses paroles vraies et son respect de Dieu.

On peut noter, à l'occasion, que Jésus fut précisément accusé d'être possédé du démon par tous ceux qui voulaient sa perte. Puisqu'il se réclamait du Très-Haut, le démon était forcément en lui ! Accusation à laquelle Jésus répondra lors de ce procès que l'on qualifierait aujourd'hui de parodie de procès tant l'issue en était décidée par avance, car tandis qu'il parlait devant ses « juges », l'ombre de la croix sur laquelle il allait être crucifié obscurcissait déjà le mont des Oliviers : « Quant à moi, c'est parce que je dis la vérité que vous refusez de me croire. Celui qui est de Dieu écoute les paroles de Dieu, c'est parce que vous n'êtes pas de Dieu que vous n'écoutez pas ! » Par ces paroles, le Christ invite les hommes de tous les temps à partager sa grâce en s'éloignant du démon.

En fait, Jésus annonce que par cette incapacité à s'ouvrir à la révélation de la vérité divine, les hommes marqueront leur appartenance à Satan, à celui qui se définit comme l'adversaire de tout ce qui est divin, signant ainsi leur collaboration avec celui qui fut le meurtrier de l'homme depuis le Commencement.

L'œuvre satanique se manifeste en effet depuis l'aube de la Création par la volonté opiniâtre de détruire la vie en amenant la première femme et le premier homme à se couper de l'accès à l'arbre de Vie, et à fuir le paradis terrestre en désobéissant à Dieu. Instigateur de tout refus de la vérité, le Diable est le Menteur, celui qui aveugle, qui plonge dans l'erreur ceux et celles qu'il asservit par une fascination meurtrière qui les conduira au néant.

D'une habileté diabolique

Les démons qui nous agressent chaque jour sont très habiles et rusés. Ils ont tous la même technique que Satan, alliés qu'ils sont dans l'iniquité. Ils travaillent en fait sur le concret, attaquant leur victime par son côté le plus faible ou utilisant un de ses centres d'intérêt favoris. Leurs méthodes sont insidieuses, ils avancent à pas menus, pour mieux nous circonvenir et nous attraper dans leurs filets. Jouant toujours sur la division, la dispersion, leur but est de nous éloigner de l'amour de Dieu, des autres et de nous-mêmes. Leur plus grand ennemi est l'amour. Et ils font tout pour nous empêcher de prier, explique saint Vincent de Paul. C'est pourquoi il ne faut pas hésiter à lutter sur leur propre terrain et à appeler nos anges gardiens par la prière pour qu'ils nous aident à résister.

NOS SOIXANTE-DOUZE « DÉMONS »

De la même façon que notre ange gardien influence notre caractère, notre comportement général et aussi quotidien, chacun sait bien qu'il y a en nous son opposé, le mauvais ange : celui qui nous pousse à commettre le répréhensible. Lorsque, sans être fondamentalement « mauvais », nous parvenons à faire le mal autour de nous, qui donc peut bien nous y pousser, si ce n'est un démon intérieur, cette fois victorieux dans son combat incessant avec son ennemi attitré, l'ange gardien du bien, du beau et du bon ?

Depuis toujours ou presque, la tradition picturale religieuse angélologique représente l'homme accompagné de part et d'autre de ses épaules de deux anges, l'un beau et bon, et l'autre tentateur et fondamentalement méchant, cherchant à détourner l'attention de l'ange gardien pour convaincre son protégé de tomber dans le péché.

La kabbale, vieille tradition juive donnant une interprétation mystique et allégorique de l'Ancien Testament, assemble des lettres et des nombres dont le mystérieux pouvoir domine les destinées et force l'avenir. Elle a aussi répertorié, à côté des soixante-douze anges gardiens, soixante-douze autres anges maléfiques ou démons. Les noms de ces derniers n'avaient plus été publiés depuis longtemps. Il faut rendre à l'écrivain et journaliste Édouard Brasey le mérite d'avoir récemment sorti ces noms de l'oubli dans un excellent ouvrage paru aux éditions Filipacchi : *Enquête sur l'existence des anges rebelles*.

Le langage populaire, avec son bon sens rarement pris en défaut, parle couramment de bonne et de mauvaise conscience, de bon et de mauvais « génie ». Pour tous ceux et celles qui pensent que l'existence n'est qu'un long combat intérieur entre les forces du bien et du mal dans cette conscience qui dirige nos actes et nos paroles parfois si meurtrières, il est indispensable de mesurer son adversaire et les armes qu'il emploie contre nous. Tant que nous ne connaissons pas l'ennemi qui veut notre perte, le combat est inégal. Prévenus de ce qu'il cherche continuellement à provoquer en nous, nous sommes indiscutablement mieux armés pour déjouer ses attaques et rester, autant que faire se peut, dans une ligne de conduite honorable. Connaître l'« ennemi », en l'occurrence, c'est peut-être d'abord avoir toujours à l'esprit les caractéristiques profondes de nos mauvais penchants, nos vraies tendances inexorables à glisser naturellement vers nos défauts majeurs, ceux-là mêmes qui font de nous des êtres si difficiles à aimer quelquefois.

Voici donc détaillées ci-dessous les caractéristiques majeures des armes avec lesquelles, selon votre date de naissance, votre démon personnel, votre ange noir s'occupe plus particulièrement de vous.

Du 21 au 25 mars

Baël

Au côté de votre ange gardien Vehuiah, son implacable ennemi, Baël vous pousse à agir ou à vous exprimer sans retenue. Lorsque vous êtes brusque de nature, impétueux, il cherche à vous rendre coléreux, égoïste, voire brutal. Au mieux de sa réussite, il donne momentanément un tempérament violent et atrabilaire capable d'inciter à la révolte une ville, une société, un groupe. Lorsque vous vous sentez émotif, actif, primaire, ne cherchez pas, il est passé à l'action et il est en train de vous gagner !

Du 26 au 30 mars

Agarès

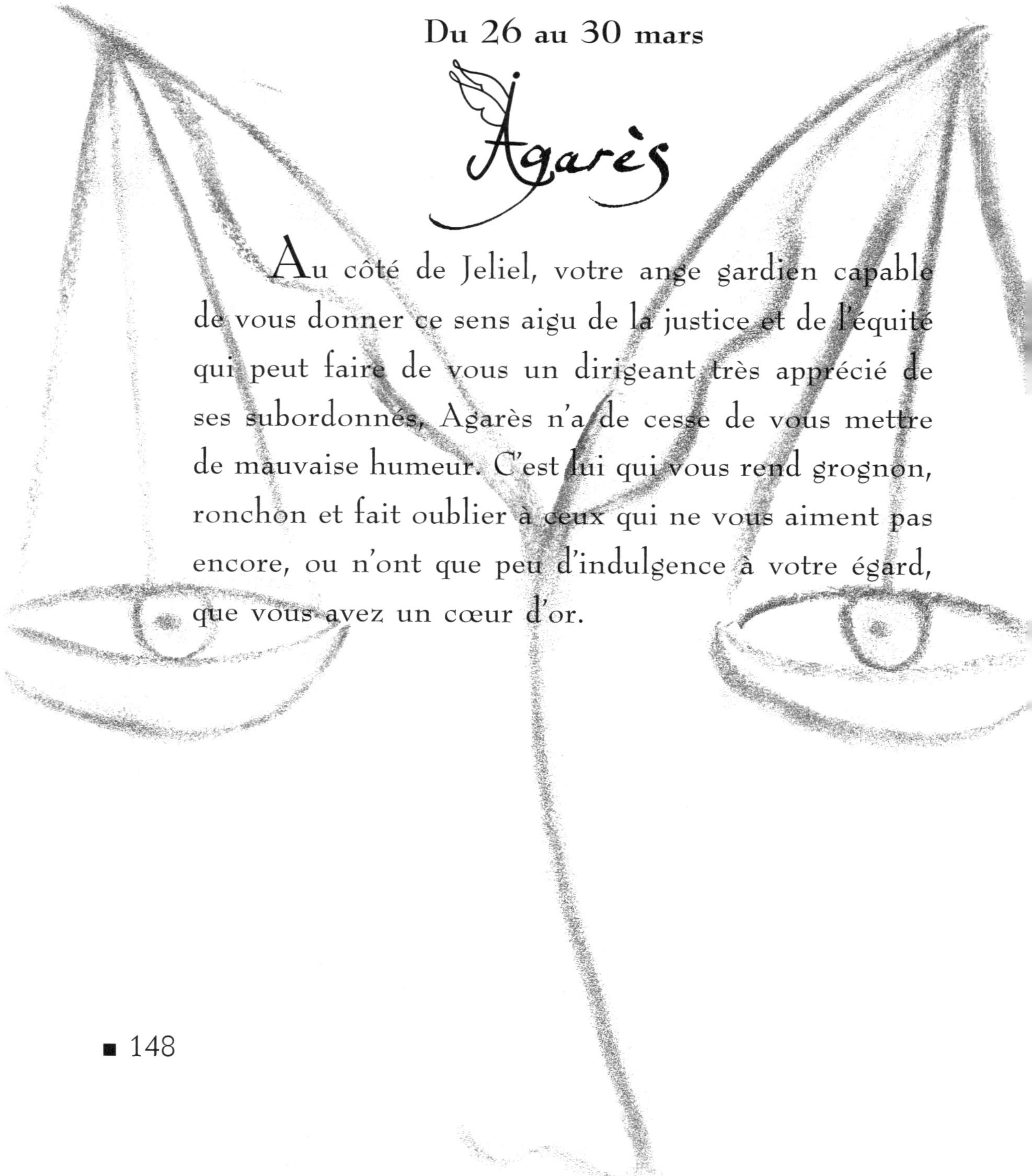

Au côté de Jeliel, votre ange gardien capable de vous donner ce sens aigu de la justice et de l'équité qui peut faire de vous un dirigeant très apprécié de ses subordonnés, Agarès n'a de cesse de vous mettre de mauvaise humeur. C'est lui qui vous rend grognon, ronchon et fait oublier à ceux qui ne vous aiment pas encore, ou n'ont que peu d'indulgence à votre égard, que vous avez un cœur d'or.

Du 31 mars au 4 avril

Vassago

Au côté de Sitaël, ce séraphin qui vous donne le goût de la vérité, le sens de la noblesse et du dévouement, Vassago vous pousse à cacher vos sentiments et tendances et à en affecter d'autres. Il vous aimerait déloyal, dissimulé, double, faux et, si possible, menteur. Par surcroît c'est à lui que vous devez de donner parfois aux autres le sentiment que vous n'appréciez pas à leur juste valeur les efforts qu'ils font pour vous.

Du 5 au 9 avril

Gamigin

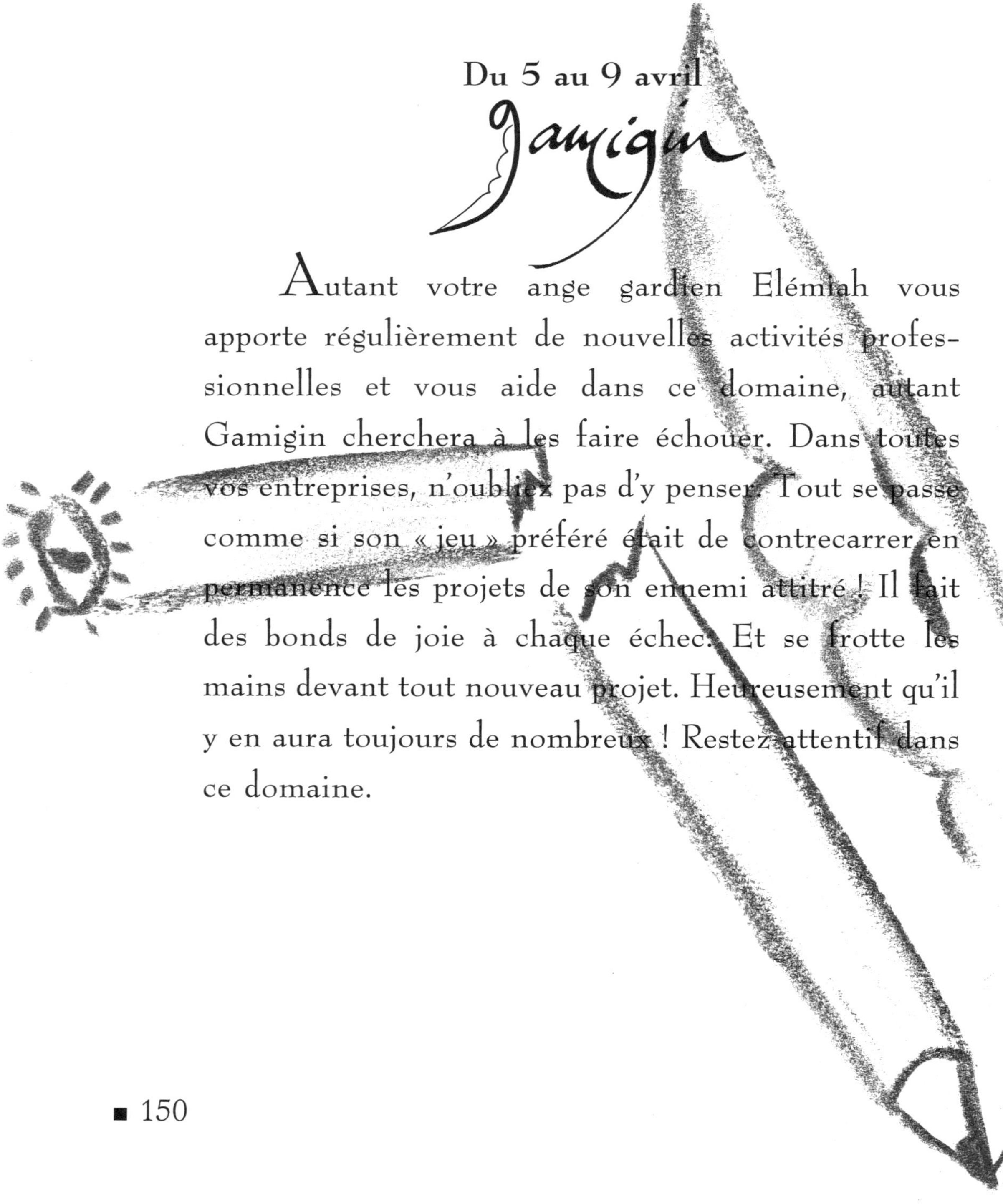

Autant votre ange gardien Elémiah vous apporte régulièrement de nouvelles activités professionnelles et vous aide dans ce domaine, autant Gamigin cherchera à les faire échouer. Dans toutes vos entreprises, n'oubliez pas d'y penser. Tout se passe comme si son « jeu » préféré était de contrecarrer en permanence les projets de son ennemi attitré ! Il fait des bonds de joie à chaque échec. Et se frotte les mains devant tout nouveau projet. Heureusement qu'il y en aura toujours de nombreux ! Restez attentif dans ce domaine.

Du 10 au 14 avril

Marbas

Si Mahasiah, votre bon ange, vous donne le goût de la joie et de la paix, et vous prête souvent un réel sens du beau et de l'harmonie, votre mauvais ange, Marbas, lui qui hait la contrainte, vous pousse le plus possible à vous dispenser de vos devoirs, à suivre votre pente naturelle, sans heureusement vous écarter de l'honnêteté. Mais c'est lui qui vous fait tenir des propos quelquefois impies ou irréligieux.

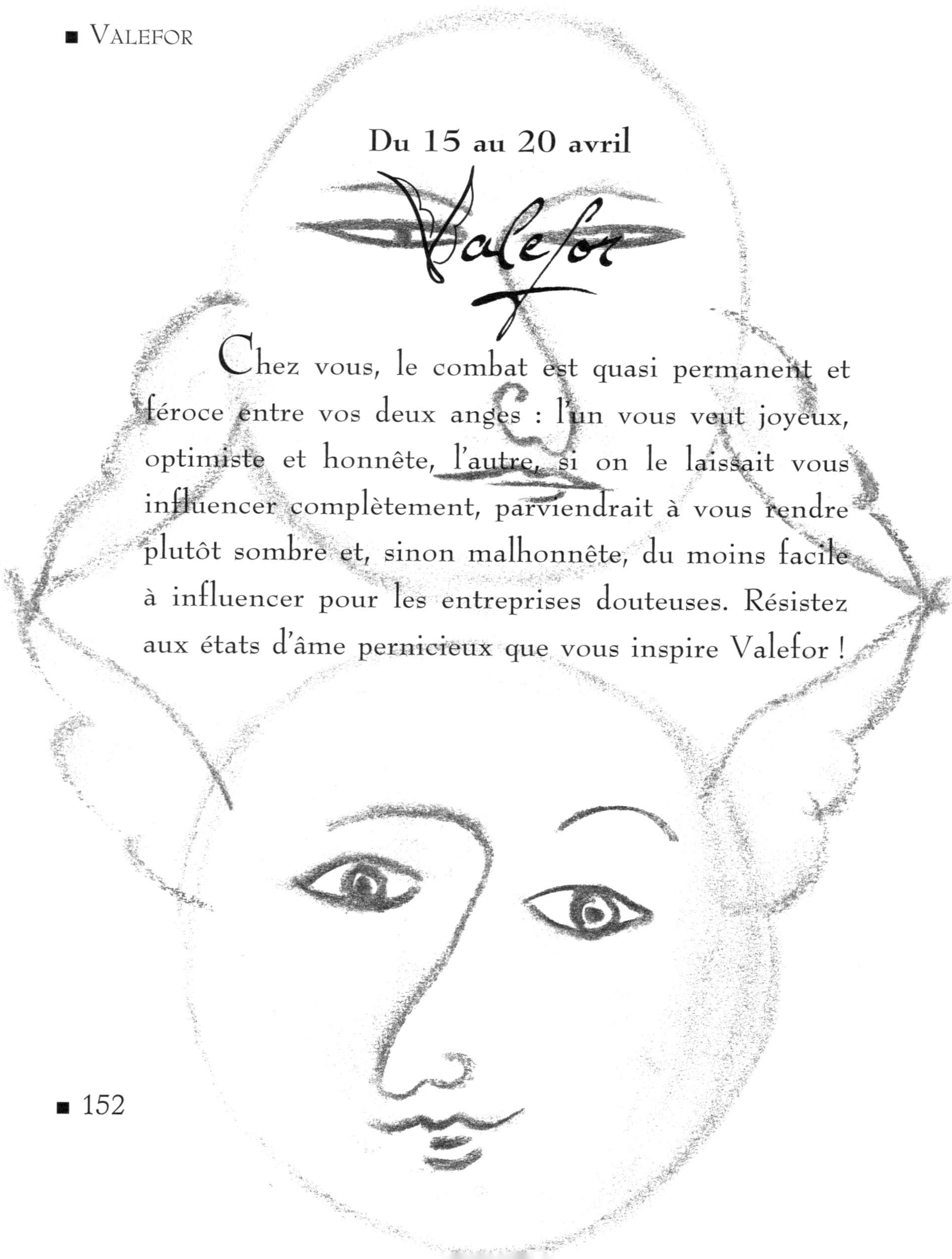

Du 15 au 20 avril

Valefor

Chez vous, le combat est quasi permanent et féroce entre vos deux anges : l'un vous veut joyeux, optimiste et honnête, l'autre, si on le laissait vous influencer complètement, parviendrait à vous rendre plutôt sombre et, sinon malhonnête, du moins facile à influencer pour les entreprises douteuses. Résistez aux états d'âme pernicieux que vous inspire Valefor !

Du 21 au 25 avril

Aamon

Votre ange gardien, Achaiah, peut notamment faire de vous un artiste en tous domaines car il vous donne un sens de la précision et une habileté manuelle qui pourraient faire merveille dans les catégories de la peinture, de la musique, du chant et même de la littérature. Par surcroît il vous gratifie d'une patience impressionnante et d'un acharnement hors du commun pour les longs travaux, le tout doublé d'une bonne et juste confiance en vous, mais… Car il y a un « mais » de taille, et il s'appelle Aamon. C'est de lui que vous vient cette tendance naturelle au laisser-aller, à ne rien faire de sérieux, ou, pire, à entreprendre trop de choses à la fois. N'oubliez jamais ce vieux proverbe : « Treize métiers, quatorze misères ! »

Du 26 au 30 avril

Barbatos

Cet ange noir-là n'en veut pas à vous particulièrement, mais c'est sur vous qu'il tente ses expériences ! Barbatos est mystique, si l'on peut dire, mais déteste franchement la dévotion. Si vous perdiez la foi un jour, ce serait à cause de lui. Il voudrait vous entendre blasphémer du matin au soir car cela l'enchante de voir la consternation dans laquelle vous plongez alors votre ange gardien, qui au contraire cherche à vous rapprocher de Dieu. Votre goût pour l'astrologie, les sciences ésotériques, la magie peut-être ? Ne cherchez pas, c'est lui. Soyez prudent !

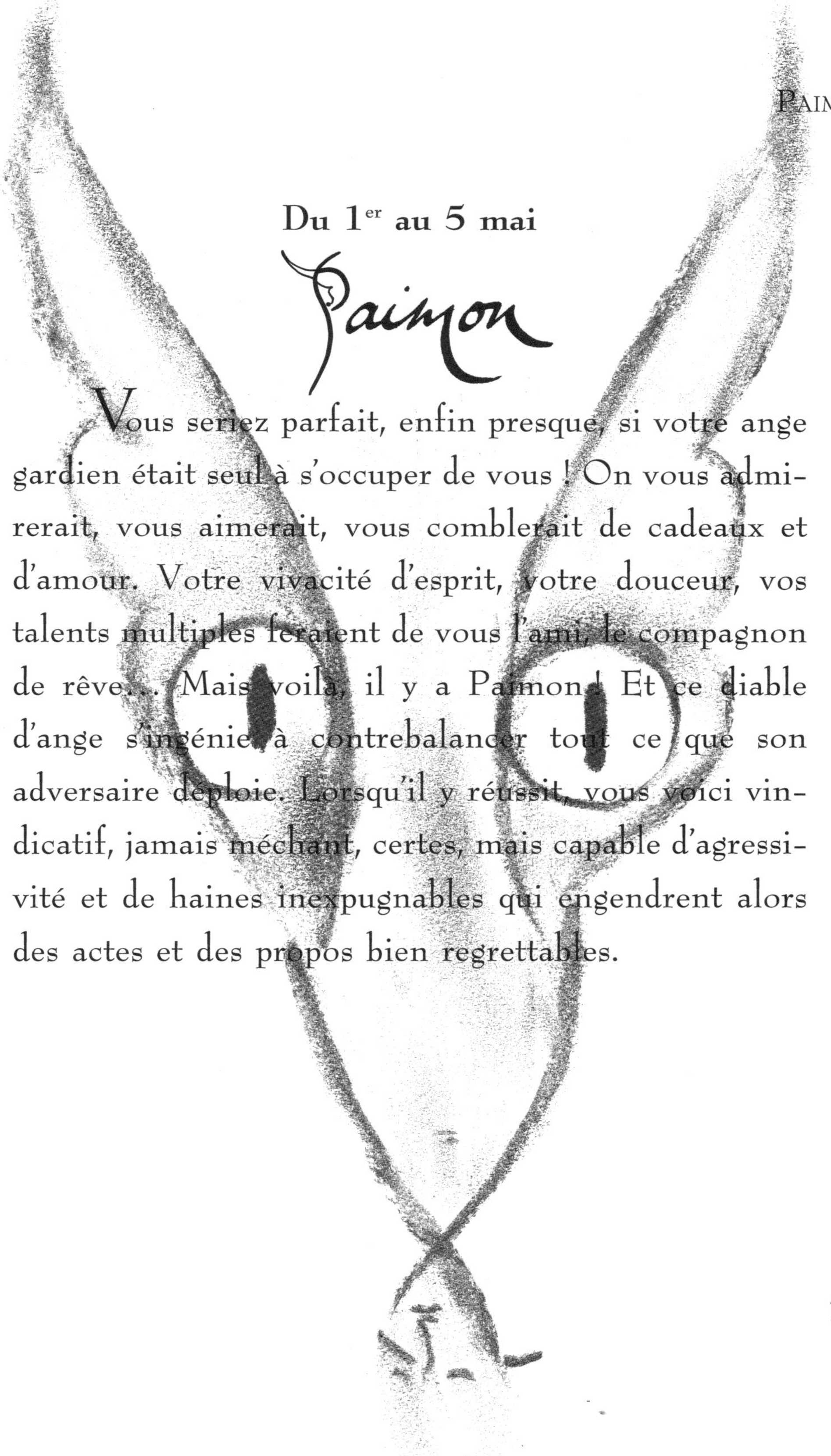

Du 1er au 5 mai

Paimon

Vous seriez parfait, enfin presque, si votre ange gardien était seul à s'occuper de vous ! On vous admirerait, vous aimerait, vous comblerait de cadeaux et d'amour. Votre vivacité d'esprit, votre douceur, vos talents multiples feraient de vous l'ami, le compagnon de rêve... Mais voilà, il y a Paimon ! Et ce diable d'ange s'ingénie à contrebalancer tout ce que son adversaire déploie. Lorsqu'il y réussit, vous voici vindicatif, jamais méchant, certes, mais capable d'agressivité et de haines inexpugnables qui engendrent alors des actes et des propos bien regrettables.

Du 6 au 10 mai

Buer

Par la grâce de votre ange gardien, Aladiah, vous êtes méthodique dans vos entreprises, généralement très intuitif dans ce que vous mettez en projet. La réussite est même souvent au rendez-vous. Mais Buer veille : tout cela le dérange, tout cela est parfois trop bien huilé à son goût. Il aime vous savoir fatigué, découragé, sans entrain et vous rend alors ingrat. Ne vous laissez pas glisser sur cette pente ! Vous pouvez avoir le dessus. Votre ange est toujours le plus fort au bout du compte. Restez vigilant cependant !

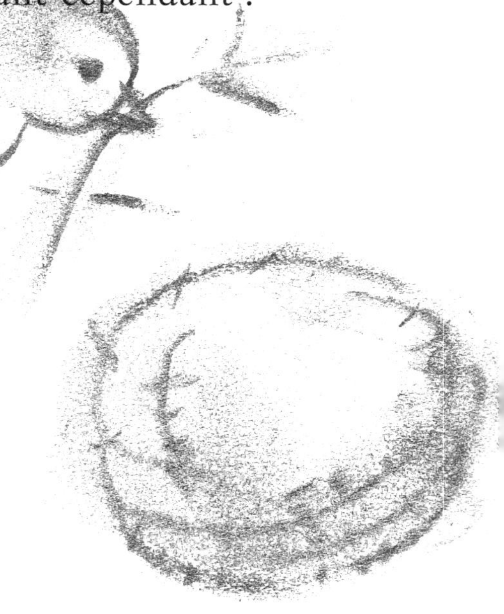

Du 11 au 15 mai

Gusion

Si l'homme est « la plus orgueilleuse de toutes les créatures » (Montaigne), Gusion en sait quelque chose ! Il prend un « malin plaisir » à faire de ses Terriens personnels des êtres aux tendances arrogantes, hautaines. Il aime tout particulièrement les présomptueux, les prétentieux, les vaniteux. Prenez garde à ce que l'on ne dise pas de vous : sa chance l'a rendu insolent et fat ! Soyez également attentif à ne pas tout sacrifier à votre carrière. Être ambitieux c'est bien, devenir arriviste l'est moins. Ne vous laissez pas faire ! Ne tombez pas non plus dans ce travers où votre mauvais ange cherche à vous pousser : dans la Bible, le nom donné au Seigneur de « Dieu jaloux », pour faire entendre qu'il veut être aimé et servi exclusivement, sans partage, ne vous donne pas le droit d'en faire autant !

Du 16 au 20 mai

Sitiri

Vous qui êtes si gentil, pondéré, calme, et de si bon conseil, méfiez-vous de ce mauvais génie de Sitiri qui aimerait vous voir rusé et trompeur, ne respectant pas vos promesses. Il vous souhaiterait étourdi, voire intempestif, mal avisé, avec une verve indiscrète ! Apprenez à vous taire lorsque vous sentez sa mauvaise influence.

Du 21 au 25 mai

Beleth

Autant Iezalel votre ange gardien vous pousse au travail intellectuel et fait de vous un être consciencieux, appliqué et sérieux, autant Beleth appuie de l'autre côté de la balance. Si vous le laissiez agir à sa guise, vous deviendriez velléitaire, paresseux, et d'une insouciance telle que vous échoueriez dans vos études ! Lorsqu'on connaît vos capacités de mémoire, ce serait un comble ! Soyez vigilant, tenez bon.

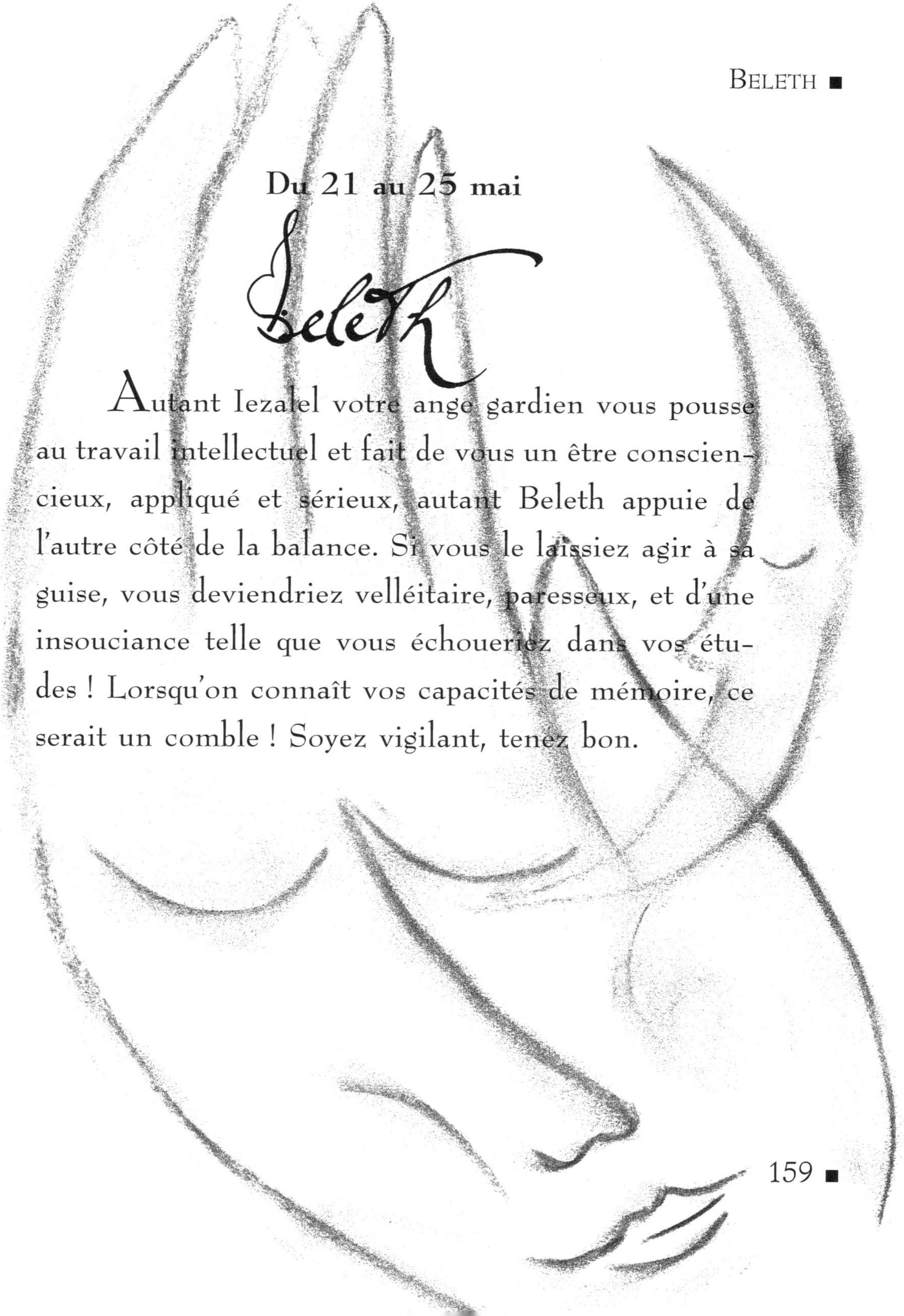

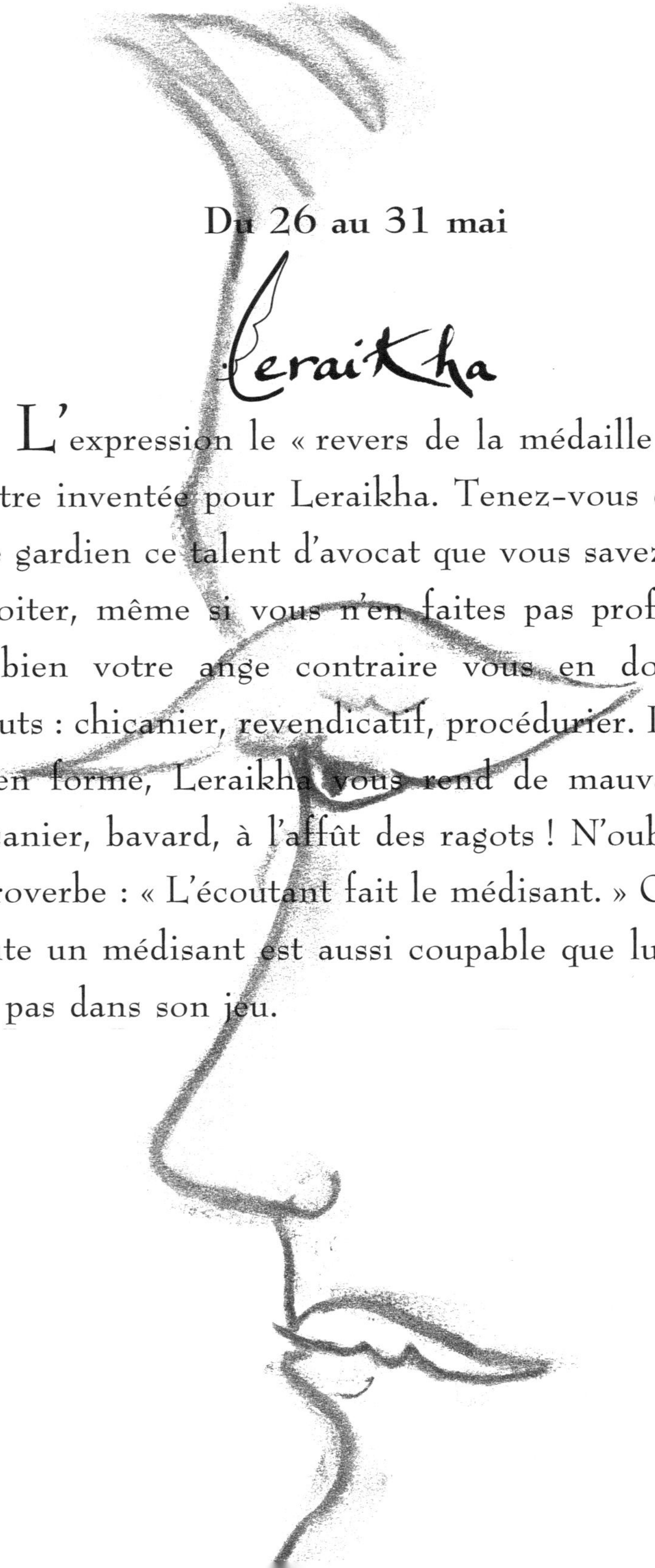

Du 26 au 31 mai

Leraikha

L'expression le « revers de la médaille » aurait pu être inventée pour Leraikha. Tenez-vous de votre ange gardien ce talent d'avocat que vous savez si bien exploiter, même si vous n'en faites pas profession ? Eh bien votre ange contraire vous en donne les défauts : chicanier, revendicatif, procédurier. Lorsqu'il est en forme, Leraikha vous rend de mauvaise foi, cancanier, bavard, à l'affût des ragots ! N'oubliez pas le proverbe : « L'écoutant fait le médisant. » Celui qui écoute un médisant est aussi coupable que lui. N'entrez pas dans son jeu.

Du 1er au 5 juin

Eligos

Ah, qu'il se portait bien au temps de l'Inquisition, des Croisades et des guerres de Religion ! En fait, votre ange rebelle n'est pas exactement en conflit avec Hariel, votre ange gardien. Non, c'est plus pervers que cela : il vous pousse aux excès en tout genre. Lorsque vous entreprenez quelque chose de bien, Eligos vous aveugle et vous empêche de vous limiter, de vous arrêter à temps. Et il emploie de grands moyens pour cela : il ira jusqu'à faire de vous un chef, un leader s'il le faut, afin qu'obsédé par la réussite vous vous heurtiez à de graves écueils. Apprenez vite à vous maîtriser !

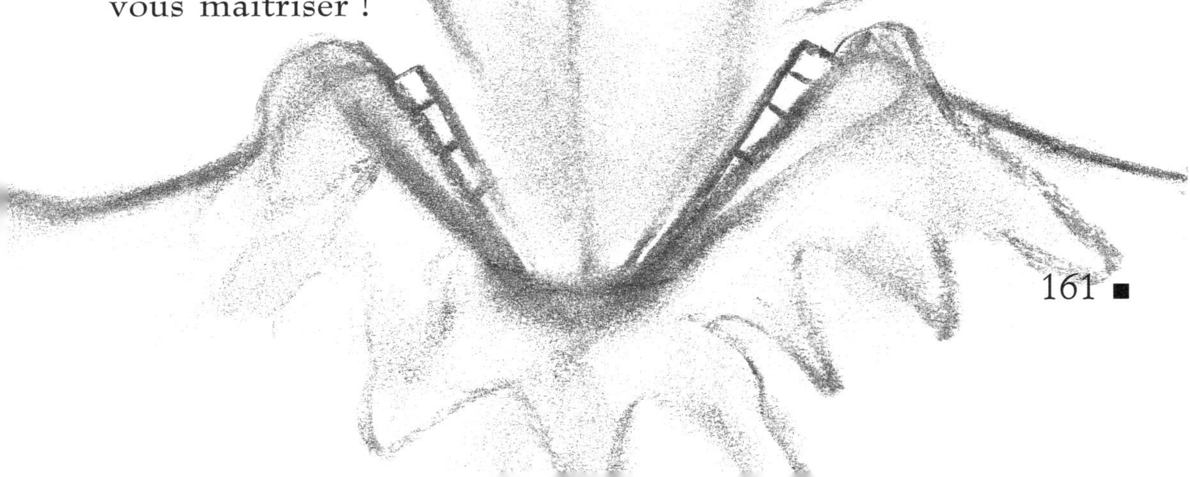

Du 6 au 10 juin

Zepar

Vous qui êtes franc, droit, diplomate aussi, comme vous feriez de belles et grandes choses dans la vie si vous n'écoutiez que votre ange gardien ! Mais il y a Zepar… Lorsqu'il entre en action, ce diable d'ange vous pousserait volontiers à ne pas respecter vos promesses, voire à nuire par traîtrise en manquant à la confiance d'autrui ! Et au pire, à faire plus ou moins consciemment d'autant plus de mal qu'on ne s'y attend pas de votre part. Le remède ? Ne jamais vous laisser aller moralement : c'est dans ces périodes que Zepar attaque.

Du 11 au 15 juin

Botis

« L'homme pieux et l'athée discourent toujours de religion : l'un parle de ce qu'il aime, et l'autre de ce qu'il craint », disait Montesquieu dans *L'Esprit des lois*. Vos deux anges se battent sur ce terrain. Dominez-vous et restez calme également lorsque Botis passe en survitesse : il vous donne alors un talent rare pour inciter une personne ou un groupe à la violence ou à des actions parfois douteuses, au pire illégales. Prudence !

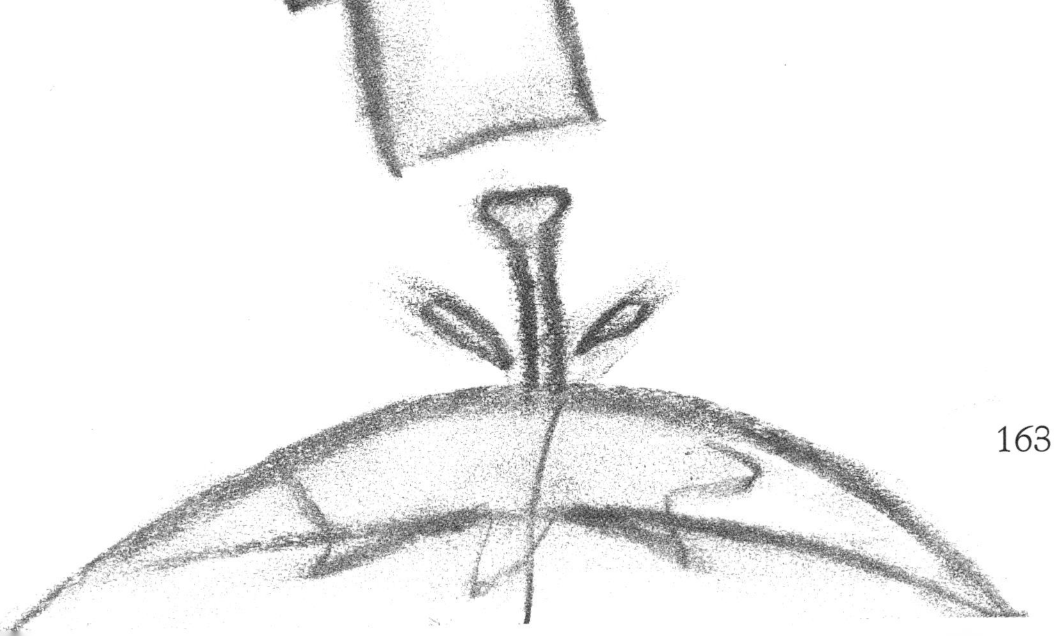

Du 16 au 21 juin

Bathin

En fait, c'est Bathin qui complique votre existence. Tout irait pour le mieux dans le meilleur des mondes justes et équilibrés comme vous les aimez, s'il n'était là, à vous engager dans des histoires sans fin où, certes, il vous arrive de trouver votre compte, mais où vous perdez beaucoup trop de temps. Et lorsque Bathin vous pousse à faire la roue, n'oubliez pas que l'orgueil est un des sept péchés capitaux !

Du 22 au 26 juin

Sallos

À la différence de Leuviah, votre ange gardien, Sallos est un pessimiste incorrigible. Il se complaît à vous faire perdre l'espoir que vous mettez d'instinct dans chaque chose. Lorsque le courage vous manque, ne cherchez pas, c'est lui qui vous fait désespérer de votre réussite, de vos efforts ou de ceux de votre entourage. Et pour faire bonne mesure c'est toujours lui qui, parfois, vous donnerait ces envies irrépressibles de vous abandonner sans retenue à vos pulsions.

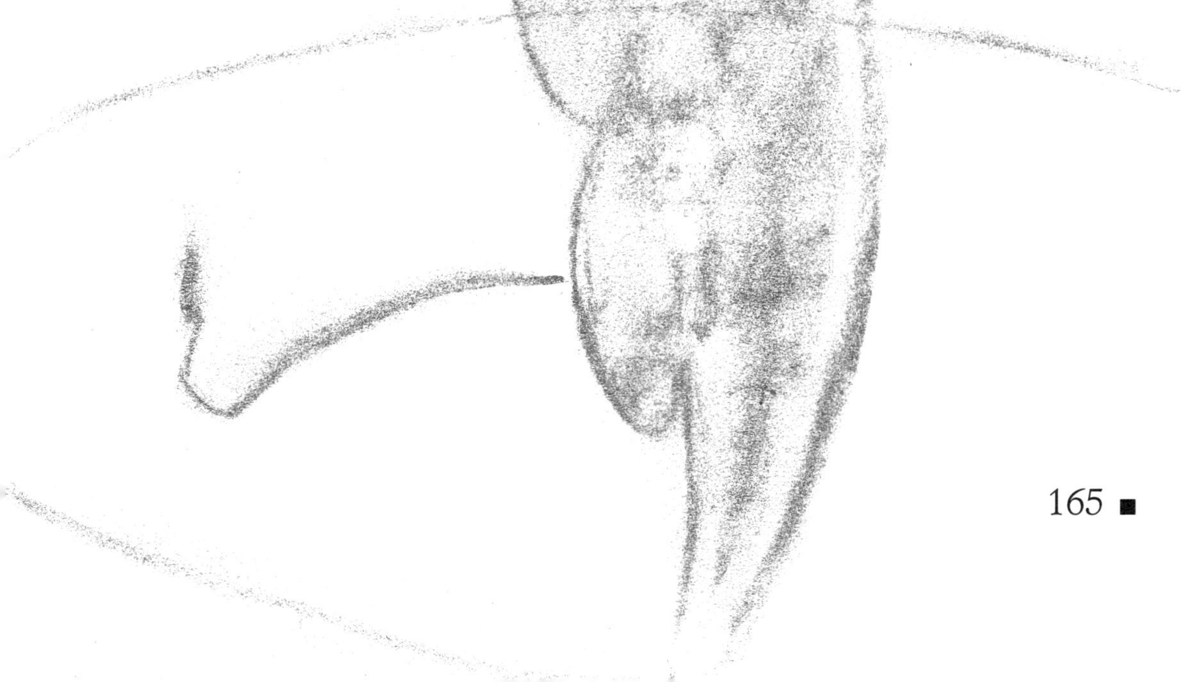

Du 27 juin au 1er juillet

Purson

L'influence de Purson sur vous, et son ascendant sur votre ange gardien, n'est heureusement pas très marquante. Vous êtes d'un naturel joyeux, optimiste, cordial, fraternel, et Purson vous voudrait en plus libertin et joueur. Mais il a une autre idée en ce qui vous concerne, vous qui n'aimez guère les contraintes. Il cherche à vous faire descendre les pentes naturelles de vos faiblesses. Dieu merci, il ne tient pas à vous écarter de l'honnêteté. Vous voyez, il n'est donc pas très dangereux. Attention, toutefois, avoir l'humeur libertine peut jouer des tours…

Du 2 au 6 juillet

Marax

Ce ne sont pas les qualités intellectuelles qui vous manquent ! Mais curieusement, votre existence est souvent gâchée par cette manie que vous donne Marax de voir partout des signes favorables ou néfastes : à table, les couteaux, les fourchettes en croix, le nombre des convives, la salière renversée, etc. Vous qui êtes d'un esprit si critique, vous ne pouvez allumer trois cigarettes avec la même allumette ! Dominez-vous ! Attention à la superstition, elle est souvent paralysante.

Du 7 au 11 juillet

Ipos

Vous avez la « baraka », cette faveur divine qui donne de la chance à l'homme ? C'est bien. Les autres recherchent votre compagnie grâce à votre ange gardien qui veille en permanence sur votre sécurité. L'avion ne s'écrasera pas puisque vous êtes à bord. Les autres en profitent pour vous demander régulièrement des conseils, et cela vous flatte ! Écoutez-les vraiment, du fond du cœur, car Ipos vous pousse un peu trop à ne considérer le monde extérieur qu'en fonction de l'intérêt que l'on vous porte. Oubliez donc ce cabotinage au profit de la générosité !

Du 12 au 16 juillet

Aim

Curieusement, c'est par les atouts qu'il vous donne que votre ange contraire peut vous nuire. En effet, il vous offre des qualités d'esprit certaines : de la vivacité, de l'à-propos ; vous savez briller et plaire, vous êtes souvent amusant, fin, humoriste, ingénieux. Mais voilà : Aim cherche aussi à vous faire tomber dans les excès inhérents à ces qualités. En donnant libre cours à cette tendance vous devenez d'abord malicieux, puis incisif, pour devenir quelquefois satirique et frôler la méchanceté. Retenez-vous lorsque vous n'êtes pas dans un cercle d'intimes !

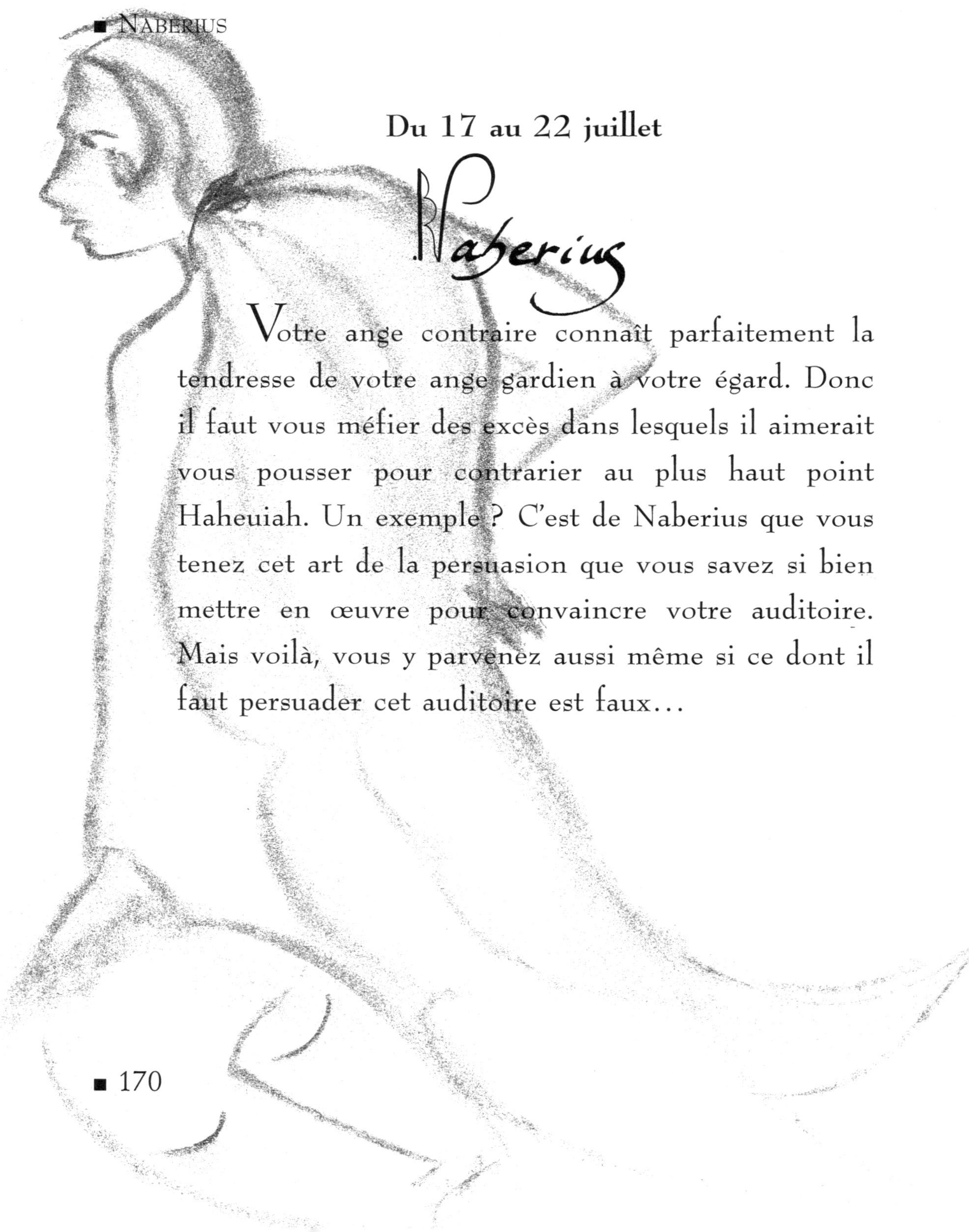

Du 17 au 22 juillet

Naberius

Votre ange contraire connaît parfaitement la tendresse de votre ange gardien à votre égard. Donc il faut vous méfier des excès dans lesquels il aimerait vous pousser pour contrarier au plus haut point Haheuiah. Un exemple ? C'est de Naberius que vous tenez cet art de la persuasion que vous savez si bien mettre en œuvre pour convaincre votre auditoire. Mais voilà, vous y parvenez aussi même si ce dont il faut persuader cet auditoire est faux…

Du 23 au 27 juillet

Glasaya-Labolas

L'ange noir par excellence ! Laissez-vous influencer totalement par lui, et votre goût pour l'ésotérisme vous conduira à la sorcellerie. C'est lui qui donne cet art de produire, par des procédés occultes, des phénomènes sortant du cours ordinaire de la nature, inexplicables ou qui semblent tels. Alchimie, archimagie, astrologie, apparitions, charmes, conjuration, divination, enchantement, ensorcellement, évocation, incantation, maléfice, philtre, rite, sortilège, tous ces domaines sont sa spécialité. Réagissez, ne vous laissez pas envoûter par le troublant Glasaya-Labolas...

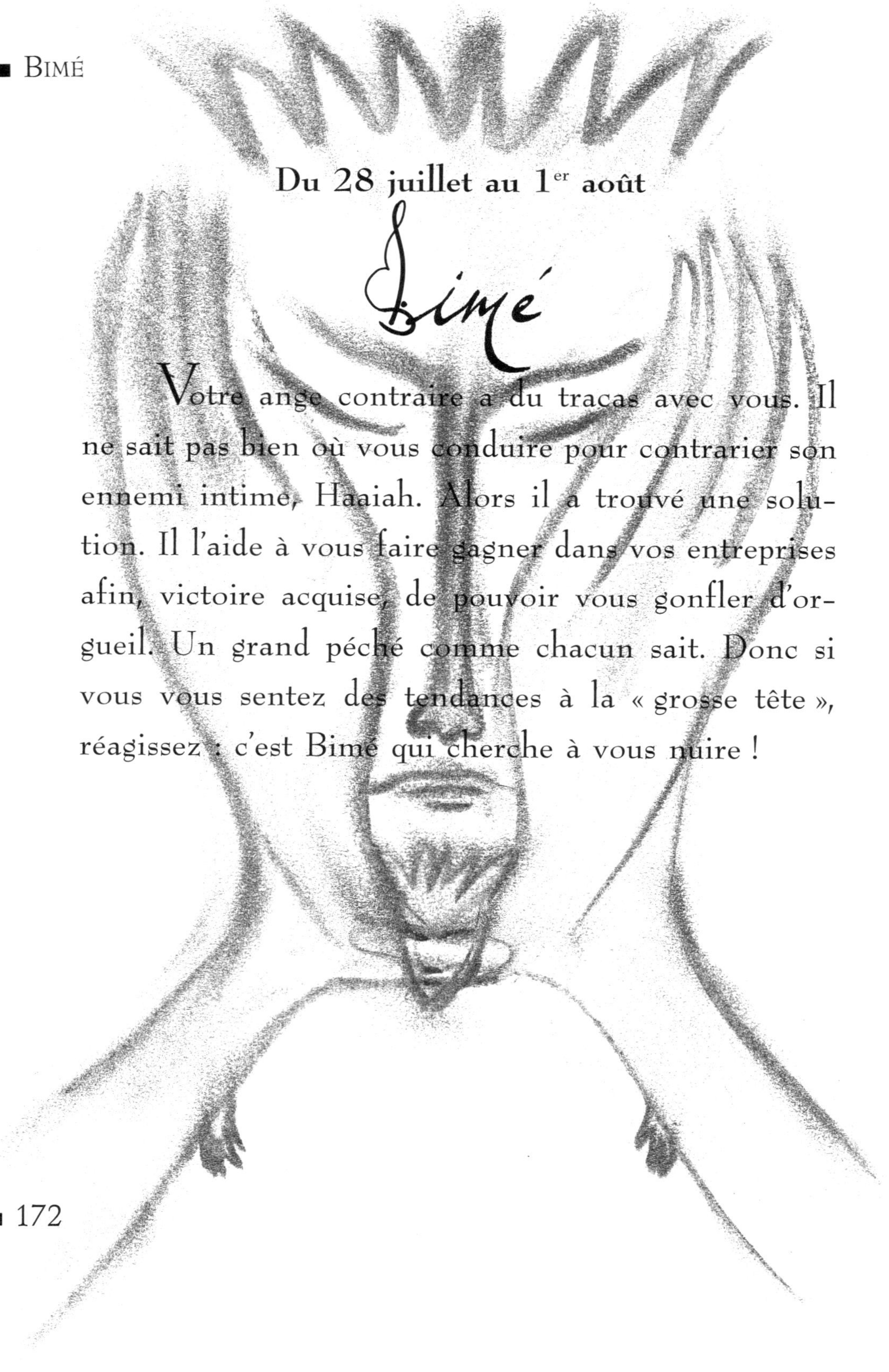

Du 28 juillet au 1er août

Bimé

Votre ange contraire a du tracas avec vous. Il ne sait pas bien où vous conduire pour contrarier son ennemi intime, Haaiah. Alors il a trouvé une solution. Il l'aide à vous faire gagner dans vos entreprises afin, victoire acquise, de pouvoir vous gonfler d'orgueil. Un grand péché comme chacun sait. Donc si vous vous sentez des tendances à la « grosse tête », réagissez : c'est Bimé qui cherche à vous nuire !

Du 2 au 6 août

Ronové

Au fond, votre ange contraire vous aime bien. En tout cas, c'est l'impression qu'il donne. Car le résultat final de ses entreprises pour contrarier Yerathel vous sert énormément. En effet, vous êtes de ceux dont, enfant, on disait, ou aurait pu dire : « Il ira loin si les petits cochons ne le mangent pas. » Et il est vrai que vos talents ne sont pas minimes. Seulement Ronové passe son temps non pas à vous empêcher d'agir mais à vous rendre la tâche particulièrement ardue. Du coup, rien ne vous est vraiment acquis d'avance, et il vous faut beaucoup travailler pour aboutir à vos fins. Résultat, lorsque vous y parvenez, c'est la réussite totale.

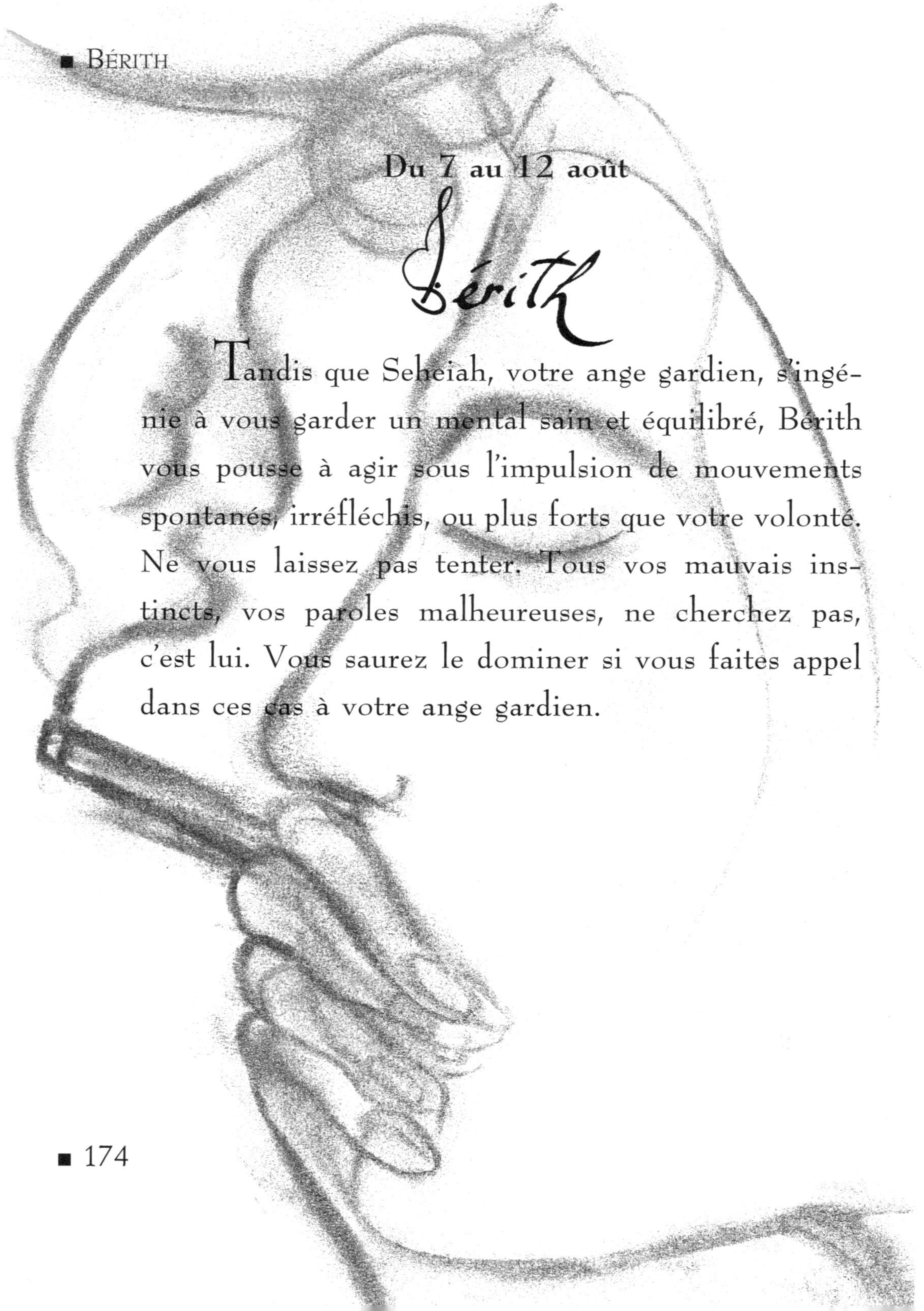

Du 7 au 12 août

Bérith

Tandis que Seheïah, votre ange gardien, s'ingénie à vous garder un mental sain et équilibré, Bérith vous pousse à agir sous l'impulsion de mouvements spontanés, irréfléchis, ou plus forts que votre volonté. Ne vous laissez pas tenter. Tous vos mauvais instincts, vos paroles malheureuses, ne cherchez pas, c'est lui. Vous saurez le dominer si vous faites appel dans ces cas à votre ange gardien.

Du 13 au 17 août

Astaroth

Autant votre ange gardien Reiyel vous rend impartial et tolérant, autant Astaroth, si on le laissait totalement faire, vous rendrait parfois sectaire et quelquefois agressif. Mais, heureusement, il vous apporte aussi l'enthousiasme, et bon an, mal an, ceci compense cela. Défiez-vous en tout cas des excès de convictions, surtout confessionnelles.

Du 18 au 22 août

Forneus

Votre démon personnel aime les humains durs, indifférents, insensibles et globalement peu accessibles à la compassion. Ce qui ne vous dessert pas forcément d'ailleurs, en tout cas pas en permanence. En effet, certaines phases de vos activités professionnelles s'accommodent plutôt bien d'une attitude dénuée de sentimentalisme. Mais c'est en dehors des périodes de travail que votre démon personnel s'en donne à cœur joie pour vous inspirer, méchamment, et dès qu'il le peut, ce même travers qui tourne alors au grave défaut. Vous savez bien, lorsque cette charité si compatissante qui vous est si naturelle, cette patience d'« ange » justement, qui vous caractérise, se met à vous manquer soudain ! Ne cherchez pas, c'est sous les coups de boutoir de Forneus que vous êtes en train de céder ! Alors, maintenant que vous savez ce qui se passe en vous, il ne devrait pas être très difficile de trancher au bistouri dans vos mauvaises tendances.

Du 23 au 28 août

Foras

Vous savez vous montrer prodigue à l'égard de ceux que vous aimez beaucoup, vos très proches en somme. Mais avec les autres... C'est Foras qui vous mène : vous pouvez aller jusqu'à être chiche, cupide, mesquin. Le phénomène est d'autant plus surprenant qu'il vous arrive (pour vous-même) d'être très dépensier ! Finalement, pour en sortir, c'est à vous d'arbitrer dans le combat entre vos deux anges en choisissant obstinément le parti de la générosité même s'il vous en coûte plus qu'à quiconque !

Du 29 août au 2 septembre

Asmodée

Votre ange gardien pourrait faire de vous un avocat tant vos talents d'orateur sont grands. Mais Asmodée ne l'entend pas de cette oreille. Lui, il vous pousse à exagérer, à aller trop loin dans vos paroles. Résultat, vous vous faites parfois de sérieux ennemis avec ce caractère insolent d'autorité, d'orgueilleuse assurance, de hautaine indifférence ! Soyez vigilant, que diable ! Ne vous laissez pas faire. Retenez-vous ! Et n'oubliez pas ce proverbe : « Être un homme c'est savoir parler, être adulte c'est savoir se taire ! »

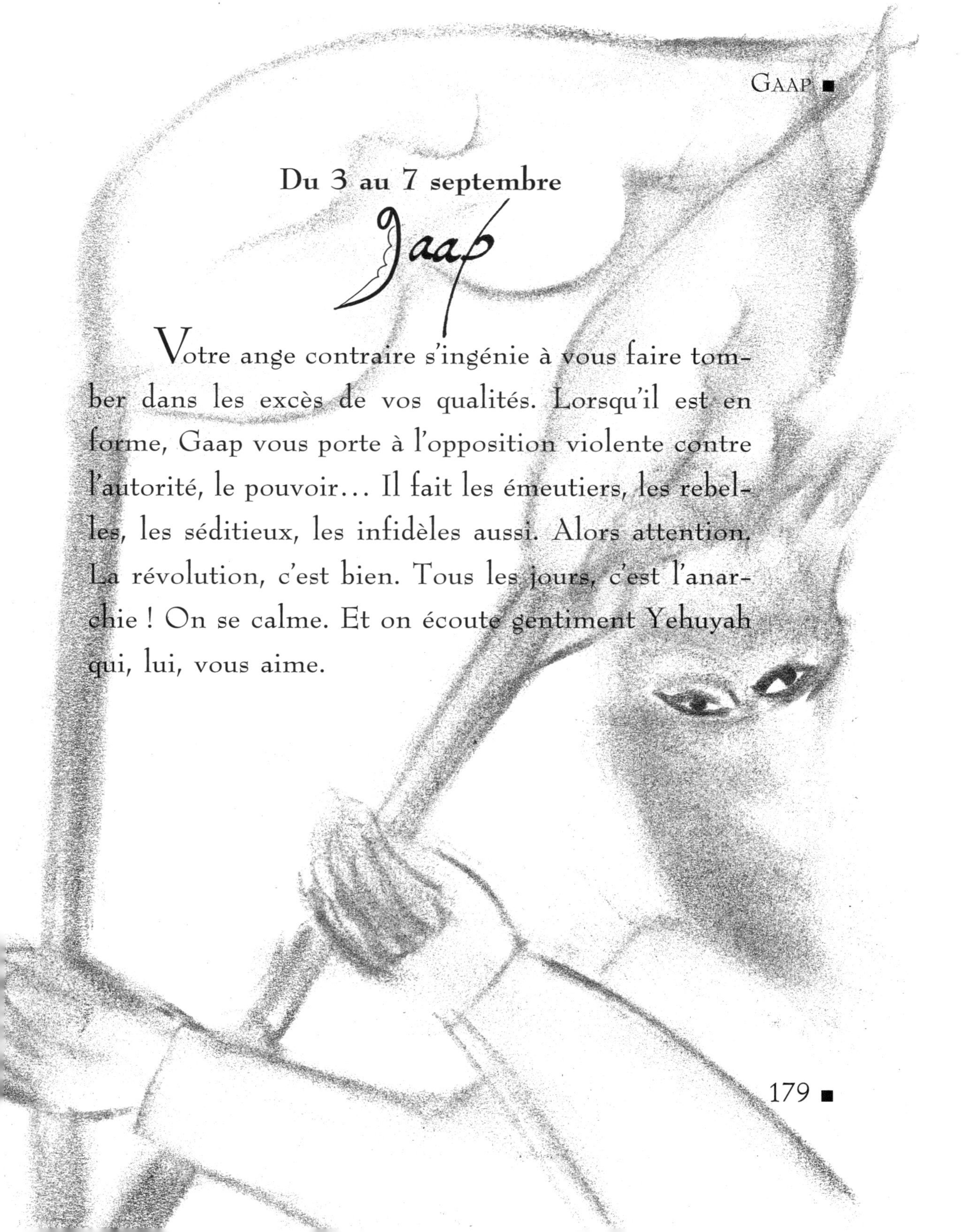

Du 3 au 7 septembre

Gaap

Votre ange contraire s'ingénie à vous faire tomber dans les excès de vos qualités. Lorsqu'il est en forme, Gaap vous porte à l'opposition violente contre l'autorité, le pouvoir… Il fait les émeutiers, les rebelles, les séditieux, les infidèles aussi. Alors attention. La révolution, c'est bien. Tous les jours, c'est l'anarchie ! On se calme. Et on écoute gentiment Yehuyah qui, lui, vous aime.

Du 8 au 12 septembre

Furfur

La belle harmonie que son ennemi intime Lehahiah fait régner en vous et autour de vous l'agace lentement. Alors, de temps en temps, Furfur vous aiguillonne un grand coup pour vous faire entrer dans une colère noire, aussi soudaine et forte qu'imprévisible, tout au moins pour votre entourage. Sachez que si vos proches tremblent, votre démon est hilare et se frotte les mains de bonheur. Évitez donc de lui donner ce plaisir !

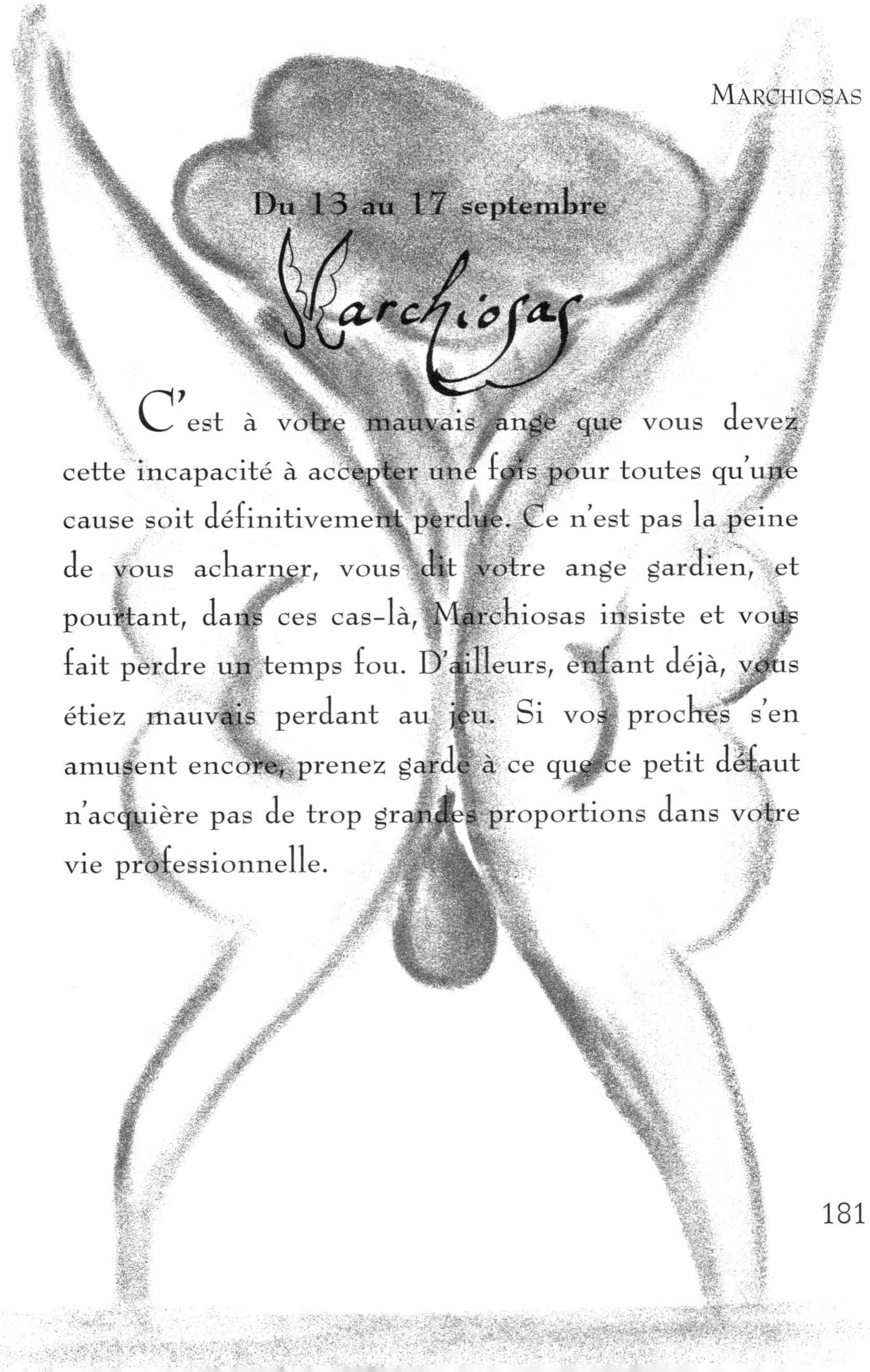

Du 13 au 17 septembre

Marchiosas

C'est à votre mauvais ange que vous devez cette incapacité à accepter une fois pour toutes qu'une cause soit définitivement perdue. Ce n'est pas la peine de vous acharner, vous dit votre ange gardien, et pourtant, dans ces cas-là, Marchiosas insiste et vous fait perdre un temps fou. D'ailleurs, enfant déjà, vous étiez mauvais perdant au jeu. Si vos proches s'en amusent encore, prenez garde à ce que ce petit défaut n'acquière pas de trop grandes proportions dans votre vie professionnelle.

Du 18 au 23 septembre

Stolas

Chez vous, c'est très curieux, vos deux anges ne se disputent pas votre âme. Ils sont calmes, pondérés, comme vous-même. Ils sont parfaitement complémentaires. Chacun se partage avec l'autre la mission de vous faciliter au mieux l'existence. S'ils se chicanent un peu de temps en temps, vous ne vous en apercevez guère. C'est tout juste si votre entourage remarque quelque chose quand Stolas intervient. Vous entendez alors des : « Ça n'a pas l'air d'aller, toi, en ce moment ? » Vous vous interrogez donc, et effectivement vous remarquez que votre moral est plutôt à la baisse, c'est tout. Le lendemain la forme est revenue. Vous en avez, de la chance !

Du 24 au 28 septembre

Phoenix

« Heureusement, les êtres vraiment pervers sont presque aussi rares en ce monde que les saints », se félicitait François Mauriac dans *La Pharisienne*. Votre ange maléfique en sait quelque chose. Mais il ne désespère pas. Sur vous, il tente sa chance et échoue régulièrement. Votre ange gardien veille. De temps en temps, Phoenix essaie autre chose : il tente de vous pousser à exploiter la crédulité de votre entourage ou vous donne des envies de rechercher la notoriété en vous faisant valoir par des promesses, de grands discours un peu fumeux. Rien n'y fait, vous savez vous retenir à temps, vous êtes solide. Restez-le !

Du 29 septembre au 3 octobre

Maktus

« Science sans conscience n'est que ruine de l'âme », prévient depuis longtemps Rabelais dans *Pantagruel*. Voilà une phrase qu'il vous faudrait graver sur le fronton de votre cheminée pour ne jamais l'oublier. Car Maktus, votre démon intérieur, s'ingénie à vous suggérer de tirer (mauvais) profit de vos intuitions fulgurantes. Par-dessus le marché, il ne rate jamais une occasion de vous placer dans l'état d'esprit idéal pour croire vrai ce qui est faux, et inversement. Fort heureusement, aidé de votre intelligence et de votre ange gardien, vous redressez régulièrement la barre dans la bonne direction. Mais restez prudent, et très vigilant par temps de brouillard !

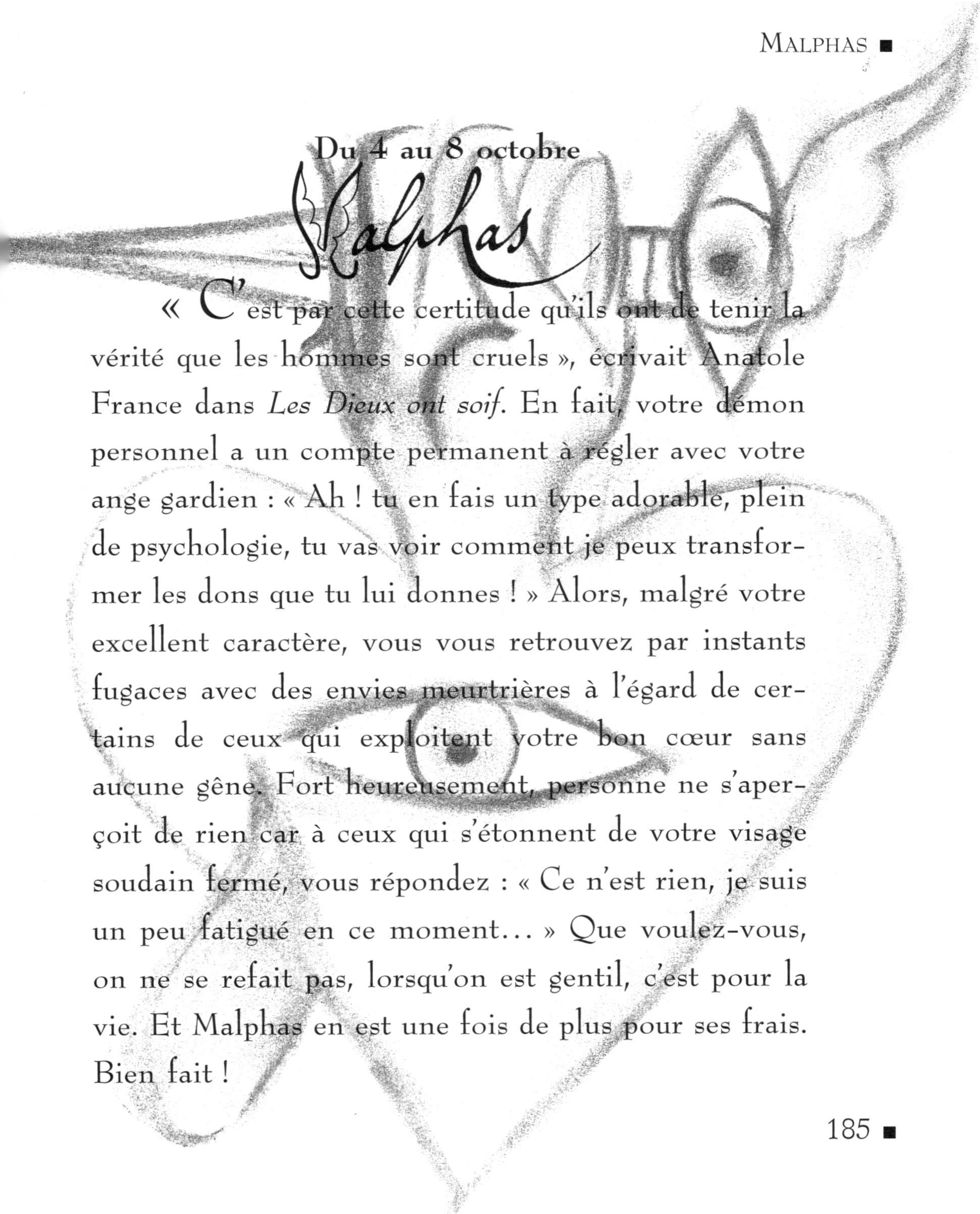

Du 4 au 8 octobre

Malphas

« C'est par cette certitude qu'ils ont de tenir la vérité que les hommes sont cruels », écrivait Anatole France dans *Les Dieux ont soif*. En fait, votre démon personnel a un compte permanent à régler avec votre ange gardien : « Ah ! tu en fais un type adorable, plein de psychologie, tu vas voir comment je peux transformer les dons que tu lui donnes ! » Alors, malgré votre excellent caractère, vous vous retrouvez par instants fugaces avec des envies meurtrières à l'égard de certains de ceux qui exploitent votre bon cœur sans aucune gêne. Fort heureusement, personne ne s'aperçoit de rien car à ceux qui s'étonnent de votre visage soudain fermé, vous répondez : « Ce n'est rien, je suis un peu fatigué en ce moment… » Que voulez-vous, on ne se refait pas, lorsqu'on est gentil, c'est pour la vie. Et Malphas en est une fois de plus pour ses frais. Bien fait !

Du 9 au 13 octobre

Raum

Grâce à votre ange gardien, vous savez parler quand il le faut et, vertu beaucoup plus rare, vous savez fort bien écouter aussi. Mais Raum, dans ses mauvais jours, vous rend très silencieux, trop au goût de certains de vos amis. Alors cette belle capacité d'écoute est prise pour son contraire et l'on dit de vous parfois : « Il n'est pas d'humeur à faire la conversation. » Prenez garde à ce que vos silences ne passent pas pour de la morosité ou, pire, de l'asocialité, ce qui serait un comble !

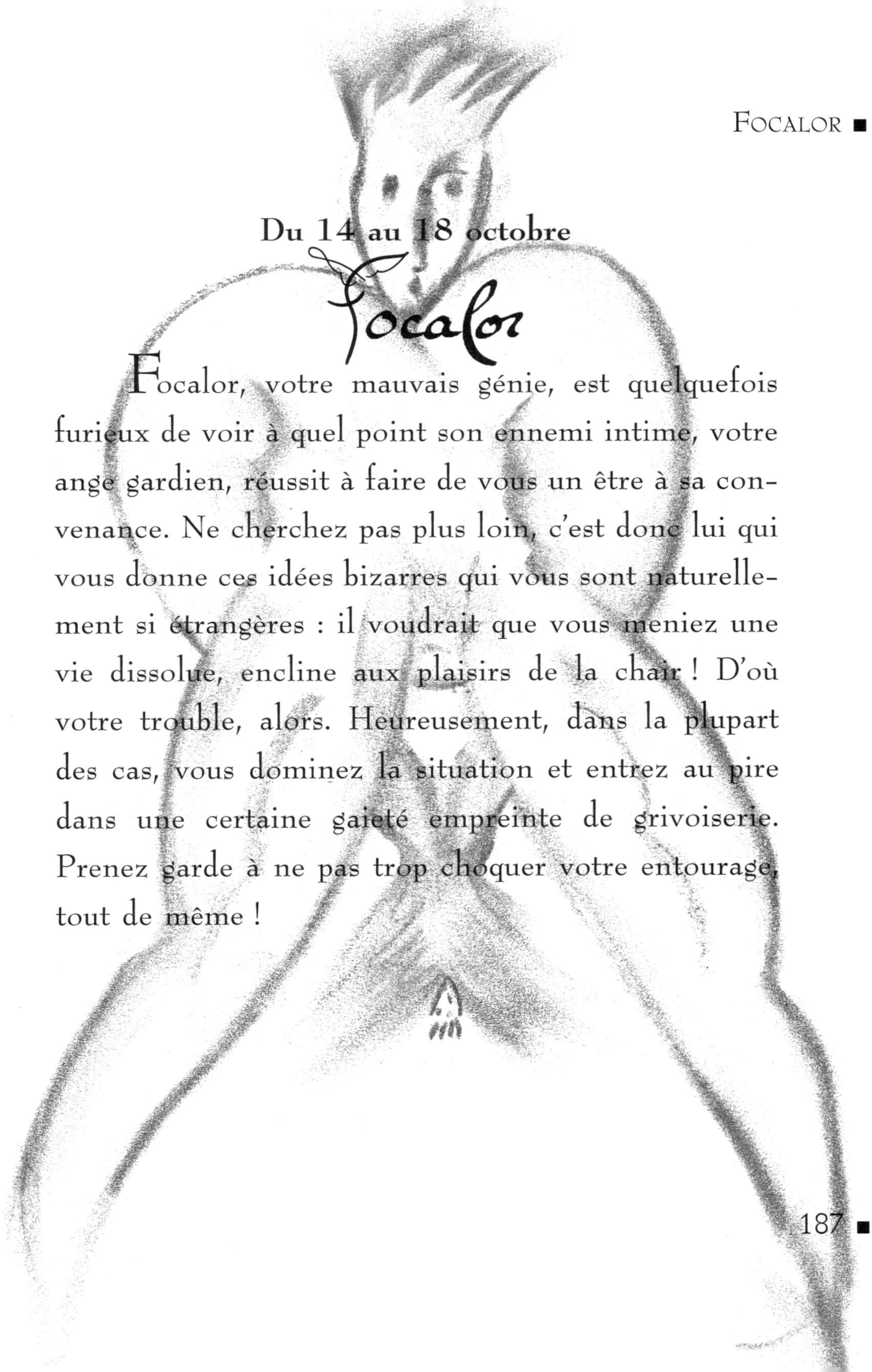

Du 14 au 18 octobre

Focalor

Focalor, votre mauvais génie, est quelquefois furieux de voir à quel point son ennemi intime, votre ange gardien, réussit à faire de vous un être à sa convenance. Ne cherchez pas plus loin, c'est donc lui qui vous donne ces idées bizarres qui vous sont naturellement si étrangères : il voudrait que vous meniez une vie dissolue, encline aux plaisirs de la chair ! D'où votre trouble, alors. Heureusement, dans la plupart des cas, vous dominez la situation et entrez au pire dans une certaine gaieté empreinte de grivoiserie. Prenez garde à ne pas trop choquer votre entourage, tout de même !

Du 19 au 23 octobre

Vépar

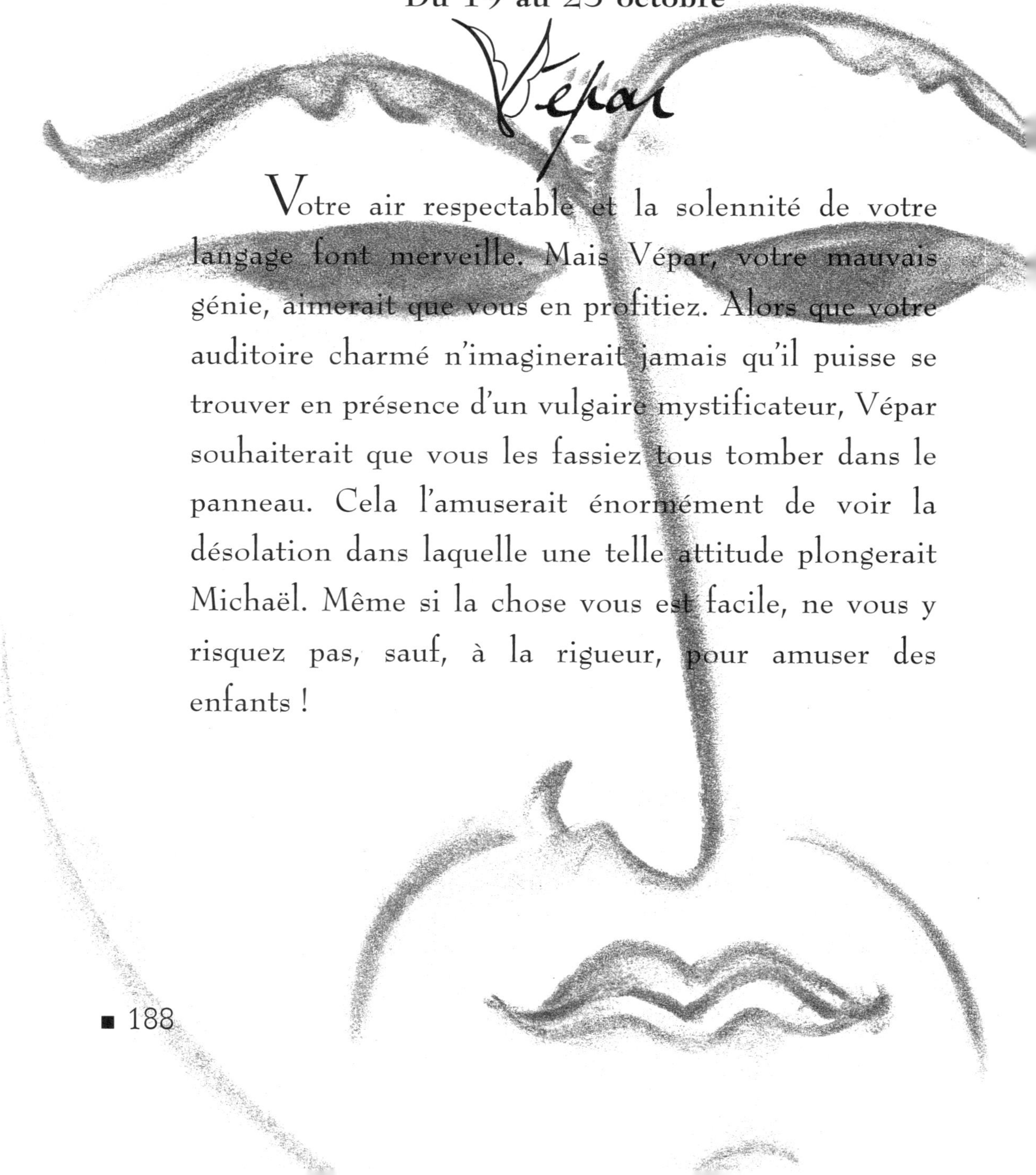

Votre air respectable et la solennité de votre langage font merveille. Mais Vépar, votre mauvais génie, aimerait que vous en profitiez. Alors que votre auditoire charmé n'imaginerait jamais qu'il puisse se trouver en présence d'un vulgaire mystificateur, Vépar souhaiterait que vous les fassiez tous tomber dans le panneau. Cela l'amuserait énormément de voir la désolation dans laquelle une telle attitude plongerait Michaël. Même si la chose vous est facile, ne vous y risquez pas, sauf, à la rigueur, pour amuser des enfants !

Du 24 au 28 octobre

Sabnok

« Quiconque n'est pas révolutionnaire à seize ans, disait le philosophe Alain, n'a plus, à trente ans, assez d'énergie pour faire un capitaine de pompiers. » Soit. Mais aujourd'hui, cette estimable profession ne chôme pas dans certaines villes ou, en été, à cause des feux de forêt. Toujours est-il que si vous avez largement dépassé l'adolescence, il serait temps de ne plus vous laisser mener par Sabnok. Être partisan de changements radicaux et soudains, dans quelque domaine que ce soit, peut vous emmener bien trop loin.

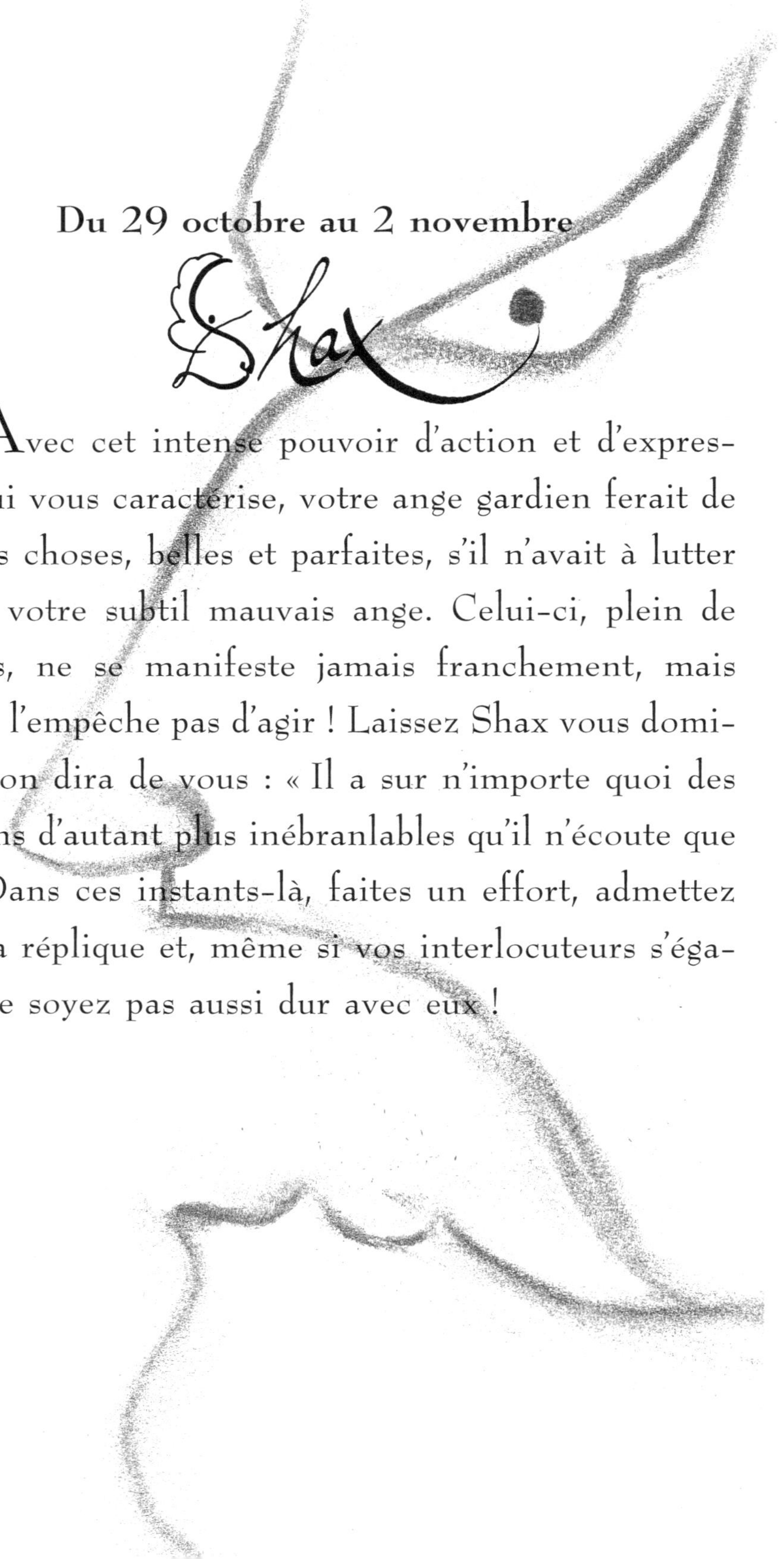

Du 29 octobre au 2 novembre

Shax

Avec cet intense pouvoir d'action et d'expression qui vous caractérise, votre ange gardien ferait de grandes choses, belles et parfaites, s'il n'avait à lutter contre votre subtil mauvais ange. Celui-ci, plein de détours, ne se manifeste jamais franchement, mais cela ne l'empêche pas d'agir ! Laissez Shax vous dominer et on dira de vous : « Il a sur n'importe quoi des opinions d'autant plus inébranlables qu'il n'écoute que lui. » Dans ces instants-là, faites un effort, admettez donc la réplique et, même si vos interlocuteurs s'égarent, ne soyez pas aussi dur avec eux !

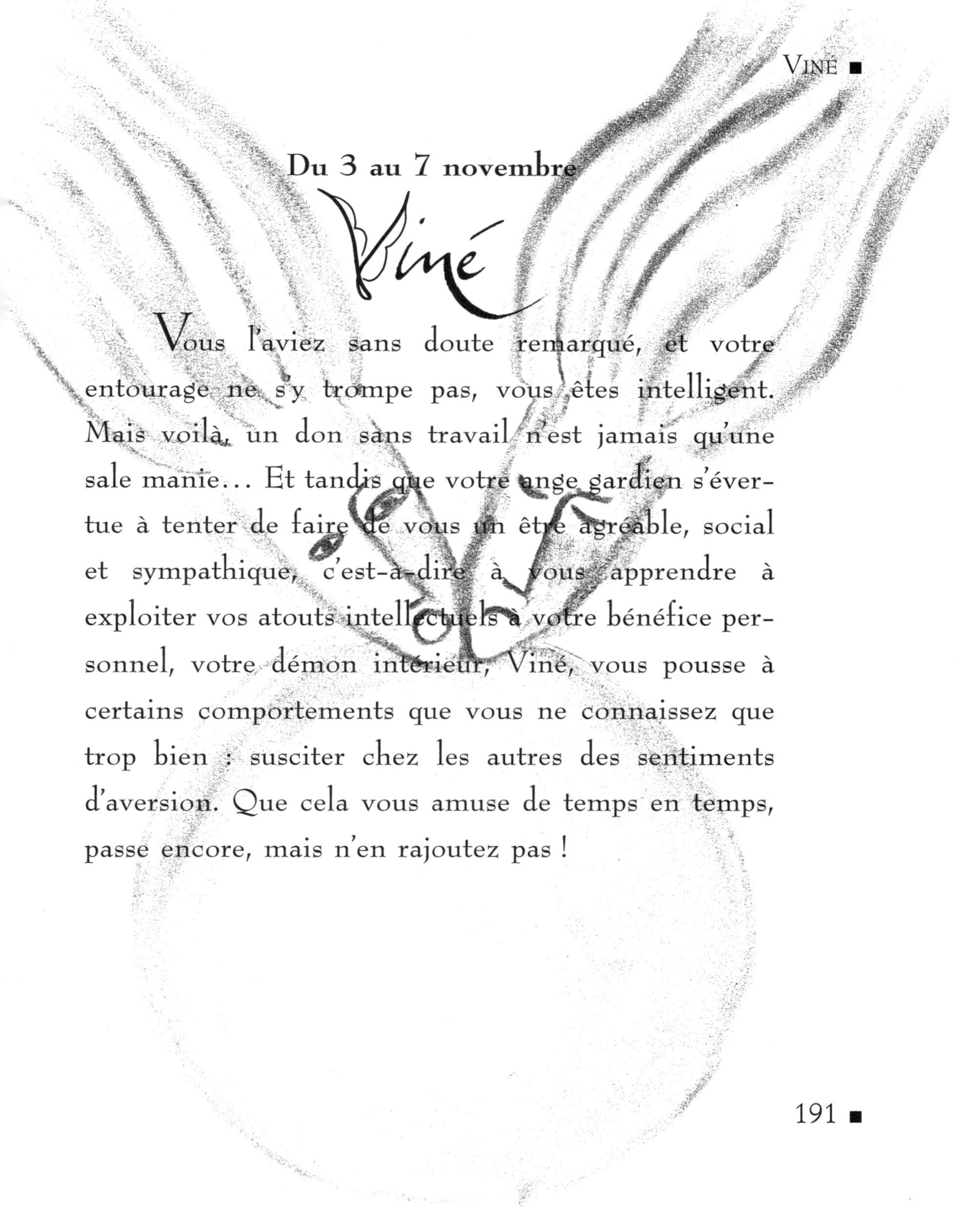

Du 3 au 7 novembre

Viné

Vous l'aviez sans doute remarqué, et votre entourage ne s'y trompe pas, vous êtes intelligent. Mais voilà, un don sans travail n'est jamais qu'une sale manie… Et tandis que votre ange gardien s'évertue à tenter de faire de vous un être agréable, social et sympathique, c'est-à-dire à vous apprendre à exploiter vos atouts intellectuels à votre bénéfice personnel, votre démon intérieur, Viné, vous pousse à certains comportements que vous ne connaissez que trop bien : susciter chez les autres des sentiments d'aversion. Que cela vous amuse de temps en temps, passe encore, mais n'en rajoutez pas !

Du 8 au 12 novembre

Brifron

La distraction est un petit travers qui peut amuser et donc divertir la société qui vous entoure, voire vous rendre d'autant plus sympathique à ses yeux. Mais Brifron vous pousse aux excès. Il vous empêche par exemple, dès qu'il le peut, de calculer les conséquences de vos actes ou de vos paroles. Alors, léger dans vos démarches, vous oubliez vos promesses, et les autres croient que vous vous faites un jeu de les tromper. Surveillez votre conduite, ne vous compromettez pas étourdiment.

Du 13 au 17 novembre

Vual

« Quand on a découvert qu'un ami est menteur, de lui tout sonne faux, même ses vérités. » C'est le tort que s'ingénie à vous faire Vual. Ne l'oubliez jamais. Chez vous, cette attitude peut commencer comme un jeu, mais à cause de votre mauvais ange, elle se retourne trop souvent contre vos intérêts. Tâchez de ne pas perdre la conscience claire de ce que vous dites ou faites ; votre avenir s'en ressentirait.

Du 18 au 22 novembre

Haagenti

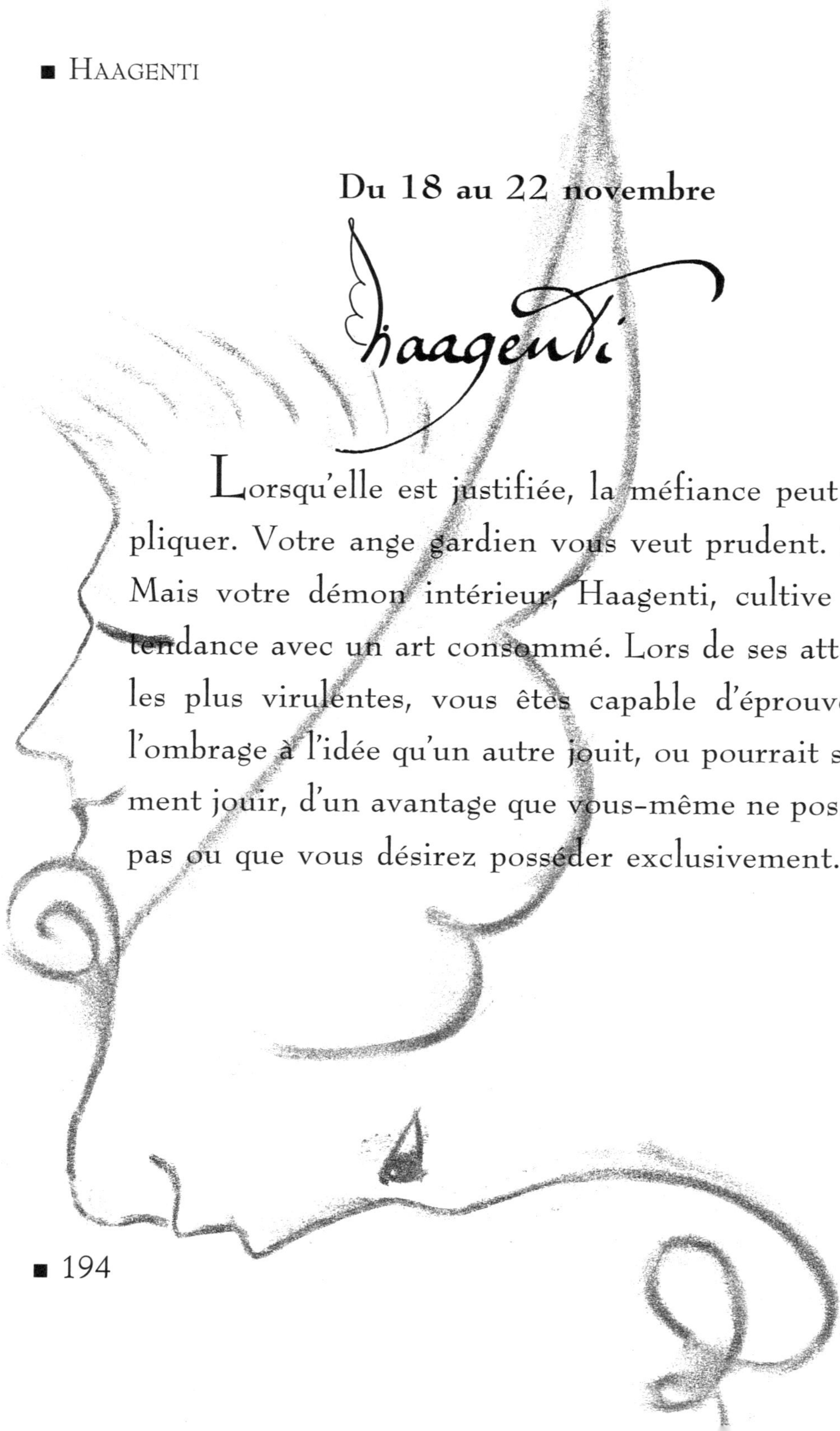

Lorsqu'elle est justifiée, la méfiance peut s'expliquer. Votre ange gardien vous veut prudent. Bien. Mais votre démon intérieur, Haagenti, cultive cette tendance avec un art consommé. Lors de ses attaques les plus virulentes, vous êtes capable d'éprouver de l'ombrage à l'idée qu'un autre jouit, ou pourrait seulement jouir, d'un avantage que vous-même ne possédez pas ou que vous désirez posséder exclusivement.

Du 23 au 27 novembre

Crocell

Votre démon intérieur s'amuse à prendre le contre-pied systématique de votre ange gardien. Tandis que ce dernier vous fait altruiste, Crocell vous voudrait comme ces enfants préoccupés seulement d'eux-mêmes. L'enfant est le plus innocent et le plus angélique des égoïstes, disaient les Goncourt. Vous voyez mieux dans quel travers il ne vous faut pas tomber ? Mais restez vigilant car Crocell n'a pas que cette mauvaise influence, il adore les acteurs qui n'ôtent jamais leur masque. Ne l'écoutez surtout pas lorsqu'il vous pousse volontiers à affecter des sentiments, des opinions que vous n'avez pas, ou à cacher vos pensées ! N'hésitez pas à faire appel à Vehuël en cas de difficulté, il est toujours disposé à vous aider.

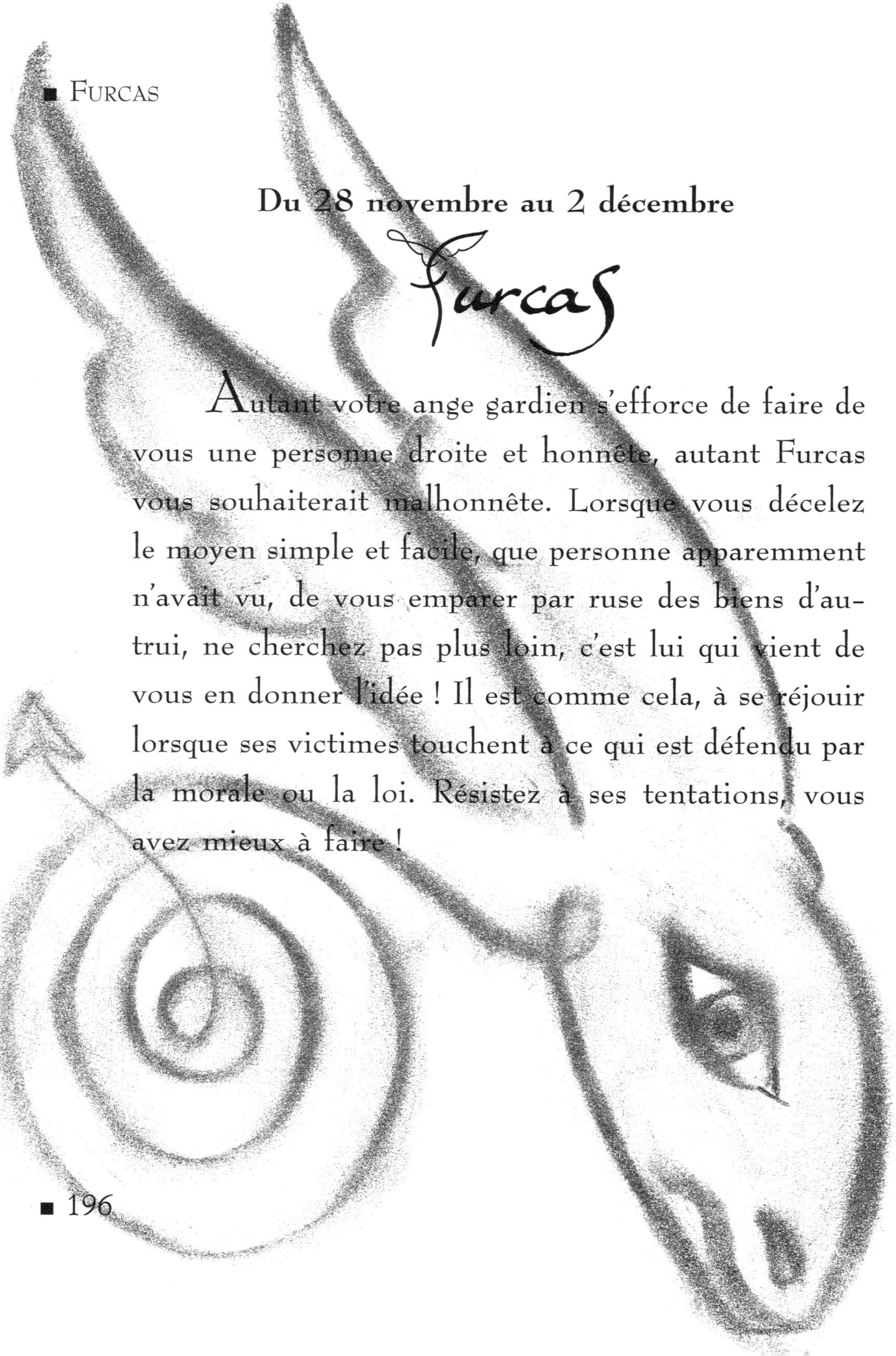

Du 28 novembre au 2 décembre

Furcas

Autant votre ange gardien s'efforce de faire de vous une personne droite et honnête, autant Furcas vous souhaiterait malhonnête. Lorsque vous décelez le moyen simple et facile, que personne apparemment n'avait vu, de vous emparer par ruse des biens d'autrui, ne cherchez pas plus loin, c'est lui qui vient de vous en donner l'idée ! Il est comme cela, à se réjouir lorsque ses victimes touchent à ce qui est défendu par la morale ou la loi. Résistez à ses tentations, vous avez mieux à faire !

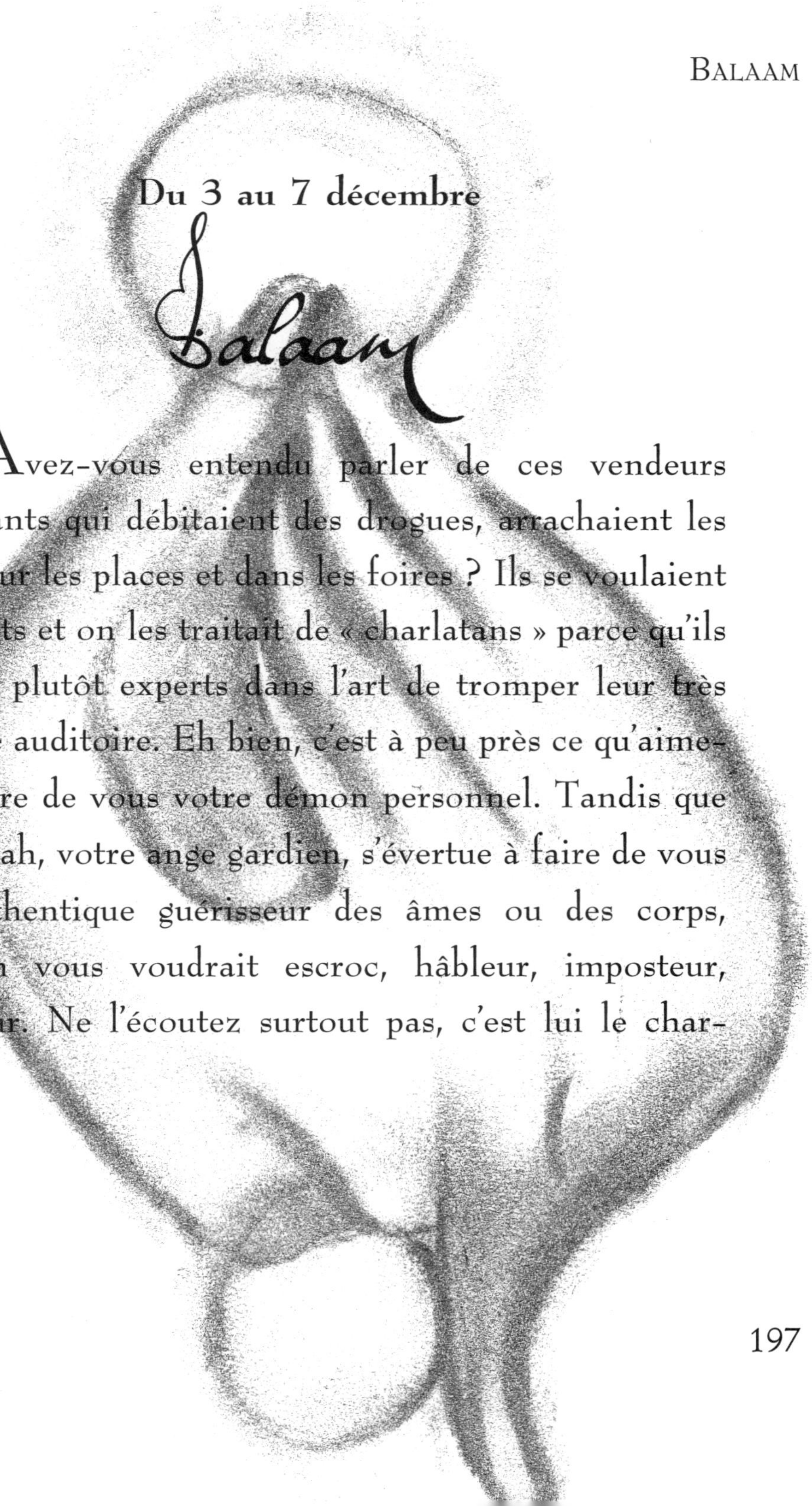

Du 3 au 7 décembre

Balaam

Avez-vous entendu parler de ces vendeurs ambulants qui débitaient des drogues, arrachaient les dents sur les places et dans les foires ? Ils se voulaient camelots et on les traitait de « charlatans » parce qu'ils étaient plutôt experts dans l'art de tromper leur très crédule auditoire. Eh bien, c'est à peu près ce qu'aimerait faire de vous votre démon personnel. Tandis que Hahasiah, votre ange gardien, s'évertue à faire de vous un authentique guérisseur des âmes ou des corps, Balaam vous voudrait escroc, hâbleur, imposteur, menteur. Ne l'écoutez surtout pas, c'est lui le charlatan !

Du 8 au 12 décembre

Allocès

Lorsque vous faites votre « mauvaise tête », comme disent vos proches, vous ne savez pas toujours vous-même ce qui vous prend ! Puisque vous lisez ces lignes, désormais, vous saurez : c'est Allocès qui est momentanément en train d'avoir le dessus par rapport à votre ange gardien. Allocès est en effet un spécialiste des querelles et disputes et cherche à les provoquer en vous. Batailleur, chamailleur, criard, difficile, votre démon personnel en fait voir de toutes les couleurs à Imamiah. S'il vous plaît, ne compliquez pas la tâche de votre ange gardien.

Du 13 au 16 décembre

Caïm

Vous tenez de votre ange gardien Nanaël cette étonnante faculté de comprendre « au quart de tour » certains de vos interlocuteurs, et, plus admirable encore, de comprendre aussi bien ceux qui se taisent : pour vous, les silences des uns sont plus éloquents que pour d'autres. Alors, mettez-vous à la place de votre démon intérieur pour comprendre le problème. Son « job » à lui est de mettre des bâtons dans les roues de Nanaël. Donc que fait-il ? Caïm vous pousse à exploiter ces informations particulières à des fins personnelles...

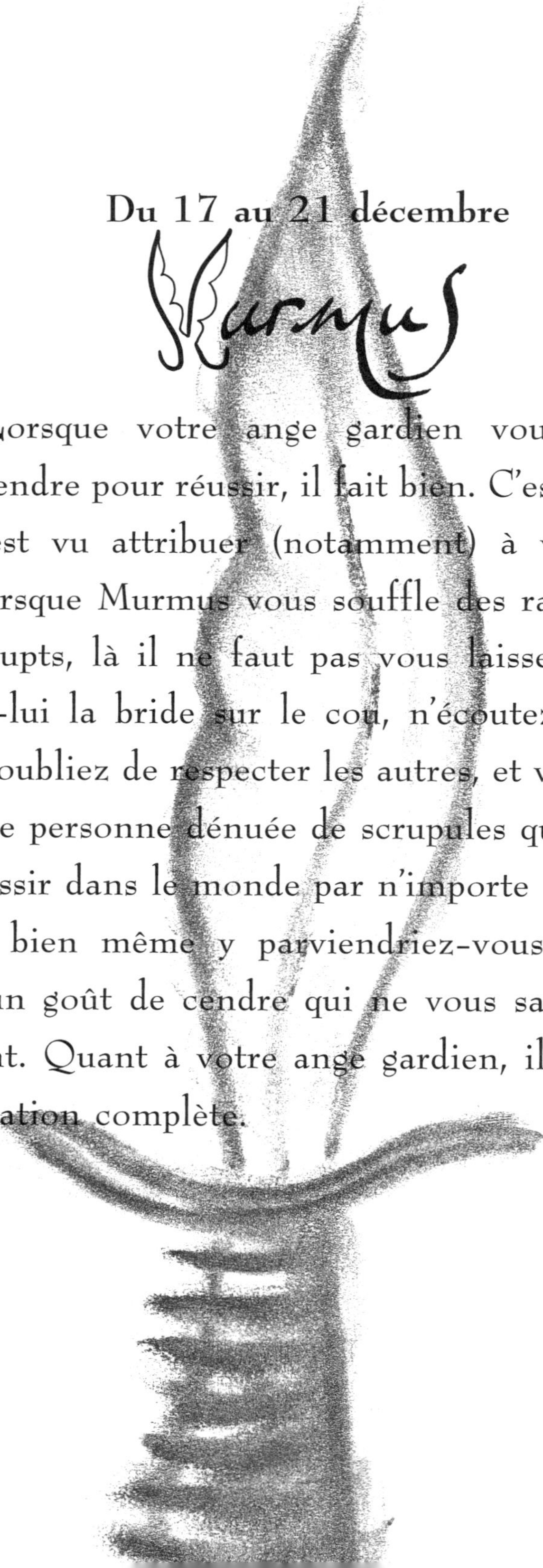

Du 17 au 21 décembre

Murmus

Lorsque votre ange gardien vous pousse à entreprendre pour réussir, il fait bien. C'est la mission qu'il s'est vu attribuer (notamment) à votre égard. Mais lorsque Murmus vous souffle des raccourcis un peu abrupts, là il ne faut pas vous laisser entraîner. Laissez-lui la bride sur le cou, n'écoutez plus votre raison, oubliez de respecter les autres, et vous deviendrez une personne dénuée de scrupules qui veut arriver, réussir dans le monde par n'importe quel moyen. Quand bien même y parviendriez-vous, votre joie aurait un goût de cendre qui ne vous satisferait pas vraiment. Quant à votre ange gardien, il serait dans la désolation complète.

Du 22 au 26 décembre

Orobas

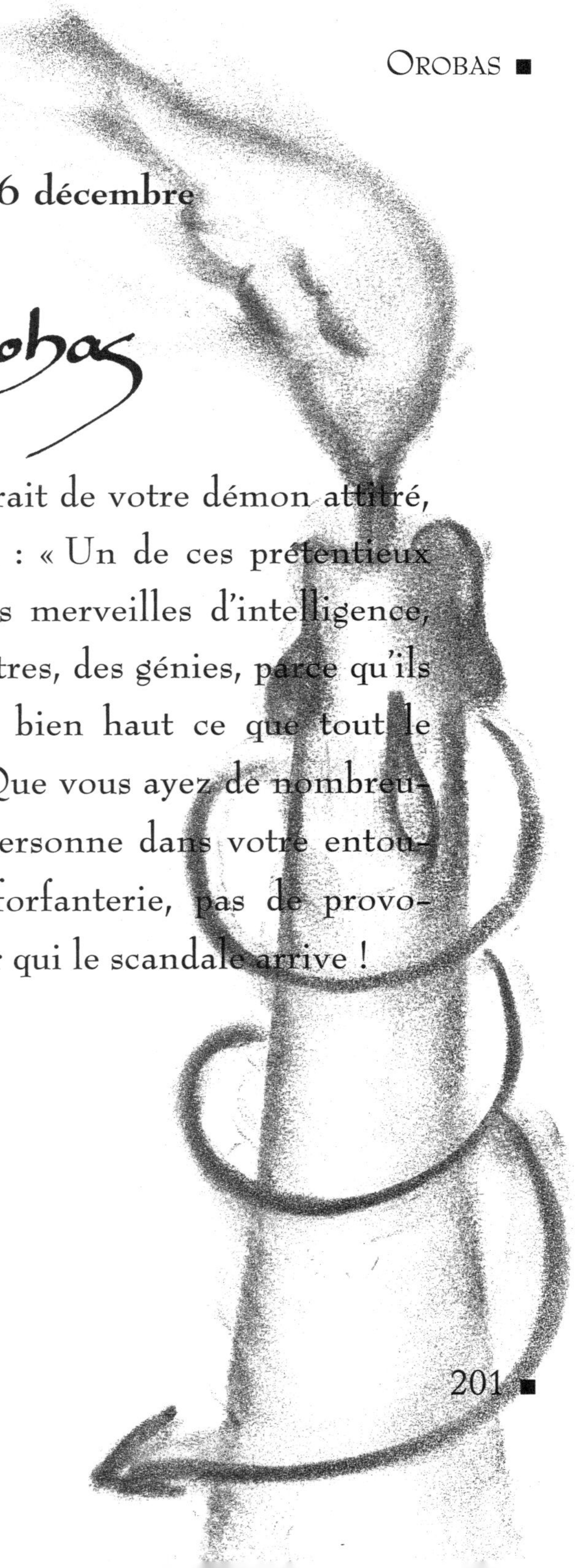

Voulez-vous un portrait de votre démon attitré, ce cher Orobas ? Le voici : « Un de ces prétentieux gaillards qui se croient des merveilles d'intelligence, des phénomènes, des monstres, des génies, parce qu'ils perdent leur temps à dire bien haut ce que tout le monde pense tout bas... » Que vous ayez de nombreuses qualités, des mérites, personne dans votre entourage n'en doute. Pas de forfanterie, pas de provocation ! Malheur à celui par qui le scandale arrive !

Du 27 au 31 décembre

Gamori

Si Blaise Pascal avait eu un choix d'existence, il affirme qu'il aurait choisi une vie qui commence par l'amour et finit par l'ambition. Songez-y, pour que votre démon intime ne vous pousse pas à commencer par l'ambition ! Il ne pense qu'à ça. Et l'ennuyeux c'est que, au bout du parcours on se retrouve « gros Jean comme devant » : l'ambition déplaît souvent lorsqu'elle est assouvie. Et après, il est parfois trop tard pour le reste. Si vous finissez amer, Gamori aura gagné !

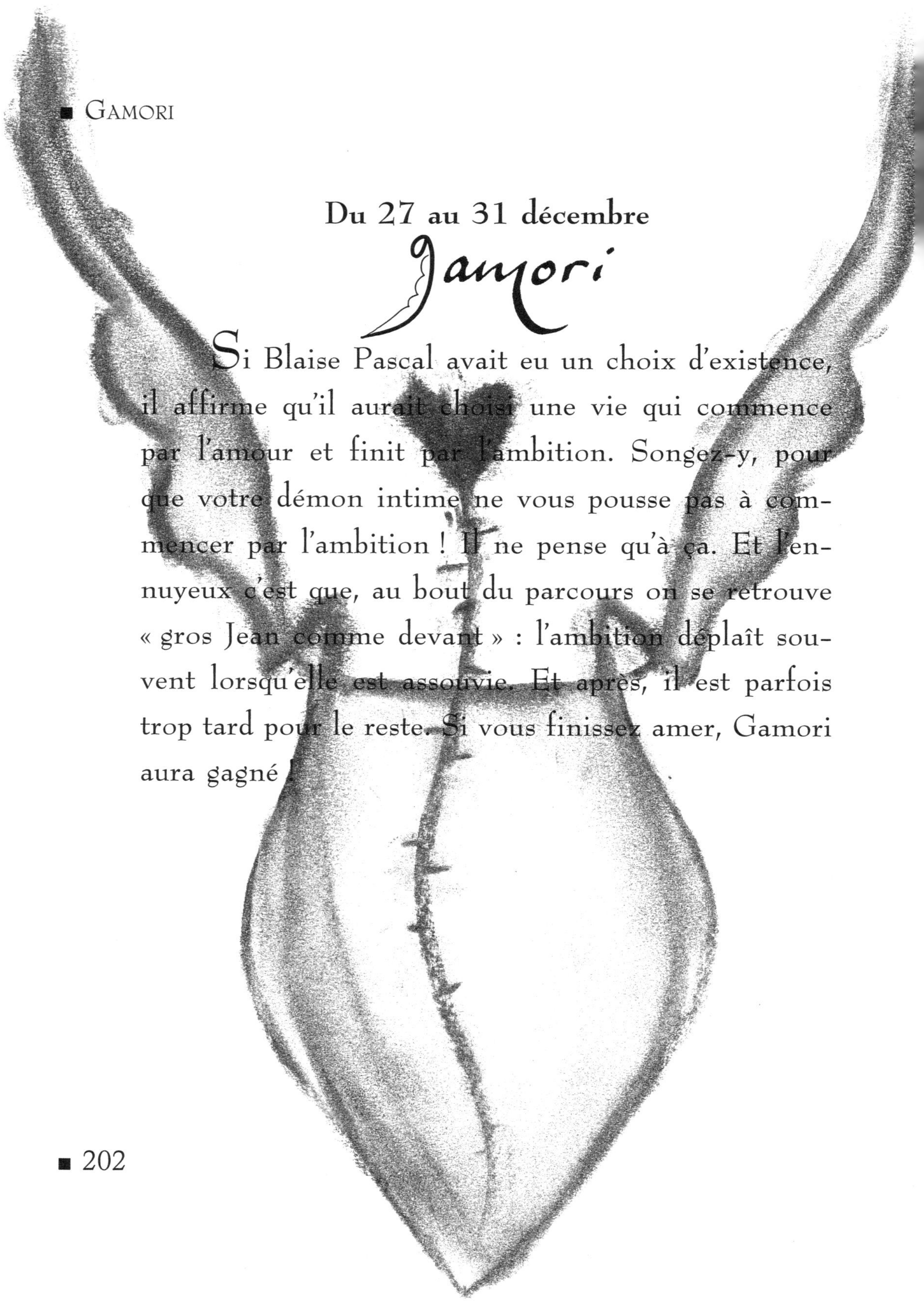

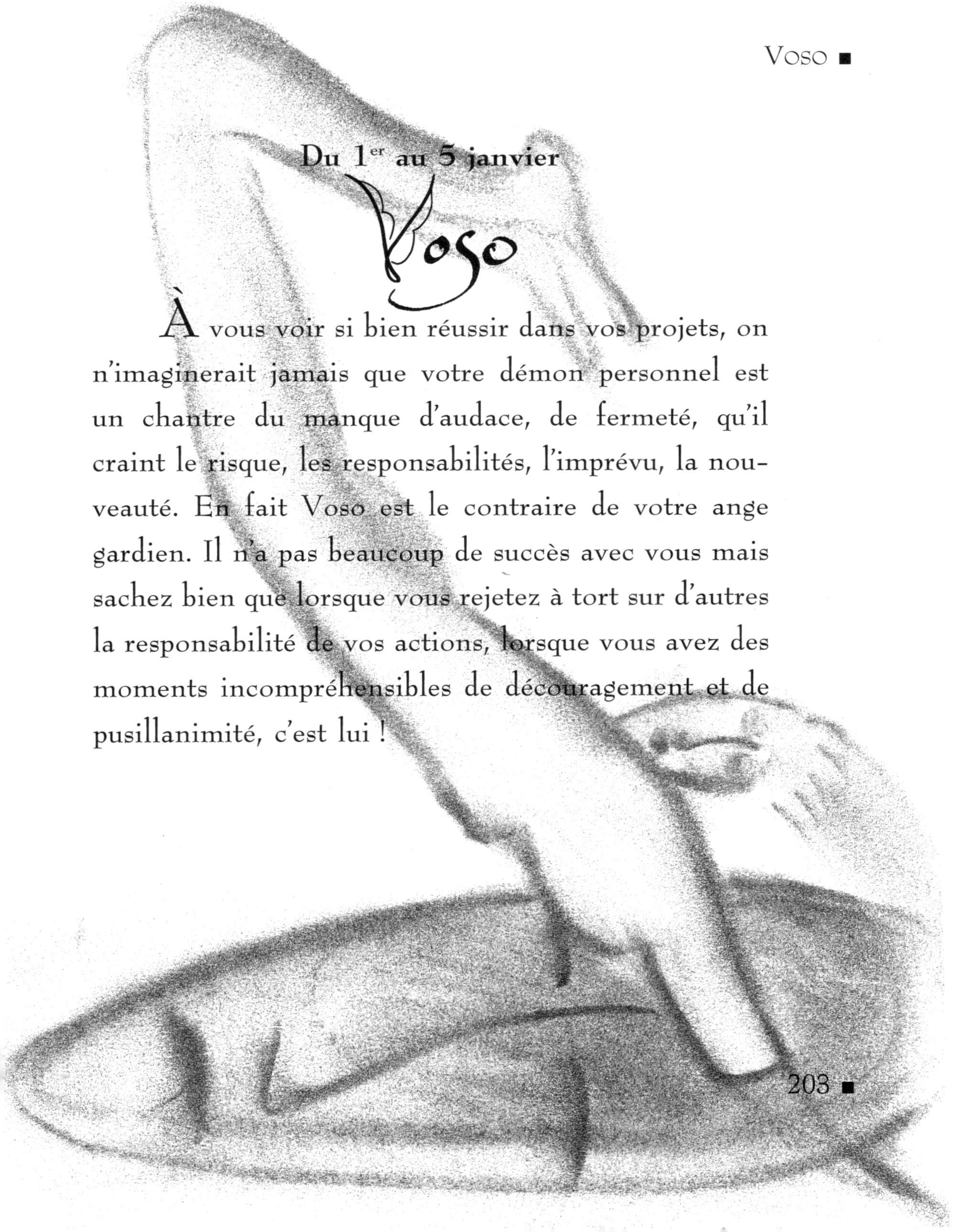

Du 1er au 5 janvier

Voso

À vous voir si bien réussir dans vos projets, on n'imaginerait jamais que votre démon personnel est un chantre du manque d'audace, de fermeté, qu'il craint le risque, les responsabilités, l'imprévu, la nouveauté. En fait Voso est le contraire de votre ange gardien. Il n'a pas beaucoup de succès avec vous mais sachez bien que lorsque vous rejetez à tort sur d'autres la responsabilité de vos actions, lorsque vous avez des moments incompréhensibles de découragement et de pusillanimité, c'est lui !

Du 6 au 10 janvier

Avnas

L'entêtement d'un Galilée à affirmer que la Terre tournait autour du Soleil était admirable. Mais comme vous ne faites pas tous les jours ce genre de découverte, le vôtre est parfois agaçant. D'autant qu'il vous arrive de vous obstiner dans des erreurs. Vous n'y êtes pour rien, ou presque, c'est Avnas qui vous influence. Et ce n'est pas tout ! Votre mauvais ange est agressif comme il n'est pas possible. C'est de lui que vous viennent ces envies de faire délibérément du mal ou de chercher à blesser autrui, le plus souvent de façon ouverte et violente. Votre démon est d'une nature cruelle, dure, malfaisante, c'est un malicieux, mal intentionné, malveillant, en un mot, un Malin ! C'est son « job » de démon. Ne lui facilitez pas le travail ! Réagissez.

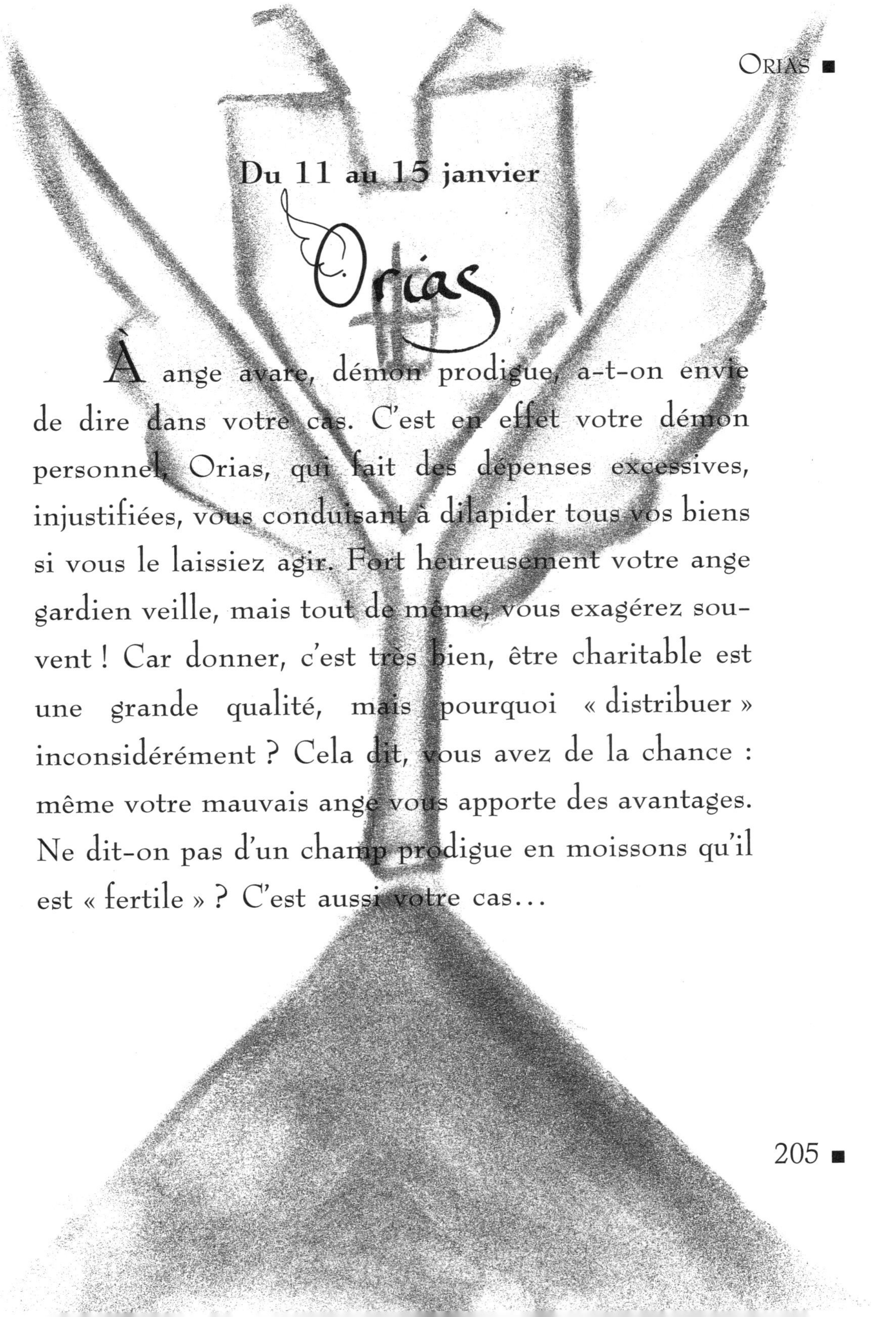

Du 11 au 15 janvier

Orias

À ange avare, démon prodigue, a-t-on envie de dire dans votre cas. C'est en effet votre démon personnel, Orias, qui fait des dépenses excessives, injustifiées, vous conduisant à dilapider tous vos biens si vous le laissiez agir. Fort heureusement votre ange gardien veille, mais tout de même, vous exagérez souvent ! Car donner, c'est très bien, être charitable est une grande qualité, mais pourquoi « distribuer » inconsidérément ? Cela dit, vous avez de la chance : même votre mauvais ange vous apporte des avantages. Ne dit-on pas d'un champ prodigue en moissons qu'il est « fertile » ? C'est aussi votre cas…

Du 16 au 20 janvier

Naphula

Votre démon est un entêté. Caractère qu'il vous transmet d'ailleurs volontiers et aussi souvent qu'il le peut. Écoutez donc un peu le raisonnement des autres : perdre une bataille n'est pas perdre la guerre, et avoir tort de temps en temps n'a jamais tué personne, que diable ! Et puis enfin, dominez-vous donc lorsque Naphula vous pousse à être désobéissant, indiscipliné, insoumis, rebelle. Passez vos colères sur lui, pas sur les autres !

Du 21 au 25 janvier

Zagan

« C'est une méchante raillerie que de se railler du Ciel, et il y a de certains petits impertinents qui sont libertins sans savoir pourquoi, qui font les esprits forts… » fait dire Molière au valet de don Juan. Vous devriez répéter de temps en temps ces phrases à voix haute pour que votre démon personnel les entende ! Heureusement, votre ange gardien veille mais il ne parvient pas toujours à vous donner l'objectivité qui, dans certains cas, vous fait défaut. Et puis dominez un peu mieux les attaques de Zagan lorsqu'il vous fait condamner sans appel ce qui ne vous plaît pas dans les opinions d'autrui.

Du 26 au 30 janvier

Valak

Que votre existence serait paisible sans l'opposition de votre démon personnel ! Votre ange gardien veille et réussit dans presque toutes ses entreprises avec vous, mais il y a Valak ! Ce diable d'ange-là ne le laisse jamais en paix ! À cause de lui, vous êtes de ceux qui osent penser — et dire, hélas — que la preuve de l'inconstance des hommes est l'établissement du mariage qu'il a fallu faire ! Vous exagérez tout à cause de lui. Restez un peu plus calme lors des attaques de votre démon. La vie n'est ni aussi triste ni aussi simple que vous vous plaisez à l'affirmer d'un jour sur l'autre. Les plus grands sportifs se reposent. Apprenez à en faire autant dans votre tête quelquefois !

Du 31 janvier au 4 février

Andras

Attelé seul à s'occuper d'un fils de famille héritier d'une somme rondelette, Andras saurait l'envoyer en quelques années aux Restaurants du cœur ! Dieu merci pour vous, il y a Anauël, votre ange gardien, qui est chargé de veiller sur vous et sur vos biens. Mais tout de même restez prudent et attentif. Évitez les casinos, les paris douteux, et même les paris tout court, les affaires « en or » et toute entreprise financièrement périlleuse. Le péril, c'est Andras le ruineux. L'idéal serait de faire gérer vos affaires par un conjoint qui serait votre antithèse dans ce domaine. Ce n'est parfois qu'à ce prix que vous pourrez conserver votre chemise…

Du 5 au 9 février

Hauras

Votre ange contraire est un doux. Vous pourriez vous en réjouir, mais n'en faites rien. C'est lui qui vous rend si docile, si maniable, si mobile. C'est à cause de lui que vous vous laissez parfois si bien manœuvrer. Votre ange gardien vous aimerait plus inflexible, vos très proches aussi, mais Hauras vous fait passer pour faible. Il y a un juste milieu à trouver et vous devriez y parvenir avec un peu de travail sur vous-même. Utilisez pour vous, par exemple, la même énergie que vous savez si bien déployer pour défendre une cause qui vous est chère.

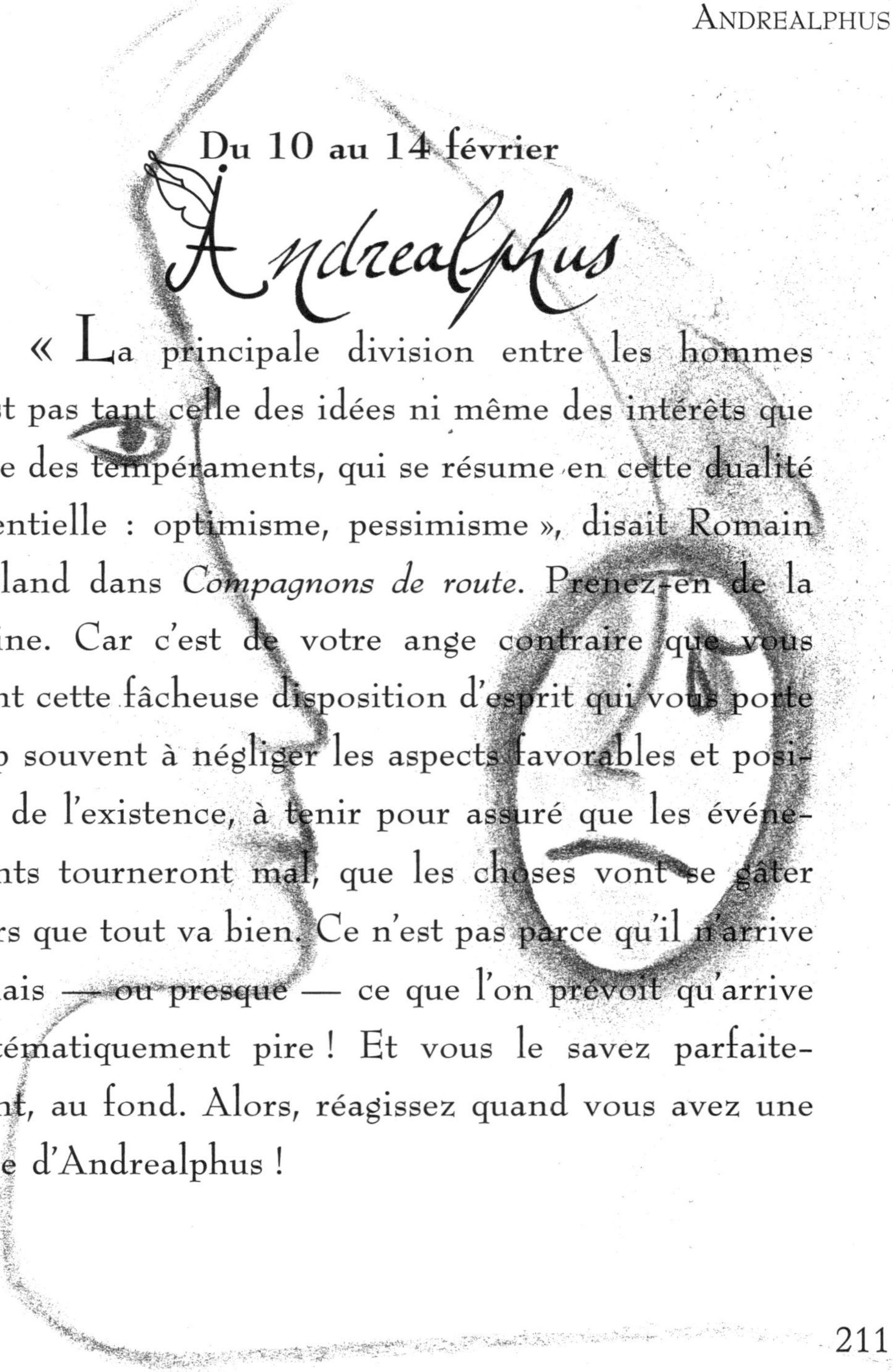

Du 10 au 14 février

Andrealphus

« La principale division entre les hommes n'est pas tant celle des idées ni même des intérêts que celle des tempéraments, qui se résume en cette dualité essentielle : optimisme, pessimisme », disait Romain Rolland dans *Compagnons de route*. Prenez-en de la graine. Car c'est de votre ange contraire que vous vient cette fâcheuse disposition d'esprit qui vous porte trop souvent à négliger les aspects favorables et positifs de l'existence, à tenir pour assuré que les événements tourneront mal, que les choses vont se gâter alors que tout va bien. Ce n'est pas parce qu'il n'arrive jamais — ou presque — ce que l'on prévoit qu'arrive systématiquement pire ! Et vous le savez parfaitement, au fond. Alors, réagissez quand vous avez une crise d'Andrealphus !

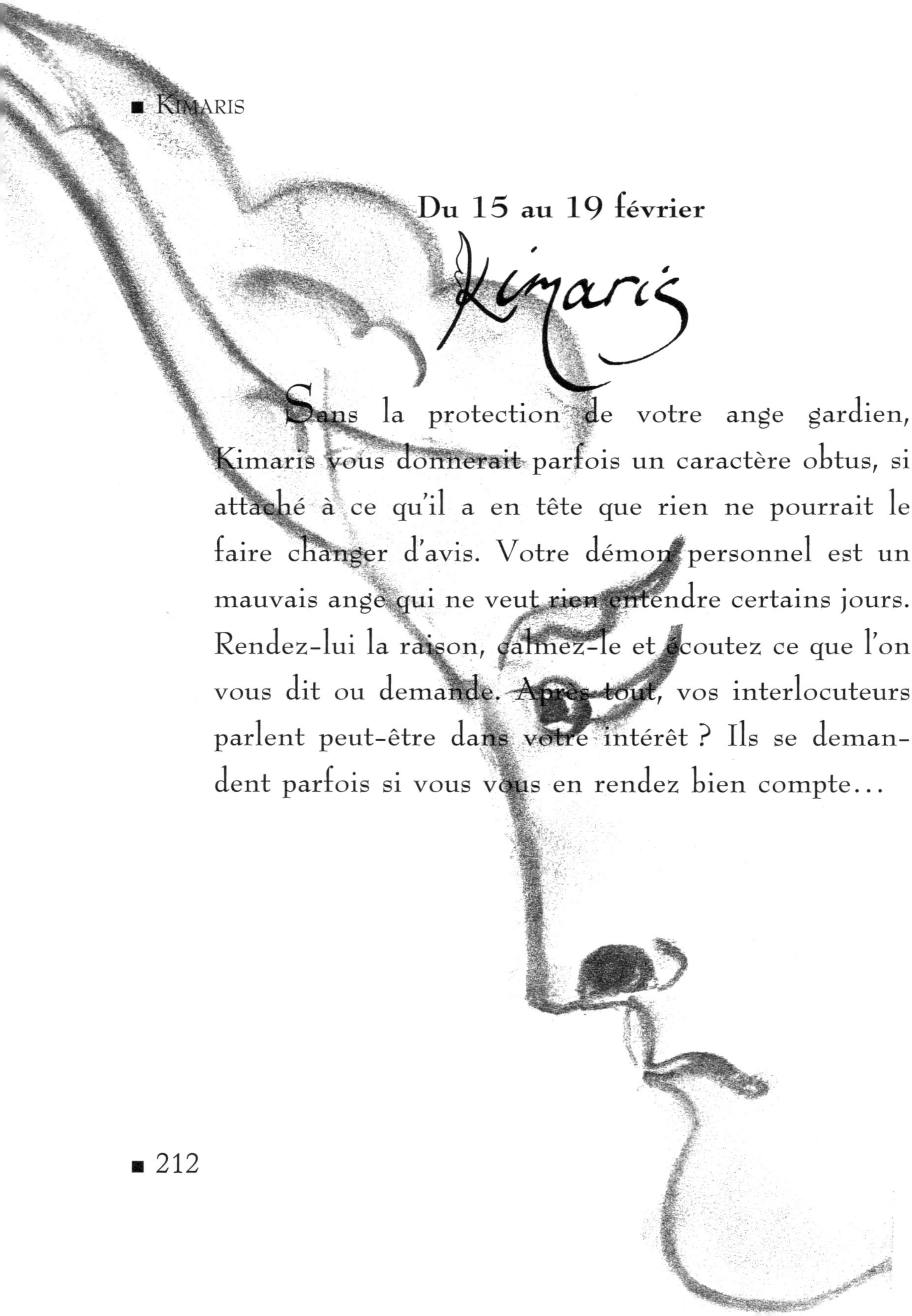

Du 15 au 19 février

Kimaris

Sans la protection de votre ange gardien, Kimaris vous donnerait parfois un caractère obtus, si attaché à ce qu'il a en tête que rien ne pourrait le faire changer d'avis. Votre démon personnel est un mauvais ange qui ne veut rien entendre certains jours. Rendez-lui la raison, calmez-le et écoutez ce que l'on vous dit ou demande. Après tout, vos interlocuteurs parlent peut-être dans votre intérêt ? Ils se demandent parfois si vous vous en rendez bien compte…

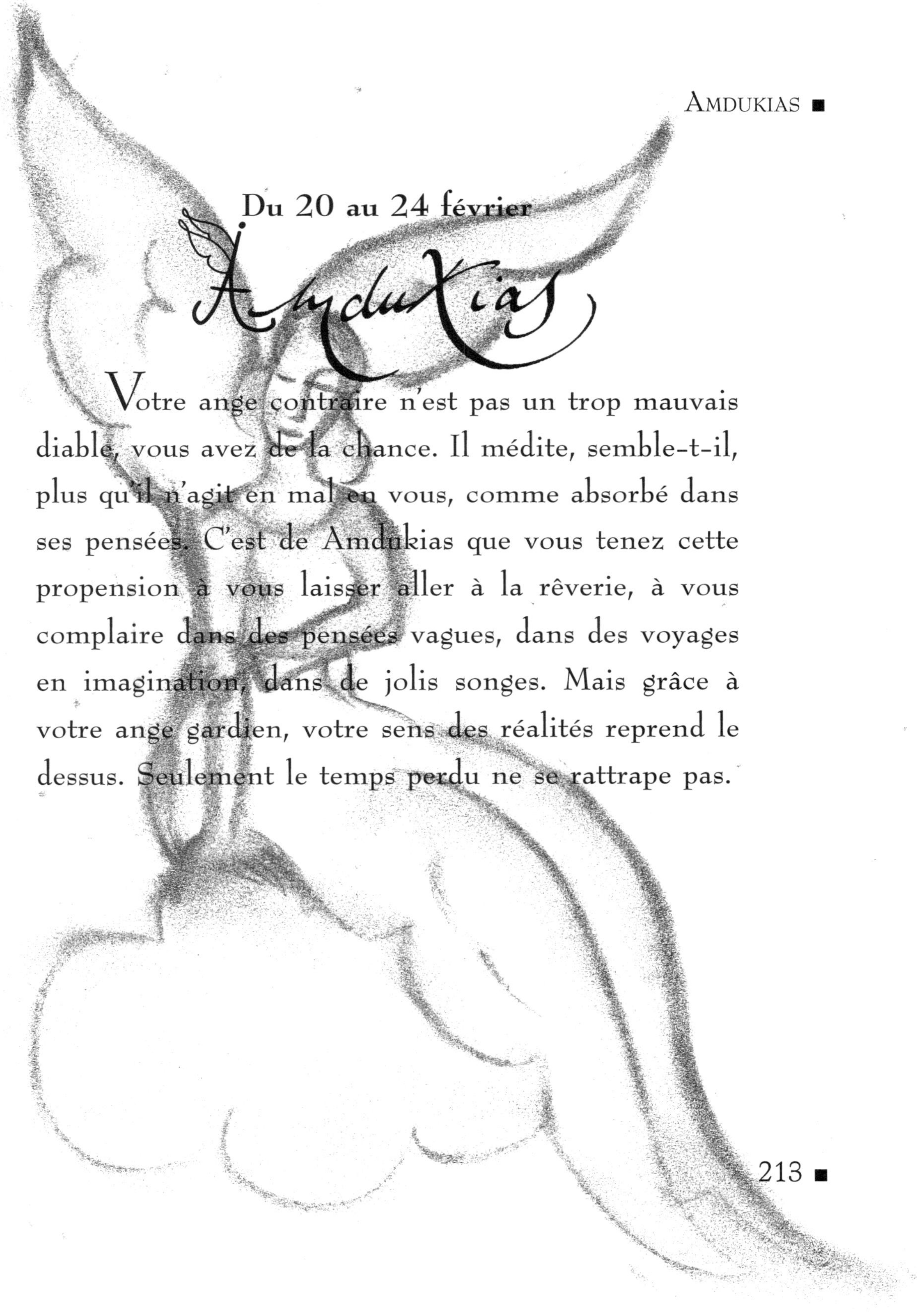

Du 20 au 24 février

Amdukias

Votre ange contraire n'est pas un trop mauvais diable, vous avez de la chance. Il médite, semble-t-il, plus qu'il n'agit en mal en vous, comme absorbé dans ses pensées. C'est de Amdukias que vous tenez cette propension à vous laisser aller à la rêverie, à vous complaire dans des pensées vagues, dans des voyages en imagination, dans de jolis songes. Mais grâce à votre ange gardien, votre sens des réalités reprend le dessus. Seulement le temps perdu ne se rattrape pas.

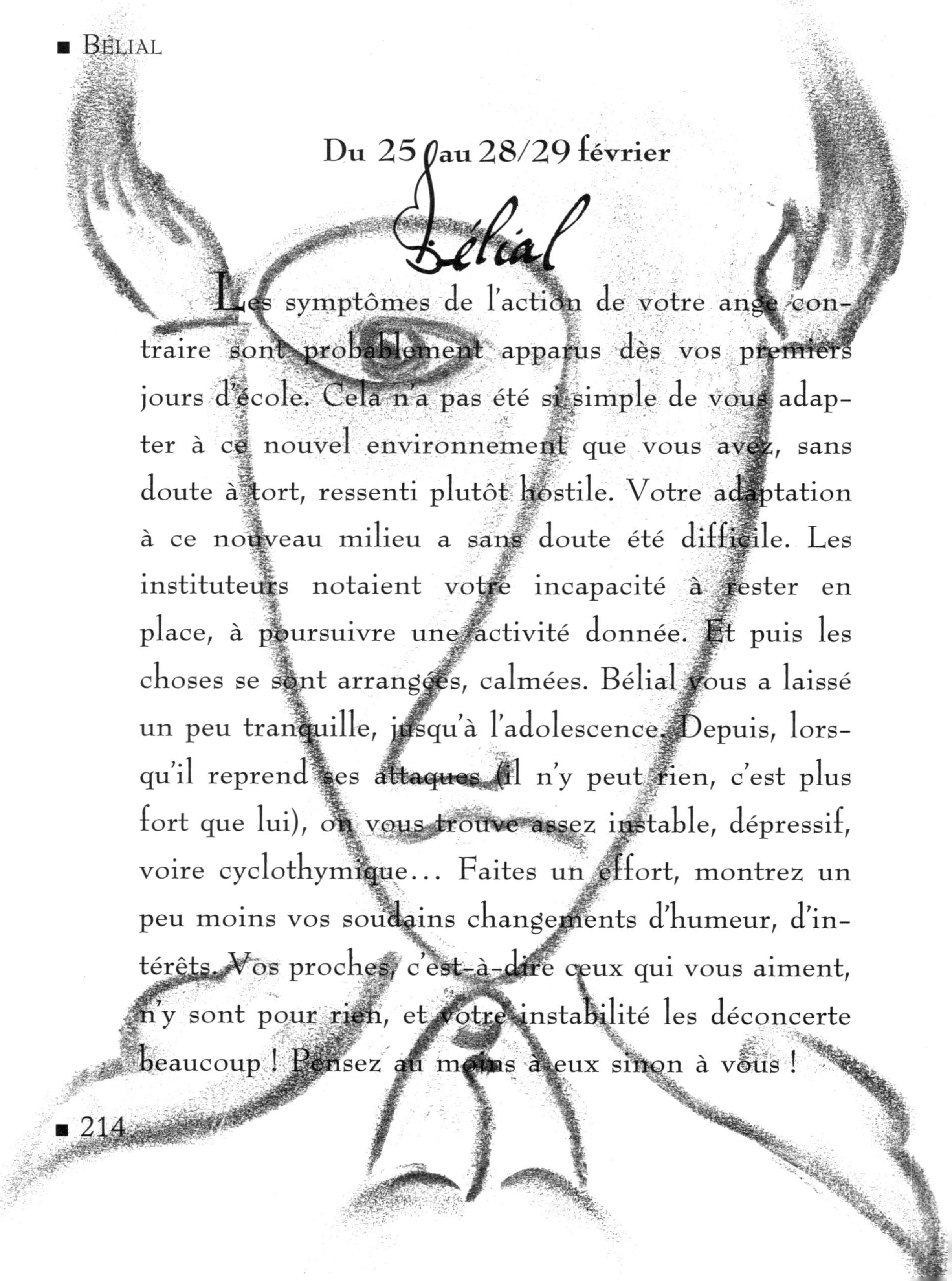

Du 25 au 28/29 février

Bélial

Les symptômes de l'action de votre ange contraire sont probablement apparus dès vos premiers jours d'école. Cela n'a pas été si simple de vous adapter à ce nouvel environnement que vous avez, sans doute à tort, ressenti plutôt hostile. Votre adaptation à ce nouveau milieu a sans doute été difficile. Les instituteurs notaient votre incapacité à rester en place, à poursuivre une activité donnée. Et puis les choses se sont arrangées, calmées. Bélial vous a laissé un peu tranquille, jusqu'à l'adolescence. Depuis, lorsqu'il reprend ses attaques (il n'y peut rien, c'est plus fort que lui), on vous trouve assez instable, dépressif, voire cyclothymique… Faites un effort, montrez un peu moins vos soudains changements d'humeur, d'intérêts. Vos proches, c'est-à-dire ceux qui vous aiment, n'y sont pour rien, et votre instabilité les déconcerte beaucoup ! Pensez au moins à eux sinon à vous !

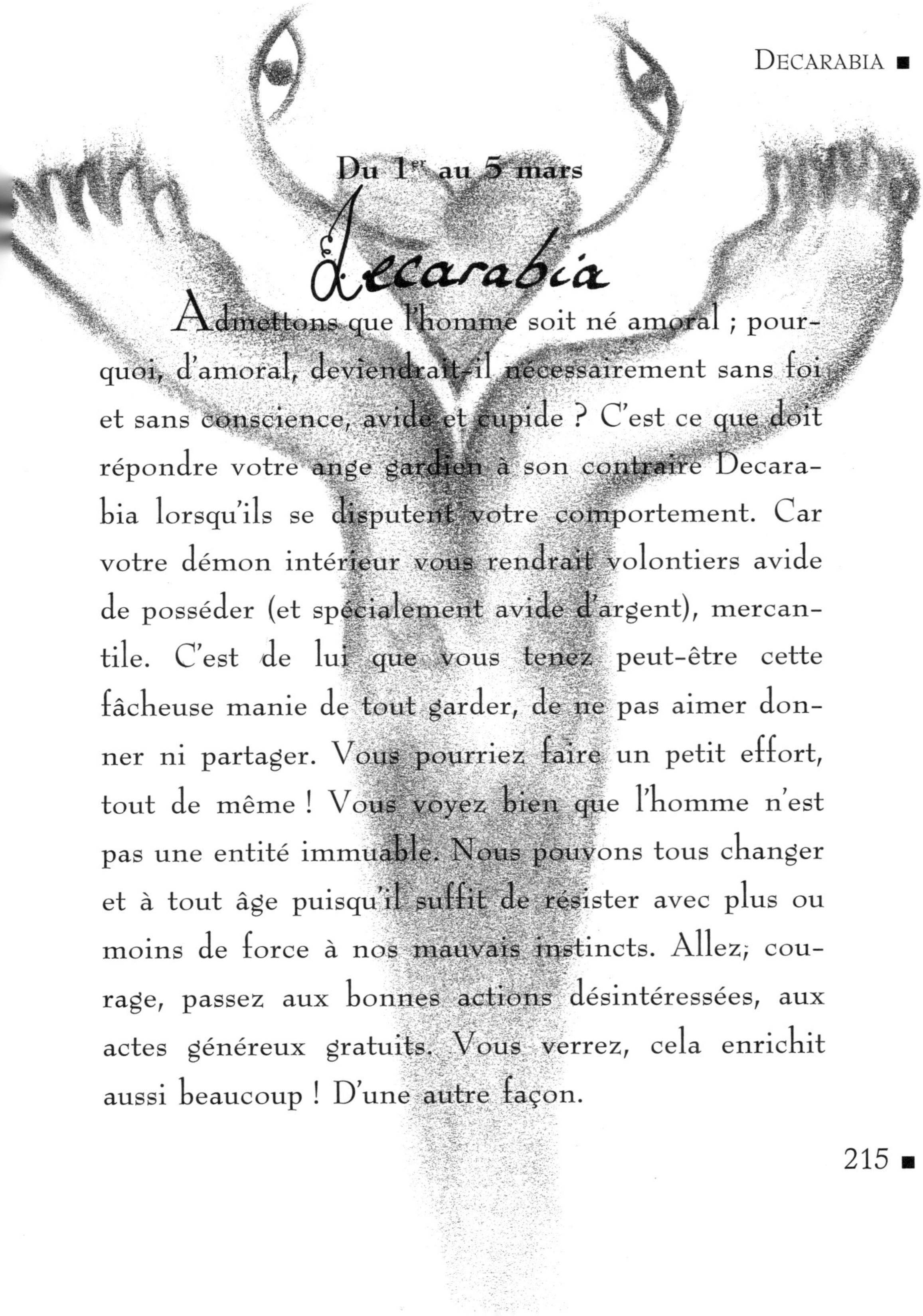

Du 1er au 5 mars

Decarabia

Admettons que l'homme soit né amoral ; pourquoi, d'amoral, deviendrait-il nécessairement sans foi et sans conscience, avide et cupide ? C'est ce que doit répondre votre ange gardien à son contraire Decarabia lorsqu'ils se disputent votre comportement. Car votre démon intérieur vous rendrait volontiers avide de posséder (et spécialement avide d'argent), mercantile. C'est de lui que vous tenez peut-être cette fâcheuse manie de tout garder, de ne pas aimer donner ni partager. Vous pourriez faire un petit effort, tout de même ! Vous voyez bien que l'homme n'est pas une entité immuable. Nous pouvons tous changer et à tout âge puisqu'il suffit de résister avec plus ou moins de force à nos mauvais instincts. Allez, courage, passez aux bonnes actions désintéressées, aux actes généreux gratuits. Vous verrez, cela enrichit aussi beaucoup ! D'une autre façon.

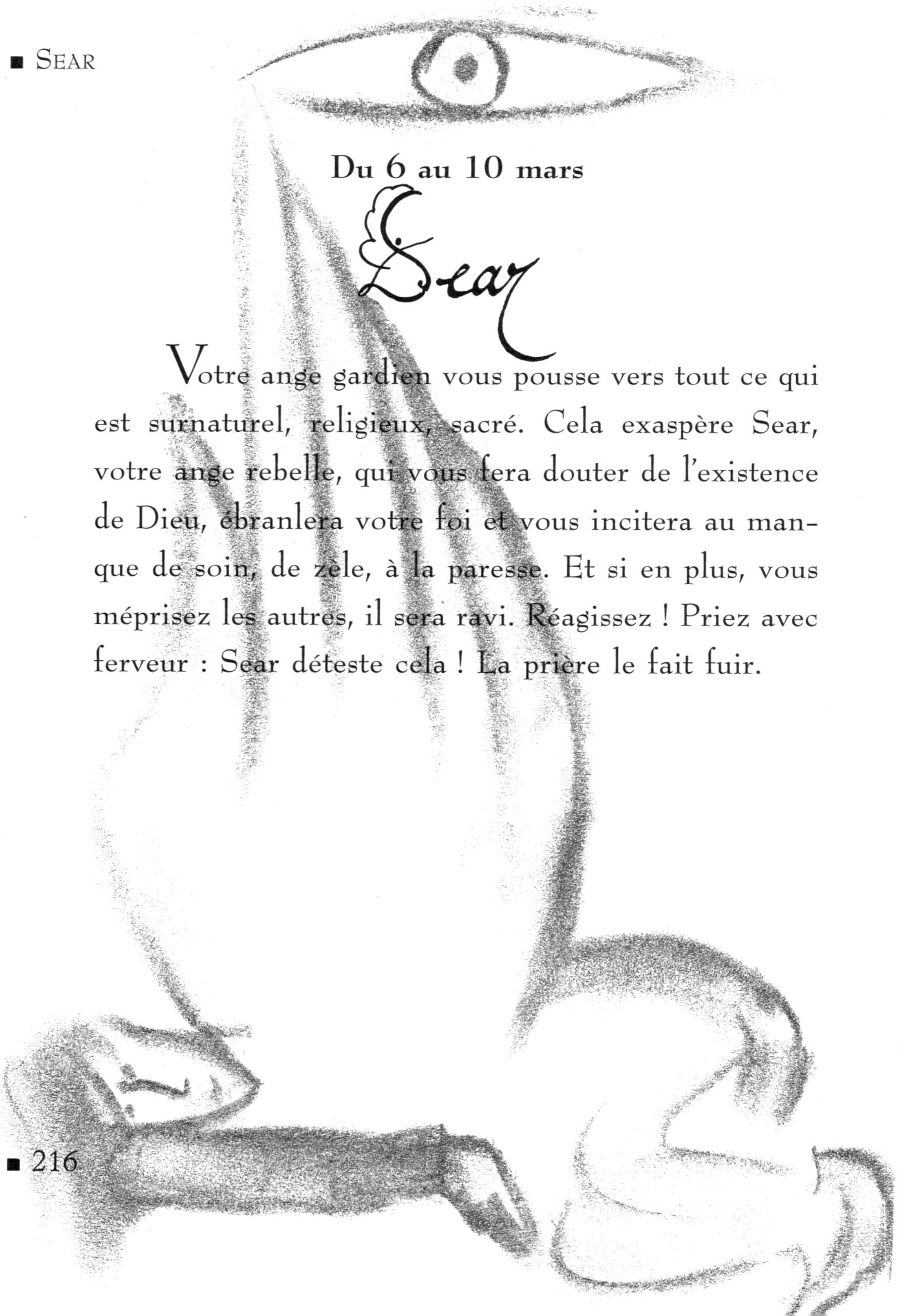

Du 6 au 10 mars

Sear

Votre ange gardien vous pousse vers tout ce qui est surnaturel, religieux, sacré. Cela exaspère Sear, votre ange rebelle, qui vous fera douter de l'existence de Dieu, ébranlera votre foi et vous incitera au manque de soin, de zèle, à la paresse. Et si en plus, vous méprisez les autres, il sera ravi. Réagissez ! Priez avec ferveur : Sear déteste cela ! La prière le fait fuir.

Du 11 au 15 mars

Dantalion

Votre ange contraire est capable de vous aider à semer une zizanie considérable autour de vous. Ainsi, les repas de famille qui se terminent en pugilat, par exemple, il adore. Cela l'enchante. Parfois, on dirait même que vous aussi, vous aimez cela. Un peu comme si vous préfériez n'importe quoi au silence de l'ennui. D'autant qu'après vous pouvez vous en donner à cœur joie dans la spécialité de Dantalion : la critique systématique ! Vous trouvez ça bien ?

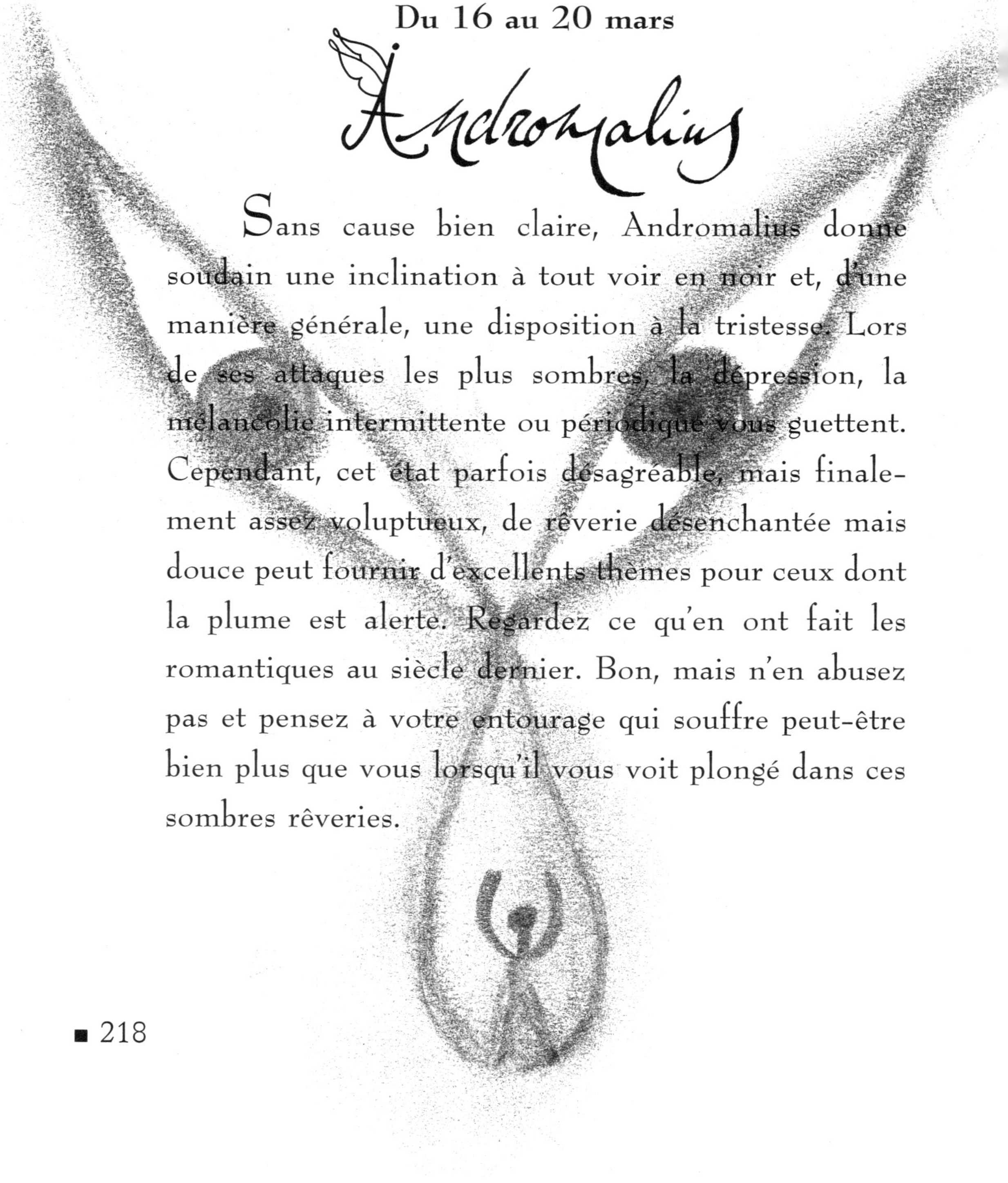

Du 16 au 20 mars

Andromalius

Sans cause bien claire, Andromalius donne soudain une inclination à tout voir en noir et, d'une manière générale, une disposition à la tristesse. Lors de ses attaques les plus sombres, la dépression, la mélancolie intermittente ou périodique vous guettent. Cependant, cet état parfois désagréable, mais finalement assez voluptueux, de rêverie désenchantée mais douce peut fournir d'excellents thèmes pour ceux dont la plume est alerte. Regardez ce qu'en ont fait les romantiques au siècle dernier. Bon, mais n'en abusez pas et pensez à votre entourage qui souffre peut-être bien plus que vous lorsqu'il vous voit plongé dans ces sombres rêveries.

QUELS ANGES INVOQUER EN FONCTION DES DÉFAUTS À COMBATTRE

Ambition excessive

Ce travers est l'ennemi personnel de Lelahel et de Haziel. Ils sauront conjuguer leurs infinis talents pour vous mettre au mieux à l'abri des tentations de ce démon si vivace de nos jours dans une civilisation qui le cultive à l'excès.

Avarice

Voilà bien un défaut démoniaque au sens fort, car capable de gâcher la vie de tous les proches du malheureux atteint par ce vice ! Rochel peut vous soutenir efficacement si vous voulez sincèrement extirper ce diable de défaut qui est un péché capital, ne l'oubliez pas ! Raphaël aussi, cet Archange de la générosité, vous aidera à chasser ce mauvais génie tenace.

Colère

Vehuia et Lehahiah sont tout spécialement recommandés par les Textes pour vous aider à résister à ces accès de colère qui vous rendent si désagréable. Mais Mitzraël peut aussi être d'un secours certain.

Immoralité

Asaliah éprouve une réelle aversion pour les pensées ou actes immoraux. Il comprendra votre détresse si vous êtes assailli par ce démon et il veillera à vous en protéger.

Malhonnêteté

C'est à Lenahel et à Haziel que vous pourrez plus particulièrement adresser vos demandes pour devenir plus résistant face aux tentations de ce défaut particulièrement grave.

Mesquinerie

Affreux diable qui se donne des allures de diablotin pour mieux se glisser dans l'âme même des plus privilégiés... Priez Chavaquiah : il est toujours disposé à vous prêter grandeur d'âme et générosité.

Paresse

Achaiah est l'ange qui saura vous aider à vaincre ce démon si courant et obstiné de la paresse. Mais Jamabiah éprouve lui aussi une particulière aversion pour ce défaut qui contamine si souvent les humains...

Parjure

Si vous ne respectez pas vos engagements, si vous êtes tenté de ne pas honorer vos promesses, même les plus solennelles, Sitaël vous protégera de ces faiblesses. Priez-le régulièrement.

Perversité

De curieuses pulsions vous poussent vers des actes répréhensibles aux yeux de la morale, et, bien que vous plongeant dans le désespoir, ces monstrueuses tentations sont obstinément récurrentes ? Mettez-vous humblement sous la protection attentive de Yeyaël. Il comprend votre détresse, connaît les armes de ce démon si maléfique et vous aidera au jour le jour.

Vice

Menadel et Ieiazel sauront renforcer vos capacités à résister à ce démon particulièrement agressif envers certaines personnalités.

(Voir également en p. 236 *l'égoïsme* et en p. 240 *l'orgueil*.)

TROISIÈME PARTIE

Établir le Dialogue avec les Anges

I

Plus près de votre ange

Porteur de l'infinie bonté, l'ange qui vous protège, cet ange gardien que Dieu vous a accordé comme compagnon des bons et mauvais jours, est près de vous, en vous. Une fabuleuse richesse, toute de joie, de paix et de bonheur. Il peut vous offrir un confort moral et spirituel, une paix intérieure immense. Il sait vous aider à faire de votre vie une trajectoire d'élévation vous apportant des satisfactions profondes et vraies.

Mais il est également très important de bien comprendre que les anges, messagers de Dieu auprès des hommes, ne nous feront jamais grief de vouloir être heureux et comblés au cours de notre existence terrestre.

Ils ne nous demandent pas de nous conduire en êtres supérieurs et parfaits. Nous ne sommes pas tenus de faire vœu de pauvreté ou de chasteté, par exemple, pour nous rapprocher de Dieu. Quelques élus seulement sont appelés à un tel sacrifice pour l'amour du Seigneur.

Le commun des mortels doit simplement s'évertuer à être le meilleur possible. Cela n'implique pas le renoncement au bien-être terrestre. Nous avons le droit, voire le devoir d'assurer notre réussite matérielle, ne serait-ce que pour pouvoir en faire profiter nos proches, nos amis et ceux qui sont dans le besoin.

Ce qu'espère notre ange gardien, c'est que cette recherche du bien-être matériel ne nous détourne pas pour autant de notre nature spirituelle. Il nous veut évoluant vers le bien et usant à bon escient de ce qui nous est accordé. Mais il saura aussi nous aider à progresser ici et maintenant.

Les messagers divins ont été envoyés pour aider les hommes dans leur humaine condition, les anges ne sont pas là pour nous pousser à nous transformer en saints et encore moins en anges ! Aussi est-il légitime d'attendre d'eux une aide concrète, faite de conseils et de soutien quand se posent à nous des problèmes très terrestres : choisir une orientation professionnelle, par exemple, vouloir guérir d'une maladie, gagner un procès (à la condition que la cause soit juste) ou encore vivre en harmonie avec son conjoint ou ses enfants. Certains anges, selon la kabbale, on l'a vu, sont même préposés à des aides particulières et précises.

C'est dire qu'il ne nous faut pas tomber, non plus,

dans un excès de modestie vis-à-vis des contingences terrestres. Il est normal et légitime que vous ayez des préoccupations, des besoins, voire des détresses liés à vos conditions matérielles et « humaines » de vie.

L'affectif avec son cortège d'émotions et d'angoisses est également un domaine dont nous n'avons pas à rougir. Prier pour mieux aimer et être mieux aimé n'est pas de nature à choquer ou troubler les anges. Et même s'ils sont asexués, certains, on l'a vu, prêtent à leurs protégés une belle puissance sexuelle. Faut-il le redire ? Les anges nous aiment et nous comprennent dans tout ce qui fait notre humaine condition.

Vous pouvez « tout » demander à votre ange sans fausse honte, si votre demande ne s'inscrit pas bien sûr dans un noir dessein...

Vous avez donc, à portée de main, à portée d'âme, un frère, un ami, un amour, une source jaillissante pour vous désaltérer. Encore faut-il prendre conscience de ce don magnifique que Dieu vous fait et savoir accueillir ce messager du bonheur.

Il est important d'apprendre à entrouvrir la porte de votre moi intérieur, rendre le cadre aussi chaleureux et digne que possible de ce visiteur, accepter de lui accorder enfin la place qu'il mérite dans votre vie, dans votre âme.

Nous vous proposons ici un certain nombre de moyens pour vous mettre dans les meilleures conditions possibles pour accueillir votre ange.

PRÉPARER LE TERRAIN

La première des conditions est de lutter chaque jour, voire à chaque instant, avec persévérance, obstination, contre nos démons personnels, nos tendances mauvaises.

Vous connaissez mieux que quiconque quels sont vos travers et vos défauts. Vous savez fort bien si ce que vous êtes en train de faire va dans le sens du bon et du vrai ou si, au contraire, vous vous laissez aller à des actes ou des pensées dont vous n'avez pas lieu d'être très fier. Alors réagissez !

S'évertuer à privilégier, au long de la journée, les actes positifs et tenter de fuir les éléments néfastes demande certes un peu d'attention. Mais il suffit souvent, lorsqu'on se surprend en flagrant délit de paresse, de vanité, de mensonge, de colère ou de panique par exemple, de redresser la barre avec un sourire. De dire ou de se dire : « Là j'exagère un peu... beaucoup... » et de se reprendre.

Faites-en l'expérience : immédiatement vous vous

sentirez mieux, plus calme, plus détendu, comme si une brise légère de paix se mettait à souffler sur votre esprit. Votre ange gardien alors vous soutient et vous aide à trouver les mots plus justes ou vous donne le courage de mieux finaliser ce que vous êtes en train de faire.

Renouvelez l'expérience et vous constaterez très vite combien elle est source de bonnes petites satisfactions qui rendent la vie plus jolie.

Ne concluez pas hâtivement que la formule est un peu enfantine ou dérisoire, aucun petit bonheur n'est dérisoire et, par touches minuscules, vous pouvez recolorer en gai et agréable les teintes de votre quotidien le plus matérialiste. Sachez que les anges ne peuvent intervenir dans un climat d'extrême perturbation où vous vous laissez aller à vos pulsions néfastes. Aidez-les, ils vous aideront !

Sachez aussi apporter aux autres le calme et la joie : un sourire, une formule aimable, un compliment rendent presque magiquement les rapports plus faciles, plus agréables et donc plus fructueux. Votre sérieux, votre autorité n'en souffriront pas pour autant. Simplement vous créez autour de vous une ambiance positive qui est bénéfique à chacun. Reconnaître aux autres talent, efforts et bonne volonté leur permet de se sentir appréciés à leur juste valeur. Ils ont alors encore plus l'envie de vous aider et de participer activement à vos succès ou joies.

Reproches ou simple indifférence, au contraire, créent un climat de tension où chacun instinctivement cherche à se protéger et se referme sur lui-même. Un esprit, une intelligence en repli ou empreints d'inquiétude seront moins performants, moins efficaces, moins brillants.

Ce changement d'attitude vis-à-vis de votre entourage, si simple à mettre en œuvre, conditionnera déjà beaucoup la couleur de votre vie. Patience et tolérance quand elles s'appliquent aux actes les plus anodins du quotidien enjolivent, illuminent l'instant présent. Savoir dire « merci, bravo, c'est bien, c'est gentil » ne coûte rien et peut rapporter finalement très gros !

Là encore, ne rejetez pas l'idée a priori, essayez : vous constaterez immédiatement comme l'ambiance est plus chaleureuse, plus propice à la réussite de ce que chacun entreprend. De votre conjoint à vos amis, relations de travail ou relations sociales, dans le bus ou dans une soirée, dans une réunion ou à votre poste de travail, vous vous sentez moins tendu, moins stressé, donc plus heureux et plus séduisant, plus aimable (donc digne d'être aimé). Les choses deviennent faciles et vous repoussez ainsi les apparitions des mauvais génies de l'agacement ou de la colère. Cette harmonie toute simple crée déjà un bon climat et, à vos côtés, votre ange se sent davantage en harmonie avec vous.

SE RENDRE DIGNE DE L'AIDE DES ANGES : L'INTROSPECTION

Pour progresser et vous rapprocher de vos anges, prenez le temps chaque jour d'un « examen de conscience » : faites le point de votre journée. Vous repérerez rapidement quels mauvais génies ont l'art de vous tenter... Quelles sont ces petites manies néfastes que vous répétez à l'envi ? Colère, vanité, paresse, révolte, rancœur, mensonges, la séduction des anges déchus sait prendre de multiples facettes et les occasions de leur céder sont nombreuses ; mais il en est certainement auxquelles vous êtes plus sensible qu'à d'autres.

Essayez de définir quelles sont vos plus fortes tentations. Et souvenez-vous que votre ange gardien est capable de dissiper ces ombres, de repousser ces soucis, d'alléger votre karma.

Quand vous aurez mieux cerné quels sont les démons les plus actifs dans votre vie quotidienne, vous pourrez définir un plan de bataille avec votre ange gardien : vous lui demanderez d'être à vos côtés pour repousser en priorité les mauvais génies les plus présents au fil des heures de la journée. Reportez-vous également au répertoire des anges déchus, celui-ci vous aidera à repérer non seulement votre ennemi astrologique défini par la kabbale, mais aussi ceux dont la séduction vous est familière.

Pour faire le point sur vous-même de manière efficace, prenez l'habitude de procéder à une introspection sincère. Mettez-vous au calme dans un endroit où vous êtes confortablement installé. Il ne s'agit pas là de se relaxer. La relaxation a des avantages certains pour être plus détendu, plus à l'aise. Mais elle n'est pas le moyen à utiliser dans la démarche que nous vous proposons. En effet, la relaxation permet de mettre son corps et, dans le même mouvement, son esprit au repos. Alors que au contraire, ici, il s'agit de pénétrer en soi pour analyser son moi profond et le rendre plus attentif, plus réceptif à la force supérieure qui est près de nous, en nous, et qui peut nous guider.

Pour être à l'écoute attentive de la voix de notre ange, il faut respecter certains paliers. Et tout d'abord, bien nous connaître nous-mêmes.

Afin de faciliter cette analyse de votre moi intime, le plus facile est de commencer chaque jour par faire un bilan de ce que vous avez ressenti au cours des heures précédentes. Vous pourrez « regarder », analyser quels ont été vos réactions, vos pensées, vos envies, vos blocages.

- Fermez les yeux, concentrez-vous sur les différents événements de la journée.
- Souvenez-vous de vos agissements, de vos paroles, de votre manière de réagir face aux autres.
- Essayez de reconsidérer ces attitudes avec un œil extérieur.
- Dénombrez les circonstances dans lesquelles vous auriez pu vous montrer plus serein, plus agréable, plus efficace et essayez d'analyser le pourquoi de certaines réactions qui vous satisfont ou qui, a contrario, vous déplaisent.

Cet exercice, que vous ne devez pas considérer comme un pensum ni comme une mise en accusation de vous-même mais simplement comme un bilan fait avec un maximum d'objectivité, va vous permettre de mieux vous appréhender.

En pratiquant quotidiennement cette prise de conscience, vous aurez une vision globale, plus vraie de vous. Et au fil des semaines, vous lirez en vous chaque jour un peu mieux. Vous pouvez même prendre des notes sur ce que vous considérez comme étant les éléments les plus constants qui vous font trébucher. Vous découvrirez aussi les circonstances où vous êtes content, voire fier de vous.

Tout comme vous avez su comprendre la valeur des petits bonheurs, vous saurez débusquer le danger des tentations les plus fréquentes et les dominer.

À la relecture de ces notes, une idée force peut apparaître, une ligne de conduite s'esquisser. Focalisez votre attention sur ce projet.

CHASSER LES MIASMES DES DÉMONS

Peu à peu vous saurez faire le tri entre ce qui est positif en vous et la boue qui encombre votre ego. Pour devenir meilleur et mieux à l'écoute de votre ange gardien, il faut commencer par ce nettoyage intérieur. Il vous apportera déjà un sentiment de profonde satisfaction, un vrai plaisir. Tout comme une douche est délicieuse quand on se sent poisseux et souillé de poussière, ce nettoyage mental va vous rendre plus joyeux, plus heureux. Vous vous sentez plus fort, dominant déjà mieux votre moi intérieur.

Votre ange, ce messager, va vous aider à voir clair en vous-même. Vous ne conduirez plus votre vie en pilotage automatique mais vous serez enfin conscient de l'importance des pensées, des gestes, de réactions de cet être humain qui est vous et que vous apprenez à mieux connaître, à mieux comprendre et donc à mieux diriger.

Peu à peu cet exercice d'introspection va vous devenir indispensable. Tout comme vous n'envisagez pas de commencer ni de finir votre journée sans une toilette de votre corps, vous éprouverez le besoin quotidien de vous retrouver au plus profond de vous-même pour nettoyer, embellir votre âme ; et la rendre plus accueillante.

Votre ange est chaleureux et lumineux, son amour infini, sa bonté inépuisable. Il peut aussi souvent, aussi obstinément que nécessaire, vous soutenir dans cette démarche. Vous sentant prêt et motivé pour faire un travail sur vous-même, il saura guider votre esprit pour découvrir et appliquer des solutions à tout ce qui vous perturbe.

Vous êtes vraiment partie prenante de ce qui se passe en vous. Vous jouez enfin un rôle actif et clairvoyant dans votre propre moi. Cette reconquête de soi apporte déjà un plaisir très fort, vous allez à la conquête de votre « je » intime, vous appréhendez sa vraie réalité. Il n'est plus un magma sombre dont vous subissez les réactions, mais un ensemble de forces que vous dominez un peu mieux chaque jour. Ce que vous ressentez n'est plus un ensemble flou de tricheries avec vous-même, mais, au contraire, cette maison interne qui est votre moi se met en ordre, elle s'organise à chaque introspection un peu plus, un peu mieux. Votre réalité intérieure grandit, forcit comme une plante dont on prend un soin jaloux. Elle s'éclaire : ses zones de lumière peuvent s'étendre ; vous rallumez en vous un feu intérieur et vous vous sentez plus vivant, plus fort et plus heureux. Peu à peu ces moments vont devenir un instant de paix, de bonheur, d'ouverture, le moment privilégié pour que votre ange vous inspire.

Ce travail d'introspection va vous aider également à découvrir la méditation, vecteur idéal pour entrer en rapport avec votre ange gardien.

Car si les anges sont en relation constante avec les humains qu'ils protègent, ces derniers ont plus de difficultés à se mettre en harmonie spirituelle avec les êtres de lumière. Notre ange est présent à tous les niveaux de notre cheminement intellectuel et moral, mais pour que nous puissions plus concrètement profiter de sa présence et de son appui, nous avons besoin d'une mise en condition : conclure la paix avec nous-mêmes, laisser se faire la lumière en nous. Ces exigences impliquent une préparation mentale.

DES ÉTAPES À RESPECTER

Certes, nous sommes aptes à entendre et écouter nos anges, guides spirituels particulièrement attentifs, mais encore faut-il en trouver les moyens et le temps. Pour accéder à ce que nous définirons comme étant le processus de la communication, nous vous proposons une démarche qui respecte certaines étapes.

En matière d'élévation spirituelle, il n'y a pas d'urgence. Sachez prendre le temps d'avancer progressivement, en améliorant lentement, au jour le jour, votre capacité à vous ouvrir au dialogue avec les êtres de lumière. Voici les différentes phases indispensables :

- Chercher en soi les qualités à valoriser, débusquer les défauts qui desservent.
- Prendre conscience clairement de soi et des motivations qui poussent à agir.
- Les lister et essayer d'analyser quelles lignes de force ressortent de ce bilan.

• Essayer d'écouter le point de vue de son ange gardien ; c'est-à-dire, au début, laisser « vagabonder » son esprit autour de ces thèmes pour percevoir ce que vos protecteurs divins vous suggèrent, une nouvelle analyse, une ligne de conduite possible qu'ils tentent de vous montrer. Des solutions pourront vous apparaître auxquelles vous n'auriez pas pensé dans un premier temps. Cette distanciation que vous établissez en laissant votre mental libre crée un espace d'intervention où les anges peuvent inscrire en filigrane aide et conseils.

• Savourez chaque étape de cette évolution que vous avez entreprise. Il n'y a, rappelons-le, aucune urgence.

• Soyez enfant, c'est-à-dire ouvert, pur et capable d'émerveillement. Regardez cette personnalité profonde qui est la vôtre sans a priori, sans angoisse non plus : vous entamez un nouveau voyage et, au bout de la route, vous allez rencontrer un ami fraternel, un allié qui vous aidera à y voir clair.

Ne soyez pas trop sérieux ni tendu, laissez-vous aller, lancez le filet de vos pensées et laissez venir en vous des idées neuves ou novatrices. C'est votre ange qui les envoie.

LE DÉBUT D'UNE HISTOIRE D'AMOUR

Tenter de rencontrer son ange est une démarche très gratifiante, source constante de bonheur et de joie. Vous vous sentirez plus léger, plus libre.

L'introspection, on l'a vu, est le début d'un cheminement spirituel. Vous concentrer ainsi quotidiennement va favoriser vos capacités d'écoute. Peu à peu, ces moments de réflexion deviennent des moments privilégiés, indispensables à votre bien-être. Et cette recherche sur vous-même vous permettra de faire une découverte fabuleuse : chaque jour, un peu plus palpable, vous sentirez une présence, un soutien. Cette rencontre d'abord imperceptible, puis de plus en plus évidente peut changer votre vie comme la rencontre d'un grand amour : vous n'êtes plus seul, vous allez partager tous vos soucis, toutes vos angoisses.

Sachez être ouvert et attentif : des sentiments nouveaux, des couleurs, des images peuvent être les vecteurs qu'utilise votre ange pour vous soutenir. Un sentiment de gêne, de malaise, une impression que tout est gris, triste, sombre peuvent être le signe que vous vous trompez de route. En revanche, une impression de chaleur, de calme, de gaieté peut suffire à vous faire comprendre que vous êtes sur la bonne voie.

Certaines techniques spirituelles recommandent même de se laisser aller à dessiner ou simplement colorier, tout en réfléchissant. Pour mieux comprendre votre ange, regardez le dessin que vous esquissez sans y prendre vraiment garde. Ses tonalités ou ses formes peuvent être révélatrices.

Cette recherche « assistée » va vous permettre de voir s'exhumer beaucoup de sentiments et de ressentis. L'introspection est à la base de la communication avec l'ange, comme une première pierre posée, celle d'un édifice que vous construirez avec lui.

Les anges sauront vous faire comprendre quels sont les écueils à éviter. Recueillez leurs messages au plus profond de votre conscience, ils vous aideront au quotidien.

Réunissez toutes vos énergies mentales, intellectuelles et physiques pour vous concentrer, et vous en ressentirez une harmonie gratifiante. Mais sachez également, à d'autres moments, être attentif aux instants où votre esprit s'échappe de la réalité quotidienne pour voguer dans la rêverie. Alors vous découvrirez des signes, des pensées qui vous mettront sur le bon chemin, qui vous éclaireront.

Quand une situation nous pèse, nous ne pouvons la quitter physiquement mais notre esprit, lui, s'échappe et nous montre souvent la voie à emprunter. Libérez votre mental, vous serez plus réceptif aux indices que vous envoie votre ange gardien.

Vous êtes là au tout premier stade de la tentative de communication. Bien des étapes restent à franchir. Soyez patient. Apprenez à canaliser vos énergies, ne vous dispersez pas. Ce n'est pas, par exemple, la bonne période pour entreprendre une nouvelle activité ou découvrir un hobby. Resserrez au contraire vos centres d'intérêt : cela vous aidera à être plus vigilant, plus réceptif.

ÉLIMINER LES MAUVAISES VIBRATIONS

Communiquer avec son ange apporte joie et paix, et les anges apprécient tout particulièrement que nous nous adressions à eux. Il pourrait donc paraître évident que cette communication puisse être simple, facile et immédiate. C'est oublier que les anges sont de purs esprits et que le langage qui nous est commun n'est pas celui des hommes, mais un langage plus spirituel qui se situe sur un plan plus élevé. Il nous faut donc sortir de nos concepts habituels pour nous élever dans une sphère de communication différente. Il nous faut arriver à nous projeter dans un état de calme, de clairvoyance, de compréhension et d'amour inconditionnel. Il nous faut nous débarrasser de notre boue mentale, orgueil, rancœur, cupidité et autres faiblesses.

Pour établir vraiment une connexion efficace avec notre ange, nous devons d'abord nettoyer notre maison interne, la laver des sentiments mesquins ou tristement terre à terre. Il nous faut éliminer les mauvaises vibrations. Cela n'implique tout de même pas que nous devions être de véritables saints pour avoir la joie de communiquer avec cet être de lumière mais il est indispensable de faire un premier effort pour nous présenter à lui le plus dignement possible.

Chasser les pensées négatives

Elles encombrent votre ego, le tirent vers la rancœur, la lâcheté ou l'orgueil. Elles sont les souillures qui enlaidissent votre intérieur spirituel. Ces pensées négatives savent s'infiltrer à tout propos, à tout moment, dans chaque épisode de la vie quotidienne. Vous êtes alors plus enclin à critiquer, à guetter l'erreur, qu'à comprendre, à pardonner ou oublier. Repérer l'erreur, la faute, la maladresse chez l'autre nous est plus instinctif que la recherche de l'excuse ou de la circonstance atténuante, voire et surtout de nos propres torts.

Pour se débarrasser de ces mauvais réflexes, encore faut-il savoir les débusquer en soi-même. Savoir reconnaître, dès qu'elle pointe, qu'une pensée est négative et non pas juste et vraie, qu'une interprétation est faussée à la base par un sentiment pessimiste ou excessif.

Ainsi, par exemple, l'orgueil ou l'égoïsme engendreront le mépris ou la jalousie. Un sens critique trop développé engendre la culpabilité ou la remise en question systématique, les griefs enfanteront des critiques et des analyses à l'emporte-pièce et injustes, la paresse pousse à la malhonnêteté, etc.

Et rien de tout cela ne vous permettra de parfaire votre existence ni surtout de recevoir l'aide lumineuse des anges bénéfiques.

Débusquer les démons

Deux démons sont particulièrement actifs chez les hommes et les femmes d'aujourd'hui : l'égoïsme et l'orgueil mènent le monde, ouvrant la voie à leurs compères que sont l'arrivisme, les mensonges et tricheries, et suivis allègrement par la paresse, la luxure, l'envie et tous les autres défauts...

L'égoïsme

L'égoïsme est un réflexe premier, un instinct que bien souvent la vie sociale a ancré très tôt dans notre subconscient. Dès la maternelle, le petit enfant, parce qu'il est confronté aux autres, doit protéger son domaine, défendre son territoire. Naturellement prêteur et généreux, il doit apprendre très vite le sens de la possession. Ce jouet, ce crayon, ce cahier sont à lui. Et il se fera gronder s'il les perd. Pensons-nous, nous, les adultes, éducateurs et parents, à lui apprendre le prêt ou la générosité ? Combien de mamans accèdent à la demande d'un bambin qui réclame des bonbons pour les donner à ses copains à la récré ? Pourtant, tout enfant à l'aube de sa vie sociale exprime ce type de désir. La réponse des adultes est souvent négative. De plus, on lui expliquera qu'il ne doit pas prêter ou donner sa jolie écharpe ou échanger sa paire de moufles. Dès l'âge de trois ans, ses petites affaires sont marquées à son nom et une des premières choses qu'on lui apprend, c'est à repérer ce nom sur ses affaires et à veiller à bien les conserver. Très tôt, un enfant qui rapporte un objet ne lui appartenant pas est morigéné, voire soupçonné de larcin… Que Frédérique ou Aurélie aient pu lui offrir une gomme ou un pin's apparaît suspect… Il faut les rendre au petit camarade et surtout ne pas recommencer ! Que nous ne sachions plus comprendre la désolation d'un bambin de quatre ans en larmes parce que la maîtresse lui a interdit de donner ses chewing-gums (ceux qui sont bons pour les dents, serine pourtant la télé !) à la récréation et les a confisqués est très révélateur.

Nous savons expliquer à nos enfants qu'ils doivent être les premiers, les meilleurs… Mais nous oublions de respecter leur richesse instinctive et de valoriser leurs sentiments les plus nobles. Comment s'étonner ensuite que, devenus adultes, ils n'aient plus aucune notion vraie du partage et de la générosité ! Nos éducations ont fait depuis plusieurs générations l'impasse sur certaines valeurs essentielles. Pourtant, et c'est là le plus triste, l'enfant à l'origine est souvent généreux, doux, attentif aux autres, ignorant le racisme et l'intolérance.

Élevé très tôt dans l'art de défendre son petit pécule, il deviendra méfiant, peu prêteur, égoïste et conditionné à œuvrer pour lui-même, uniquement. L'apothéose de cette éducation se traduit chez nos élites, dans la préparation aux grandes écoles, puis dans l'accession aux postes de commande où l'on se vante volontiers d'être un « tueur » ! La lutte effrénée sans concession possible et la loi du chacun pour soi sont érigées en règles de base de la réussite ! Que certains étudiants, pour s'endurcir un peu plus, se lancent dans des bizutages inquiétants, devant des professeurs au mieux indifférents, reste dans la logique du système. Que les mêmes plus tard soient amenés à gérer l'exclusion et à prôner le partage social n'est pas la moindre des aberrations de notre système éducatif !

C'est dire s'il peut être difficile ensuite de commencer sur soi et en soi le grand nettoyage. Apprendre à ne pas être foncièrement égoïste, à ne pas se faire passer avant tout et tous est une démarche qui exige beaucoup d'efforts, d'introspections répétées. En matière d'égoïsme, les anges déchus, nos mauvais génies, œuvrent sur un terrain que nous avons fertilisé dès l'enfance et que la vie sociale et professionnelle a souvent irrigué à l'envi. La compétition sauvage règne depuis l'acquisition du premier emploi pour le salarié de base jusque dans les étages les plus élevés des plus grandes entreprises internationales... Être le meilleur, le plus compétitif, se vendre à tout prix, peu importent les moyens, la fin les justifiant toujours !

L'ennui, c'est que cette « loi de la jungle » procure rarement la sérénité ou le bonheur. Et qu'à force de vouloir « arriver » à tout prix, non seulement on oublie de vivre, mais on se trompe aussi de route et l'on finit par s'égarer. Et votre ange n'y peut rien, car dans cette course folle vous avez totalement oublié sa présence et vous êtes devenu sourd à ses conseils.

Dans ce contexte, repenser une nouvelle définition du bien et du bon pour soi dans l'intimité de son âme n'est donc pas une mince affaire.

Repérer en vous tous les sillons creusés par un égoïsme souverain demandera parfois une longue et fastidieuse remise en cause. Résolution, obstination, courage et prières sauront vous aider.

Voici quelques anges gardiens que vous pourrez tout spécialement prier pour qu'ils vous assistent dans cette démarche.

• **Mahasiah**, de l'ordre des séraphins, qui protège ceux qui sont nés du 10 au 14 avril, accorde une grande force morale pour lutter.

• **Yehuyah**, de l'ordre des vertus, qui protège ceux qui sont nés du 3 au 7 septembre, saura vous aider à découvrir et à débusquer en vous les défauts et les attitudes erronées.

• **Lauviah**, de l'ordre des chérubins, qui protège ceux qui sont nés du 11 au 15 mai, vous aide à abandonner les attitudes perverses et à vous dépasser.

• **Jeliel**, qui protège ceux qui sont nés du 26 au

30 mars, aide à sortir des valeurs conventionnelles pour vivre de façon plus élevée.

L'orgueil

Ce défaut qui découle certainement en partie de l'égoïsme est également le mieux partagé par les humains d'aujourd'hui.

À force de vouloir être les meilleurs et de tenter constamment de nous dépasser dans la vie quotidienne pour faire plus, gagner plus, être plus apprécié, plus aimé, plus reconnu, plus riche, plus drôle, plus intelligent, plus équilibré, plus mince, toujours « plus », il est bien compréhensible que nous finissions plus orgueilleux...

L'orgueil, premier péché d'Adam, est cultivé depuis comme une fleur précieuse au point d'être élevé chez certains au rang d'une vertu. Ce que nous admirons chez ceux qui nous représentent, c'est qu'ils soient sûrs d'eux, toujours époustouflants d'intelligence, de repartie, forts de leur pouvoir, élégants et superbes. Bref qu'ils soient « plus » ! Voire trop ! « Ce mec est trop ! » est aujourd'hui, souvent, un vrai compliment dans la bouche de nos jeunes !

La plus grande et désespérante force de l'orgueil

est sa présence au tréfonds de nous-mêmes : enroulé comme un serpent autour de chacune de nos pensées, de nos tentatives, il règne en maître subtil. L'orgueil ne cède jamais la place avec facilité. L'orgueil, péché de Satan, péché originel... Le combat doit être constant.

Les anges connaissent la persistance légendaire de la bête. Ils sont là pour nous insuffler la force d'y résister et nous rappeler sans cesse que la vraie voie de l'élévation passe par une patiente recherche de l'humilité, cette fertile disposition à recevoir les forces d'en haut.

Demander à nos anges gardiens de nous aider à nous défaire de ce démon intérieur si brillant, si séduisant, si gratifiant en apparence qu'est l'orgueil est indispensable. En effet, le travers est puissant, ancré et têtu. La lutte sera âpre, longue et douloureuse.

Voici la liste des anges qui peuvent tout particulièrement vous soutenir pour lutter contre l'orgueil, avec, pour certains d'entre eux, le type de prière que vous pouvez réciter.

(Ces textes de prière sont extraits du *Grand Livre des invocations et des exhortations*, par Haziel, éd. Bussière.)

- **Jeliel**

De l'ordre des séraphins, qui protège ceux qui sont nés du 26 au 30 mars.

« Protège-moi, brillant Seigneur des concepts, du péché d'orgueil,

« pour que je puisse apporter clarté là où règne la confusion. »

• **Lauviah**

De l'ordre des chérubins, qui protège ceux qui sont nés du 11 au 15 mai.

« Ô Lauviah, détruis mon orgueil, mes vains désirs.

« Que je puisse, ô Lauviah, être un exemple des vertus qui émanent du Maître du monde, ton Roi, mon Père. »

• **Caliel**

De l'ordre des trônes, qui protège ceux qui sont nés du 16 au 21 juin.

« Permets, Seigneur, que mon intelligence soit toujours au service des causes justes.

« Libère-moi de la tentation d'utiliser mon ingéniosité dans le vain étalage de mes facultés. »

• **Seheiah**

De l'ordre des dominations, qui protège ceux qui sont nés du 8 au 12 août.

- **Vasariah**

De l'ordre des dominations, qui protège ceux qui sont nés du 29 août au 2 septembre.

« Vasariah, Tu as mis, Seigneur, une bien lourde tâche sur mes fragiles épaules (...).

« Si je suis obligé d'être le véhicule de ta sévérité, aide-moi pour que je ne sois jamais insolent ou orgueilleux, en énonçant des sentences.

« Aide-moi à ressentir pour mes frères, que je juge, une solidaire sympathie, qui rendra plus supportable le poids du châtiment.

« À tout moment et en tout lieu, fais que je sois un modeste serviteur de ta Loi et non le bras arbitraire d'un terrestre et injuste pouvoir. »

- **Sehaliah**

De l'ordre des puissances, qui protège ceux qui sont nés du 3 au 7 novembre.

- **Nanaël**

De l'ordre des principautés, qui protège ceux qui sont nés du 13 au 16 décembre.

« Nanaël, ne permets pas que ta Lumière m'éblouisse et qu'elle fasse de moi un être orgueilleux et insolent.

« À tout moment et en tout lieu, je veux être de ton Dessein l'humble artisan. »

RECHERCHER LES BONNES VIBRATIONS

Pour entrer en harmonie avec notre ange, il faut aussi embellir notre demeure intérieure et son environnement.

Plus de tolérance, plus d'amour sauront éclairer et réchauffer le petit univers où vous voulez accueillir votre ange gardien. L'amitié, la tendresse, la générosité vont créer les conditions favorables à un dialogue facile avec le messager divin.

S'aimer soi-même et aimer les autres

On ne peut rien établir à l'extérieur qui n'ait été auparavant établi pour soi-même...

L'harmonie de nos relations aux autres dépend d'abord de l'harmonie que nous avons su ou non instaurer en nous. S'il est évident que celui qui ne s'aime pas ne saura pas aimer l'autre, la gageure peut apparaître à nombre d'entre nous difficile, voire insurmontable. Car il ne s'agit pas là de nous aimer nous-mêmes par orgueil mais de nous aimer modestement, en toute humilité avec nos qualités et nos défauts.

Or peut-être nous a-t-on donné une grille de lecture de ces qualités et de ces défauts qui fausse a priori les interprétations.

Ne faut-il nous aimer que lorsque nous correspondons à un pseudo-idéal contemporain : réussite, performance, entraînant dans leur cortège, au mieux, la respectabilité et la fortune ?

Nous aimerons-nous vraiment parce que nous essayons chaque matin de mieux correspondre à ce que les autres attendent de nous ?

Nous aimer exige-t-il que, maladroits et angoissés, nous tentions chaque jour, obstinément, de rejoindre le troupeau de nos semblables, silencieux, efficaces et soumis, ne posant aucune question, seulement tendus vers le but commun : mieux produire pour vendre davantage et enrichir chaque jour un peu plus nos nations riches ?

N'est-il donc possible de ne s'aimer que par égoïsme, par orgueil, par paresse ou par lâcheté ?

Ou faut-il se fustiger chaque jour ne n'être pas assez ceci ou cela ? Pas assez bon, pas assez volontaire, pas assez raisonnable, pas assez concerné, pas assez prudent ou généreux ?

Il est vrai que la démarche d'amour à notre propre égard est, pour nombre d'entre nous, difficile à entreprendre. Avec en prime, sous-jacent, ce damné orgueil qui trouverait pleine satisfaction à nous croiser fiers ou contents de nous. Parce que là encore l'orgueil entre en ligne de compte. Ou nous nous glorifions de nos prouesses et ce n'est plus de l'amour mais du narcissisme, ou nous nous condamnons, nous ne nous estimons pas « à la hauteur » et là encore c'est l'orgueil qui nous inflige cette mauvaise idée de nous-mêmes.

Nous aimer vraiment n'a rien à voir avec ces exigences : il s'agit de chérir en nous les créatures de Dieu, imparfaites car humaines mais perfectibles. Il faut bien commencer à nous intéresser à nous avec un rien d'amitié, si nous voulons être dignes de l'amour de cet ange gardien qui, lui, accepte nos défauts.

Puisque vous croyez en lui, puisque vous voulez trouver ici les moyens de mieux correspondre avec lui, faites-lui, faites-vous déjà l'amitié de vous sentir concerné par cet ego intime qui parfois vous rebute.

Partez à la recherche, chaque soir, au cours de votre introspection, de ces parcelles de vous-même dont vous pouvez être, en toute modestie, fier. Sans autocomplaisance, sans cultiver à outrance l'irresponsabilité, essayez de définir vos points positifs.

Prenez un papier, faites deux colonnes. Sur celle de gauche, pourquoi ne pas inscrire honnêtement ce qui vous semble positif, voire bon, en vous ? Sur celle de droite, listez ce que sont à votre (humble !) avis vos défauts. Comparez, le plus objectivement possible, ces deux listes.

Dès la première lecture de ces listes, des correspondances évidentes vous apparaîtront. Chaque personnalité est un enchevêtrement de particularités interactives. Nous sommes souvent comme un *no man's land* où s'affronteraient et se répondraient bons anges et mauvais génies... Redécouvrir cet état de fait va vous permettre déjà, dans un premier temps, de voir s'inscrire les domaines de prédilection de vos qualités et de vos défauts.

Le puzzle de votre moi sera alors moins en désordre et vous pourrez mieux définir les angles d'attaque vous permettant de modifier, de structurer ce désordre interne.

De cette maïeutique souvent douloureuse naîtra un portrait qui, à première vue, n'est ni tout à fait vous-même, ni tout à fait un autre, mais que vous devez aimer et comprendre...

Quand vous aurez ainsi fait les comptes de votre moi, vous reconnaîtrez, dans l'anarchie apparente, les lignes de force des puissances angéliques et celles des puissances démoniaques. Vous saurez alors quelle est l'unité vers laquelle tendre. Vous découvrirez en quoi, et où, vous modifier pour évoluer.

Dès cette première étape franchie, vous vous comprendrez mieux et commencerez à vous aimer.

Vos rapports aux autres en seront immédiatement améliorés. Plus serein, plus tranquille, plus sûr, vous émettrez des ondes positives.

Bien, ou en tout cas déjà mieux, dans cette tête qui est la vôtre, plus en harmonie avec votre ego, vous pourrez apparaître sympathique, sécurisant, aimable.

Et par un effet d'écho, toujours vérifié, en amour, en amitié et dans l'ensemble des relations humaines, vous serez plus recherché, plus apprécié, plus aimé. Sont-ce les ondes que nous émettons, est-ce l'intuition qui prévient nos interlocuteurs, toujours est-il que nos sentiments et leur évolution se reflètent très souvent dans le ressenti de ceux qui sont concernés.

Plus à l'aise avec vous-même, plus tolérant, plus conciliant, vous le deviendrez aussi avec les autres. Et se créera autour de vous une aura de sérénité bienfaisante. Celui qui y sera le plus sensible, qui vibrera en écho le plus fort, c'est votre ange gardien, cet esprit de lumière qui n'est qu'attente et espoir à votre égard. Alors il pourra vous aider à parfaire vos relations avec votre entourage et vous éclairera dans vos rapports avec autrui.

D'autant que découvrir et désenchevêtrer le labyrinthe de nos bonnes et mauvaises pulsions nous fait mieux entrevoir la complexité de l'âme de ceux qui nous entourent. Cela aussi va nous aider à les estimer davantage. Cet autre qui se montre agressif porte aussi en lui des qualités plus ou moins asphyxiées dans le dédale de ses contradictions. Vous aurez envie de lui tendre la main, de chercher le positif en lui. Ce premier pas enjolivera vos relations et vous serez rarement déçu. Certes d'aucuns sont sciemment mauvais, hargneux et profiteurs, ils n'attendent de vous que vos trébuchements. Mais ils ne constituent pas la majorité, tant s'en faut. La plupart de nos pairs sont comme nous avides d'amour, de compréhension, de paix et de rapports harmonieux. N'oubliez jamais que l'harmonie est le royaume de prédilection des anges.

Éloigner les perturbateurs

Vos introspections vous permettront d'être plus clairvoyant, plus intuitif, plus sensible aux ondes émises par les autres. Vous saurez mieux et plus vite trier le bon grain de l'ivraie. Si dans notre entourage, certains nous nuisent délibérément, si d'autres se contentent de nous faire souffrir en n'appréciant jamais notre juste valeur, si modeste soit-elle, sachons éliminer de notre environnement ces porteurs de souffrances et de malheur. Décider de ne pas revoir une personne qui vous veut ou vous fait du mal peut être une décision courageuse et sage, génératrice de bien-être. Préférez cet éloignement à toute idée négative de vengeance : les anges ne favorisent jamais ce genre de dessein.

Évitez aussi bien ceux qui vous mésestiment ou ne vous aiment pas. Il est ainsi des êtres qui ne nous abordent et ne nous considèrent que sous un angle négatif, qui nous trouvent tous les défauts et les inconvénients de la terre. Avec eux, le moindre de nos gestes ou de nos dires est mal interprété et mal reçu. Dans ce cas, pourquoi faire preuve d'un masochisme obstiné ? Il y a d'autres personnes à fréquenter.

Tout comme nous avons chassé les pensées négatives et fait la guerre à nos démons intérieurs, sachons fuir ceux qui assombrissent notre vie. Pourquoi cultiver la rancœur à chaque rencontre, réalimenter le mépris ou la haine ?

De deux choses l'une : ou bien un dialogue vrai peut aplanir les incompréhensions mutuelles, ou le courant est définitivement déphasé, source uniquement de courts-circuits : dans ce cas, il faut savoir, pour la paix et la sécurité de chacun, débrancher, couper court définitivement.

Sinon, vous cultiverez à l'envi la rancœur et le désappointement et sur ces terres-là votre ange ne vous suivra pas.

L'idée en somme n'est pas de s'améliorer au nom de la morale mais d'ouvrir la voie aux aides qui nous viennent d'en haut. Or, que vous demandiez aux anges de recevoir la grâce ou juste un modeste salaire, il faut que cette voie soit libre.

La méditation, en ce sens, peut vous apporter beaucoup. Encore faut-il savoir comment l'aborder.

Apprendre à méditer pour ouvrir la voie

Les soucis terre à terre, qui sont le lot de tous, ont une fâcheuse tendance à voler la vedette à nos meilleures intentions et à refaire surface au détour d'une pensée... Démons familiers, chronophages et perturbateurs, ils désarment difficilement.

Pour ne pas céder à leur trouble séduction (s'occuper de nos soucis, quoi de plus naturel !), la volonté seule ne suffit pas toujours.

Afin de mieux se concentrer, il existe des techniques que les sages et les maîtres spirituels recommandent depuis des siècles. Si vous éprouvez parfois une difficulté à faire le vide en vous, à vous débarrasser de pensées parasites, sachez que la pratique de la méditation est favorisée par certaines conditions.

Une position favorable

• Asseyez-vous confortablement, le dos bien droit, les pieds bien à plat. La droiture parfaite de votre dos est importante. Elle rééquilibre la position du corps et permet de se mettre en perception tendue vers le haut. Chaque muscle, chaque organe prend sa place sans qu'aucun élément gêne l'autre. C'est la mise en paix du corps lui-même qui va permettre la mise en paix de l'esprit.

• Concentrez-vous ensuite sur votre corps, commencez par vos pieds, puis, lentement, remontez le long de vos jambes. Soyez attentif au battement du sang dans vos veines. Puis remontez mentalement le long de votre colonne vertébrale en poussant vos pensées le long de cet axe qui soutient votre être physique. Déjà une sensation de bien-être vous envahit. Une impression de régénération, vous vous sentez en parfait équilibre et cet équilibre physique s'inscrit aussi dans votre mental.

• Il est temps alors de vous concentrer sur votre respiration. Respirez profondément, lentement comme pour ventiler votre organisme tout entier.

Cette haleine de vie doit vous pénétrer au plus profond.

• Quand vous respirez, imaginez qu'en expirant vous rejetez vers l'extérieur vos mauvaises pensées, vos mauvaises actions, les tensions et les angoisses. Puis laissez votre respiration redevenir naturelle sans plus y penser.

• Imaginez-vous éclairé par le haut, et essayez de vous imprégner de cette lumière.

• Si votre esprit se détourne, repensez à la lumière qui vous domine, puis reconcentrez-vous sur votre respiration.

• Imaginez ensuite que vous êtes en relation avec le centre de la Terre par d'immenses racines et en relation avec le ciel par d'immenses faisceaux lumineux qui descendent vers votre tête. Vous vous sentez en communion avec l'univers, vous êtes à la fois unique et simple maillon d'une chaîne infinie. Et vous puisez votre énergie à cette source universelle.

Votre esprit sera alors parfaitement apte à recevoir les conseils et les forces angéliques.

Un lieu privilégié

Pour pratiquer cette méditation, installez-vous de préférence toujours au même endroit, dans un premier temps. Trouvez un local, un lieu où vous vous sentez à l'aise, tranquille et en paix. Préférez également un endroit joli, élégant, bien ordonné ou encore qui vous ressemble. En tout cas, un lieu qui est bien à vous et où vous ne serez pas dérangé.

Certains gestes, certains rites peuvent vous aider à vous mettre en condition.

• Allumer une bougie. La bougie est un objet un peu magique : une seule bougie peut en allumer des dizaines d'autres sans que sa flamme pâlisse ni diminue. En cela, elle peut symboliser la lumière que votre ange porte et vous apporte, toujours belle, puissante et sereine.

• Allumer un bâton d'encens, pour que ces moments de paix et de réflexion aient une odeur particulière que vous associerez au plaisir de la rencontre.

• Cueillir une fleur fraîche, en respirer le parfum. Ce rite répété prend les couleurs de la joie et de la sérénité.

• Palper une pierre ronde et douce peut vous permettre de vous sentir en relation privilégiée avec un élément durable de la Création. Les pierres sont à la fois mémoire, vie et continuité du cosmos. Inaltérables et fortes, elles peuvent vous aider à vibrer en communion avec lui.

Pour calmer votre esprit, établir la sérénité, un geste répétitif ou un regard vers une pierre peut suffire.

• Contempler une statue d'ange ou une image d'ange. Sans introduire dans cet acte aucune superstition, mais simplement pour matérialiser votre rencontre, votre dialogue.

Cette utilisation d'objets ou de gestes symboles va vous aider à créer autour de vous un havre de sérénité. La formule a fait ses preuves depuis des millénaires. Le moulin à prières des moines tibétains, le chapelet ont ainsi, par exemple, rempli un rôle de support pour la méditation et la prière. Et les lieux sacrés comme les temples ou les églises invitent au recul, à la méditation et permettent d'entrer en relation avec le divin.

Quand vous aurez ainsi défini un espace lié à la méditation et à ses rituels, le simple fait de vous en approcher, de vous y installer créera les conditions de bien-être et de calme dont vous avez besoin.

Cet endroit deviendra un peu comme un magasin d'énergie, une source. Retrouvez et quittez cette place toujours avec amour et respect. C'est un lieu de rencontre, de rendez-vous avec vous-même et avec votre ange.

Patience et répétition

Cette mise en condition, aussi bien mentale que géographique et physique, est indispensable au début pour se concentrer vraiment.

Et ne vous découragez pas ! Il se peut que, certains jours, vous soyez trop encombré de pensées annexes, de soucis ou d'incrédulité. Des pensées négatives, vos démons intimes volent la vedette, vous envahissent : vous vous jugez stupide d'attendre du secours de vos anges, ou indigne de les recevoir. Ces élans de doute sont inévitables et ne doivent, en aucun cas, vous désespérer. Le doute est naturel, humain ! N'abandonnez pas pour autant.

Soyez modeste, humble. Le chemin que vous voulez emprunter est ardu, difficile. Il ne faut pas en attendre une transformation totale, soudaine et définitive, et des miracles par-dessus le marché ! Votre évolution spirituelle va se faire lentement, par à-coups, avec des instants de certitude merveilleuse et des épisodes plus troublés. Mais souvenez-vous que votre ange connaît vos mauvais penchants et vos incapacités. Il saura vous aider, veiller à vous encourager quand vous faiblissez. C'est pourquoi accepter un certain rituel permet de prendre le temps, de laisser venir à soi la lumière des forces supérieures.

Au début vous aurez besoin de solitude, de rites, mais, par la suite, vous saurez procéder à une introspection rapide à chaque fois que vous en aurez besoin. N'importe où, au bureau ou dans la nature, vous saurez vous connecter à votre ange, être à l'unisson avec lui, capter les messages de son intelligence angélique qui vous protège et vous donne force et lucidité.

Mais il vous faut auparavant acquérir une vraie maîtrise sur vos pensées. L'imagination, cette folle du logis, et les mauvaises pensées ou les démons ont l'art de vous distraire et de vous accaparer.

En attendant ces temps heureux où vous serez en communication facile avec votre ange, il vous faut développer votre faculté de concentration et d'écoute. C'est pourquoi, dans un premier temps, la répétition fréquente, la petite cérémonie de mise en condition peuvent vous aider. Ce n'est pas par hasard que les religions recommandent de multiplier les prières : par exemple, les musulmans croyants prient systématiquement cinq fois par jour. Ce rituel qui s'inscrit aussi dans l'espace physique (ils se tournent en direction de La Mecque) participe à la vitalité de leur spiritualité.

En répétant vos séances d'introspection, vous acquerrez lentement, mais chaque jour un peu plus, une clairvoyance apaisante. Vous vous sentirez plus équilibré, plus fort. Stress, angoisses, doutes auront moins de prise sur vous. Vous serez plus disponible pour voir et entendre les autres, tous les autres. Et en particulier votre interlocuteur privilégié, celui qui ne vous veut obstinément que du bien, votre ange gardien.

Une quiétude douce baigne votre vie quotidienne et ouvre la porte à tous les messages, tous les enseignements. Vous retrouvez cette faculté de l'enfance : être ouvert et perméable, prêt à tout apprendre avec facilité ; véritable page vierge où tout peut s'inscrire avec clarté. L'esprit des enfants n'est encombré ni de doutes ni d'a priori ou de craintes. Cette disponibilité bienheureuse, que vous allez retrouver, va atténuer toutes les agressions extérieures, gommer peu à peu les écueils. Votre esprit libéré sera plus vif, plus performant. Ces effets seront rapidement très sensibles dans votre vie quotidienne. Vous travaillerez mieux, plus vite, vous serez plus attentif. Vous réussirez mieux tout ce que vous entreprendrez.

II

Prier les anges

Le rôle premier de votre ange gardien est d'être un messager ; il se charge d'apporter vers vous la lumière divine, il est ange de pénitence qui transmet la punition et aussi le pardon de Dieu, mais il est également investi d'un autre ministère : porter jusqu'à Dieu, être d'amour, les prières et les suppliques des hommes.

En contemplant continuellement la vision du Père qui est dans les cieux, il prie et travaille avec nous, pour ce qui est possible des choses que nous demandons. L'ange gardien s'unit à la prière de son protégé et la porte jusqu'à Dieu.

Au cours de l'oraison de la messe des Archanges (le 29 septembre) et de celle des anges (le 2 octobre), le prêtre prie pour que l'offrande de l'Église soit portée vers le Seigneur par les mains des anges et qu'elle devienne pour tous les hommes source de pardon et de salut.

La prière est donc un vecteur privilégié pour entrer en relation avec Dieu et avec son ange gardien.

Mais prier est difficile. Nous l'avons vu, Satan (et son armée d'acolytes démoniaques) sait mieux que quiconque que la prière est une preuve d'amour et de soumission que les hommes envoient vers le Créateur. Aussi tente-t-il obstinément de nous empêcher de prier. Nous nous retrouvons alors dans cette dualité terrible qui rarement fait relâche en nous : la lutte entre le bon et le mauvais. En faisant appel à notre ange, nous réveillons l'attention de notre démon toujours en alerte : nous ouvrons une porte pour lui échapper, il est donc, dans sa damnée vigilance, immédiatement à l'œuvre pour nous détourner. Chaque prière est une atteinte à Satan, qui le supporte très mal : il entraîne donc aussitôt notre esprit vers d'autres sujets de préoccupation plus terre à terre…

Cette vigilance jalouse de Satan est la preuve, s'il en fallait une, que la prière est une solution merveilleuse pour se rapprocher de son ange et de Dieu. Quand la difficulté de prier surgit, la meilleure formule pour décourager votre démon est de vous obstiner à poursuivre votre prière. Entrez dans une prière-litanie en répétant sans cesse les mêmes formules jusqu'à ce que le démon se décourage et soit repoussé loin de vous.

Vous pouvez réciter un psaume, toujours le même, que vous avez choisi parce que à la première lecture il vous a ému ou troublé.

Vous pouvez aussi prier saint Michel, qui selon les Textes sacrés a toujours su terrasser les démons. Voici une prière que le pape Léon XIII a écrite :

PRIÈRE À SAINT MICHEL

Saint Michel Archange, défendez-nous dans le combat.
Soyez notre secours contre la malice
et les embûches du démon.
Que Dieu exerce sur lui son empire,
nous le demandons en suppliant.
Et vous, Prince de la milice céleste,
repoussez en enfer, par la vertu divine,
Satan et les autres esprits mauvais
répandus dans le monde pour perdre les âmes.

Vous pouvez aussi inventer une formule qui sera la clef ou le signal de connivence entre votre ange gardien et vous.

Pour chaque ange gardien ont été publiées des prières spécifiques auxquelles vous pouvez vous référer (voir bibliographie en fin d'ouvrage).

L'une d'entre elles est citée comme étant une prière d'introduction pour entrer en communication avec son ange gardien. Nous vous la proposons en exemple.

PRIÈRE D'INTRODUCTION

Adorable (nom de l'ange gardien),
mon ange gardien
et frère aîné vénéré,
Que ta Lumière éclaire et renforce ma volonté.
Que ta Sagesse se manifeste en moi et par moi
sous la forme de l'Amour.
Que ta Toute-Puissance créatrice m'induise à bien agir,
toujours avec prudence.
Aide-moi à pénétrer le mystère de ta divine face,
de ta sublime présence.
Ouvre-moi la porte de ton monde resplendissant
afin que je trouve mon chemin
dans mon monde humain.

Source : *Communiquer avec son ange gardien*, par Haziel, éd. Bussière.

Votre prière d'introduction, de mise en condition, peut être très longue ou n'être qu'une simple phrase. Nous n'irons pas jusqu'à dire que peu importe le choix, mais c'est à chacun de privilégier les mots qui lui semblent les plus justes, les plus forts et que vous pourrez répéter longuement, pendant plusieurs minutes, si cette litanie vous permet de mieux vous concentrer et de chasser les esprits importuns.

COMMENT PRIER

La prière ne peut pas et ne doit pas être un moyen de demander au ciel des faveurs qui flattent notre égoïsme. Il ne s'agit pas d'interpeller notre ange pour la satisfaction de nos petits besoins matériels. Nous l'avons vu, les anges connaissent notre humaine condition dans tout ce qu'elle comporte de difficile, de douloureux, voire de désespérant parfois. Ils sont prêts à comprendre que notre bien-être matériel puisse conditionner favorablement notre destin et ils sont très ouverts à toutes nos requêtes, mais ce ne sont pas des magiciens. Les déranger pour obtenir des puissances célestes le remboursement magique de votre découvert bancaire, par exemple, ne marche pas à tous les coups.

En revanche les anges, et en particulier votre ange gardien, s'ils vous sentent sincèrement désespéré face à une situation imprévue, peuvent vous aider à trouver une formule non pas magique mais logique, concrète et efficace. Ils peuvent vous souffler une idée originale pour dynamiser vos projets, vous offrir l'opportunité d'un nouveau contrat ou rappeler vos capacités ou talents au bon souvenir d'hommes ou de femmes ayant les moyens matériels de vous aider. Vous direz alors : « C'est un vrai miracle ! » En réalité, c'est l'inspiration angélique qui vous a aidé et a recréé pour vous un climat favorable. En cela, la présence des anges auprès de nous est un don inestimable que nous fait le ciel.

Pourtant, n'oubliez jamais la formule : « Aide-toi, le ciel t'aidera ! » Votre ange gardien attend de vous que vous mettiez en œuvre tout ce qui est en votre pouvoir pour améliorer et votre vie matérielle et votre vie spirituelle. Plus vous serez un artisan attentif et efficace de votre propre évolution, plus vous développerez de bonne volonté, plus votre ange vous soutiendra et dynamisera vos efforts. Les prières que vous lui adresserez seront alors entendues, écoutées et exaucées.

Dans certains cas cependant, vous ne saurez définir réellement ce qui, au bout du compte, concrètement, est au sens fort du terme « bon » pour vous. Parfois nous pouvons désirer sincèrement et ardemment un événement qui ne nous est pas aussi bénéfique que nous le pensons. C'est pourquoi il faut toujours demander que la volonté de Dieu soit faite. Il sait mieux que nous ce qui nous convient. Vous avez demandé telle faveur et elle ne vous est pas accordée ? Ne vous rebellez pas, et ne dites surtout pas que « cela ne sert à rien de prier ». Suppliez votre ange gardien de vous aider selon la volonté divine : vous serez alors étonné d'obtenir beaucoup mieux que ce que vous aviez prévu. Un ange n'a-t-il pas dit : « Dieu vous ferme une porte, il vous ouvre un portail » ?

Pour qu'une prière soit exaucée, lancez-la du plus profond de votre cœur et de votre âme, en y mettant tout l'amour et toute la sincérité, toute la bonne volonté possibles. Priez pour le bien, pour le mieux, en effaçant au maximum toute trace d'intérêt ou d'égoïsme. Votre ange alors portera votre supplique vers Dieu avec ferveur et vous serez entendu.

PRIER POUR LES AUTRES

Le plus beau cadeau que vous puissiez faire à votre ange, c'est de lui prouver votre bonne volonté et votre bonté. Sachez prier pour les autres, vos proches bien sûr, mais aussi tous les autres, même ceux que vous considérez comme vos ennemis. Cette générosité d'âme vous apportera beaucoup. Vous vous sentirez plus calme, plus en harmonie avec votre partenaire spirituel et vous serez plus réceptif encore à ses messages.

Ne soyez pas découragé, dans vos tentatives, par l'intervention de votre démon qui viendra semer le trouble. « Prier pour ton ennemi est de ta part intéressé, tu le fais pour ton propre bien, pas pour celui de ton ennemi », vous souffle-t-il.

Et cette analyse vous déstabilise. N'a-t-il pas raison, le Diable ? Cette remise en cause de vos meilleurs élans est bien signée par Satan, qui joue à vous faire croire à une terrible lucidité sur vous-même. Ne vous laissez pas impressionner. Priez « vraiment » pour vos ennemis, pour que Dieu les éclaire et les aide à abandonner leurs mauvais desseins. Obstinez-vous dans la voie du meilleur. Reprenez votre prière le plus sincèrement possible avec une ferveur renouvelée. Et répétez-la aussi longtemps que des pensées annexes essaieront de troubler votre esprit. Votre ange vous aidera à repousser ces mauvaises pensées et à purifier chaque jour un peu plus votre âme.

PRIER AVEC LE CŒUR

Certains avouent ne pas savoir prier, le regrettent… et s'arrêtent là. « Je ne sais que dire, que demander, j'ai un peu honte... » ou encore « je trouve mes suppliques toujours embourbées d'intérêt, d'égoïsme », ou « je suis trop indigne ». Cette dernière formule, sous ses airs modestes, est en fait d'un orgueil fou. Seul Dieu ou votre ange peuvent juger de votre indignité. Et à la limite, plus vous êtes coupable et plus la prière est indispensable à votre salut. S'affirmer coupable et baisser les bras est somme toute une attitude de facilité. Dieu vous a donné le libre arbitre : si vous avez le loisir de pécher, vous avez aussi la possibilité de vous repentir et de continuer la longue route de l'élévation spirituelle.

Quant au problème des mots que vous ne trouvez pas, il est aussi fallacieux. Commencez par une prière-litanie puis laissez aller votre cœur. Des mots, des phrases, des ressentis vous viendront à l'esprit. Parlez à votre ange comme à votre ami le plus cher : il l'est. Vous n'avez pas muselé votre propre pensée ; votre esprit n'est jamais vide : vous réfléchissez, vous éprouvez des sentiments, des regrets, des doutes, exprimez tout cela le plus honnêtement possible, le plus modestement. Votre ange comprend le langage timide ou encombré de votre âme. Il vous aidera à voir plus clair en vous. Après les introspections (recommandées en début de chapitre), vous connaissez mieux les points d'achoppement de votre conscience. Vous avez repéré vos faiblesses et les tentations que vous imposent vos démons familiers. Priez pour être apte à les dépasser, à les dominer.

Priez avec votre cœur : les mots viendront et, s'ils ne viennent pas, mettez-vous simplement en disponibilité, en attente du souffle divin.

Et si vous ne pouvez pas prier pour vous, encore une fois priez pour les autres, pour les démunis, les condamnés, pour tous ces peuples qui souffrent et ne peuvent même pas se nourrir et nourrir leurs enfants. Priez pour l'humanité. Elle en a besoin. Cette démarche altruiste vous aidera à monter la première marche de votre élévation et entrouvrira la porte vers votre ange gardien. Vous vous sentirez plus calme, plus serein, meilleur.

La prière est un baume qui soulage et revigore l'âme. Elle adoucit les douleurs et panse les plaies. Elle favorise la méditation et la paix. Elle est le langage qu'entend toujours votre protecteur, aussi frêle et timide que soit votre appel.

III

Écouter son ange

Vos introspections et vos prières vous ont permis d'entrer chaque jour un peu plus en relation avec cet être de lumière qui vous aime et vous protège. Vos efforts quotidiens ont établi des vibrations positives qui vous permettent désormais de vous sentir chaque jour en harmonie plus grande avec lui. Vous avez appris à vous adresser à lui, à le faire participer à chacune de vos décisions, à lui accorder une vraie place dans votre cœur et dans votre âme. Sa présence spirituelle vous réconforte et vous réchauffe. Mais vous avez encore du mal à l'entendre.

Nous avons vu que la communication avec les messagers de Dieu se fait sur un plan spirituel différent des relations humaines. Elle exige des conditions un peu particulières, un plan vibratoire plus élaboré. Pour vous mettre sur la bonne longueur d'ondes, c'est-à-dire à l'écoute instinctive, attentive, humble et sans idée préconçue, oubliez votre cartésianisme.

Bien sûr votre ange gardien a la possibilité, quand

la nécessité s'en fait sentir de manière urgentissime, de se matérialiser pour vous apparaître. Mais cet événement prodigieux ne peut être qu'exceptionnel et reste réservé, en tout cas quand il est fréquent, à des hommes ou à des femmes dont l'élévation spirituelle force l'admiration. Certains saints ou grands initiés dialoguent avec les plans supérieurs et évoluent dans des sphères inaccessibles au simple mortel embourbé dans son humaine condition. Vous rejoindrez peut-être un jour ces privilégiés, mais, dans un premier temps, sachez déjà reconnaître les signes que vous envoie votre ange gardien.

Ces signes sont de plusieurs sortes. Tous ceux que la fréquentation assidue de leur ange gardien a rendus plus réceptifs nous avertissent de l'importance de certains phénomènes.

CE QUE VOUS POUVEZ « SENTIR »

Les témoignages au sujet de ces sensations troublantes sont multiples de la part de ceux qui nous ont précédés sur la voie de la rencontre avec un ange.

L'on peut ainsi répertorier beaucoup de signes de nature différente qui peuvent être interprétés comme des appels de phares envoyés par votre protecteur.

• L'ange se manifeste souvent par un souffle ou une pression plus ou moins violente quand cela s'impose. Untel s'est senti repoussé vers le trottoir quelques dixièmes de seconde avant qu'une voiture folle ne vienne le frôler et ne l'évite comme par miracle. Un journaliste célèbre, Pierre Jovanovic, raconte dans son livre *(Enquête sur l'existence des anges gardiens*, éd. J'ai lu) comment il s'est penché soudainement sur le côté, alors qu'il conduisait, une fraction de seconde avant qu'une balle ne percute son pare-brise à la hauteur de sa tête.

À y bien réfléchir, vous découvrirez comme il est relativement fréquent que quelqu'un raconte de quelle manière, à quelques instants près, il a échappé au pire.

— J'ai ralenti pour mieux entendre le dernier mouvement de la *Symphonie du Nouveau Monde* et j'ai ainsi pu freiner in extremis, à la limite du carambolage.

— J'ai traversé sans aucune raison la rue, loin de tout passage clouté, comme poussé par une main, et sur le trottoir que j'ai quitté, j'ai vu, tétanisé, un petit échafaudage s'effondrer à l'emplacement où j'aurais dû me trouver.

— Mon fils s'est précipité vers moi pour me demander de boutonner son blouson (cela ne lui arrive jamais) et un camion a dévalé à toute allure devant notre porte à l'instant où mon enfant aurait dû s'engager pour traverser.

Ces « coïncidences » souvent miraculeuses sont révélatrices de l'intervention d'un ange gardien attentif.

Mais l'effet peut être plus léger, plus discret : un simple souffle, l'impression d'un zéphyr qui vous frôle, la sensation que l'on vous retient ou que l'on vous pousse doucement vers une autre direction. Ces détails curieusement vous interpellent, vous font ralentir ou hésiter. Le phénomène peut se produire alors que vous avez une décision à prendre, une voie à choisir. Cette impression d'être poussé ou retenu doit vous alerter, vous guider.

• Pour d'autres, ce sont des sons qui interviennent, un bruit inattendu, inexplicable, un craquement, une note qui résonne. Voire la sensation d'une voix qui peut être interne ou extérieure, cette voix que beaucoup nomment la voix de leur conscience. Ce peut être encore une musique, une mélodie qui vous obsède ou s'impose sans raison.

Dans certaines circonstances, vous pouvez ressentir l'impression curieuse de chercher un mot, une phrase sans rapport avec vos pensées de l'instant. Comme un message qui voudrait se glisser au bord de votre esprit et qui cherche à s'imposer. Soyez tout particulièrement attentif à ces détails au cours de vos introspections ou de vos méditations.

• Une odeur peut aussi devenir vecteur d'un message… Agréable, elle vous encourage, c'est un message positif ; désagréable ou entêtante, elle symbolise sans doute une idée ou un projet à écarter ou à rejeter. Une odeur de fleur alors qu'aucun bouquet n'est à proximité est un signe souvent évoqué par ceux et celles qui ont une longue expérience de communication spirituelle.

• Les couleurs sont aussi très parlantes. Le gris, le noir sont des avertissements a priori négatifs alors que des couleurs lumineuses sont symboles de joie. Le langage populaire illustre bien ce ressenti quand il voit la vie en rose ou en noir…

• Dans le même esprit, la tonalité que nous prêtons à une certaine atmosphère peut être révélatrice ; elle sera chaude ou froide, légère ou lourde, voire pesante : autant de présages qui doivent éclairer votre analyse.

• Soyez également particulièrement attentif à d'autres ressentis. Vous éprouvez une impression de calme, de douceur, de paix : vous êtes sur la bonne voie. Mais une angoisse, un malaise, une peur irraisonnée sont aussi symboliques : vous devez faire attention, vous protéger, ou conclure que vous êtes en train de faire fausse route.

Prenez également en compte l'environnement quand de tels messages vous parviennent : vous éprouvez un sentiment de malaise devant un tableau ou à l'écoute d'une musique, prêtez-y attention. Peut-être cette peinture ou cette musique évoquent-elles quelque chose de particulier, qui pour vous soudain va devenir parlant.

Mais attention ! Ne devenez pas non plus obsédé par les moindres détails et ne vous mettez pas à interpréter tout et n'importe quoi ! Quand il veut communiquer, votre ange le fait dans des instants privilégiés ou vraiment problématiques pour vous et vous ressentez son intervention comme un événement inattendu. Il ne s'agit pas de faire la démarche contraire, c'est-à-dire de vous mettre à voir des signes partout avant même d'avoir éprouvé la moindre émotion, de vous être senti « interpellé ». Pas question de retomber en enfance, voire en débilité, et de vous laisser aller à des craintes superstitieuses : vous mettre à marcher sur un pavé sur deux ou à faire de grands détours pour fuir un mur plus noir que les autres, parier sur l'arrivée d'un bus ou lire les numéros minéralogiques des voitures qui vous précèdent en vous disant : si c'est un chiffre impair, je signe ce contrat, sinon j'abandonne !

Ne confondez pas croyance et superstition. Les messages de votre ange vous parviendront essentiellement dans les périodes de réflexion, d'introspection, et non, sauf cas exceptionnels, à tous les coins de rue !

• D'autres symboles doivent attirer votre attention : sachez comprendre le message d'un souvenir oublié qui soudain, sans raison apparente, s'impose à vous. Là encore le phénomène inhabituel peut avoir une raison insoupçonnée, mais révélatrice.

• Certains ouvrages répertorient encore d'autres phénomènes considérés comme « parlants » : des frissons au bas de la nuque, une particulière et impromptue hauteur de vue dans une analyse, une démonstration brillante sur un sujet face à des amis ou des relations de travail, un intérêt soudain et imprévu pour un domaine qui n'est pas le vôtre. On cite même le cas de personnes ouvrant un livre au hasard et trouvant une phrase qui les marque et les guide. Là encore, soyez attentif mais ne devenez pas obsédé ! Ces événements ne sont à prendre en considération que lorsque vous êtes réellement en état de recherche spirituelle.

Et n'oubliez pas d'accorder une particulière attention à vos rêves. Ces derniers méritent d'ailleurs que nous nous y arrêtions.

DÉCRYPTEZ VOS RÊVES

Expression et traduction naturelle de votre subconscient, les rêves peuvent être également le support privilégié d'un dialogue spirituel. Rêver et par là même entendre votre ange vous conseiller est une formidable révélation que votre conscient se plaît à voiler en temps ordinaire. La nuit, votre esprit se libère des blocages de l'ego, il s'ouvre aux vibrations supérieures et alors s'impriment en vous des images ou des phrases qui peuvent porter la marque de votre compagnon céleste.

Oui, les anges vous visitent pendant vos rêves ! Encore faut-il savoir décrypter leurs messages.

Ceux qui dominent mieux que nous leurs communications spirituelles nous proposent des grilles d'interprétation. Les anges, nous disent-ils, apparaissent parfois dans vos rêves comme des amis très proches. Au réveil, on s'en souvient mais on constate que cette personne que l'on a sentie comme très familière n'appartient pas au cercle des intimes. Elle est très proche mais inconnue dans la réalité du quotidien. Parfois, au plus profond de la détresse, cette « personne » nous apporte un réconfort inestimable, un bien-être oublié : cela peut être votre ange qui vous rappelle que vous n'êtes pas seul, que vous pouvez compter sur lui, et qui vous invite également à sortir de votre dépression, à chercher ailleurs que dans vos regrets les couleurs de la vie ou d'autres amitiés. L'ange peut apparaître aussi comme un sage, un puissant ou un personnage symbolique : un juge, un prêtre, un professeur par exemple, toujours inconnu mais pourtant familier. Soyez très attentif, dans ce cas, à ce que vous indiquent les messages de l'au-delà. Ils peuvent, symboliquement, fustiger telle ou telle de vos attitudes, ou bien vous mettre en garde contre un danger, ou vous indiquer le chemin à prendre.

Il faut être également attentif à des symboles que nous qualifierons de « transversaux » : vous rêvez de Los Angeles, où vous n'avez jamais mis les pieds, ou d'un lieu sacré ou historique. Cela peut signifier que votre ange vous envoie un message.

La plus grande difficulté, au début, réside dans la mémorisation du rêve au réveil. Une bonne formule consiste à réfléchir et entrer en méditation juste à l'instant où vous ouvrez les yeux ; plongez en vous et laissez venir les impressions, les souvenirs du rêve. Dès que vous êtes debout prenez le temps de noter rapidement ces épisodes nocturnes qui vous restent et vous marquent. Vous vous y attarderez plus tard, au moment privilégié de votre introspection quotidienne. Il se peut d'ailleurs qu'alors d'autres éléments de votre rêve vous reviennent.

Si vous vous réveillez au milieu de la nuit avec un rêve tout frais imprimé dans l'esprit, ne bougez pas et prenez le temps de l'analyser. Repassez-vous le rêve comme vous le feriez d'un film sur un magnétoscope, vous retrouverez peut-être de nouveaux « signes ».

Relisez les notes que vous avez pu prendre au bout de quelques semaines. Vous pourrez ainsi faire une synthèse et découvrir une ligne directrice, un message clair.

RECEVEZ DES ANGES LE CADEAU SUPRÊME

Après avoir conjugué vos exercices d'introspection, de méditation, de prière et d'écoute de votre ange gardien, vous aurez déjà franchi les premières marches de votre longue ascension vers le spirituel.

Cette recherche de communion avec votre ange gardien va vous apporter une sérénité, un équilibre qui faciliteront chaque instant de votre vie quotidienne.

Vous vous sentirez plus efficace, plus ouvert dans vos relations aux autres, plus en phase avec le monde terrestre dans ce qu'il a de beau, de bon, de merveilleux. Le sourire d'un inconnu croisé dans la rue, l'appel à l'amour d'un oiseau caché dans un arbre, un reflet de soleil, l'effluve d'un parfum suffiront à vous rappeler l'harmonie de l'univers.

Sentant votre ange gardien près de vous, sécurisé, vous serez tout au bonheur du moment présent et en parfaite relation avec les sphères plus élevées. Votre univers personnel, devenu plus réceptif, plus sensible à chaque preuve de la beauté de la Création même dans ses plus petits détails, s'ouvrira ainsi à l'immensité grandiose du cosmos.

Plus riche spirituellement, vous appréhenderez vos obligations les plus terrestres dans la gaieté et la bonne humeur. Contraintes ou impératifs toujours pesants reprendront dans votre vie la place qu'ils méritent : des épisodes sans véritable importance au regard de toutes les satisfactions profondes et vraies que peuvent apporter la beauté de la nature et la tendresse, l'amour que chaque humain porte en soi. Certes, les épreuves douloureuses ne vous seront pas épargnées pour autant, mais vous puiserez dans la confiance en votre ange — en tous les anges — la force de les accepter pour mieux les surmonter par la suite. Et vous saurez qu'au-delà des zones d'ombre la lumière existe. Dieu vous paraîtra sans doute encore lointain, vous aurez l'intime conviction qu'un ami puissant vous garde en relation spirituelle avec lui, vous élève vers les plans célestes, et en même temps vous permet de mieux comprendre — même si les voies du Seigneur, en ce bas monde si tourmenté, demeurent impénétrables — que votre venue sur terre représente une félicité.

Vous serez devenu, en somme, accessible à la joie. C'est elle que chantent les chœurs des hiérarchies célestes, et c'est le plus beau cadeau que les anges puissent vous offrir.

Sachez le recevoir et le partager.

Postface

Les anges m'ont fait souvenir qu'ils étaient partout quand on a besoin d'eux.

Car enfin, pour dessiner, je restais seul. Du moins le croyais-je... Nous avions tous envisagé, au début de cette entreprise, que je ferais une couverture, les pages de garde et quelques fresques en début de chapitre. Apparemment, les anges ne l'entendaient pas ainsi. Chacun d'eux est venu, m'interpellant, m'inspirant une nouvelle technique, le fusain, et des traits qui pourraient révéler le caractère de ses protégés, en période de lumière ou dans la peur de l'ombre.

Curieusement, à moins que ce ne soit encore un signe, les anges gardiens « bénéfiques » ont meublé mes nuits parisiennes, hôtes privilégiés s'imposant dans l'agitation professionnelle et citadine, comme pour me prouver que partout, même dans l'inquiétude, le brouhaha, voire la légèreté, on pouvait retrouver le calme des hautes solitudes proches du Tout-Puissant. Et c'est en revanche à Marrakech, face à l'Atlas, dans un lieu qui s'appelle « la maison du bonheur », là où tout semble « luxe, calme et volupté », que sont arrivés les anges rebelles, me rappelant à la modestie : même quand on se croit à l'abri les tentations affluent, qui peuvent, si nous y cédons, diminuer nos chances de sérénité. Peut-être n'est-ce pas pour rien que le Malin a choisi le désert pour mettre Jésus à l'épreuve.

C'était comme si les anges provocateurs voulaient me faire comprendre, à travers l'évocation des sources de malheur — méchanceté, arrogance, orgueil, goût du pouvoir, mauvais esprit, désespoir — que seules la simplicité, la compassion et la reconnaissance des autres pouvaient mener à la félicité.

Ces anges de notre trajectoire humaine, qui vont toujours par deux — voyez les cathédrales —, m'expliquaient en fait que notre dualité n'a rien de démoniaque. Ils demeurent à nos côtés, le « bon » et le « mauvais », pour nous faire dépasser nos limites, mais pas seulement dans un but égoïste : en faveur d'autrui également. Les anges nous aident, aidons alentour.

Je voulais un monument à la gloire de l'ange. Les anges m'ont dit que ce livre représentait juste — mais ce n'est déjà pas si mal — une trousse de première urgence, pour qui avait besoin de secours. J'aimerais que vous le gardiez près de vous, en cas d'incertitude ou de découragement. J'aimerais que les dessins qui accompagnent le texte vous inspirent comme ils m'ont été inspirés, et vous fassent pénétrer dans ce monde de l'Au-Delà, si proche, pourtant, et si familier pour qui s'en imprègne : celui de la présence angélique, toujours prête à sublimer votre parcours terrestre.

Jean-Charles de Castelbajac

Bibliographie

• *Anges et Démons* •
actes du Colloque de Liège et de Louvain-la-Neuve,
édité par le Centre d'histoire des religions
de Louvain-la-Neuve, 1989.

• *Enquête sur l'existence des anges gardiens* •
Pierre Jovanovic, éd. Aventure secrète-J'ai lu, 1993.

• *Le Grand Livre des invocations et des exhortations* •
Haziel, éd. Bussière, 1987.

• *Le Grand Livre des Anges* •
Mikael Hod, éd. Trajectoire, 1995.

• *Le Livre des Anges* •
Sophy Burnham, éd. Marabout, 1990.

• *Le Pouvoir des Archanges* •
Haziel, éd. Bussière, 1994.

• *Le Temps présent* •
Paco Rabanne, éd. Michel Lafon, 1994.

• *Les Anges et leurs missions* •
Jean Daniélou, éd. Desclée, 1990.

• *Les Religions de Babylonie et d'Assyrie* •
Édouard Dhorme, 1949.

• *Les Livres secrets des gnostiques d'Égypte* •
J. Doresse, Paris, 1958.

• *Histoire des croyances et des idées religieuses* •
Mircea Éliade, éd. Payot, 1976-1982.

• *Encyclopédie des mystiques occidentales* •
sous la direction de Marie-Madeleine Davy,
éd. Seghers, 1973.

• *Encyclopédie des mystiques orientales* •
sous la direction de Marie-Madeleine Davy,
éd. Seghers, 1973.

• *La Voie et sa vertu* •
Lao Tseu, Tao tê King, texte chinois présenté
et traduit par François Houang et Pierre Leyris,
éd. du Seuil, 1979.

• *Les Religions de l'humanité* •
Michel Malherbe, éd. Critérion, 1992.

• *Les Anges planétaires* •
Haziel, éd. Bussière, 1988.

• *Les Guides de Lumière* •
Charles-Rafaël Payeur, éd. Trajectoire, 1995.

• *Les Plus Beaux Textes sur les Anges* •
Vincent Klee, Nouvelles Éd. Latines, 1984.

• *Qui sont les Anges* •
Maria Pia Giudici, éd. Nouvelle Cité, 1985.

• *Les Anges rebelles* •
Édouard Brasey, éd. Filipacchi, 1995.

• *Ask Your Angel* •
Alma Daniel, Timothy Wyllie and Andrew Ramer,
Ballantine Books, New York, 1992.

Remerciements

À Michel Lafon pour la rencontre.
À Jackie Séguin et Henry Eynard à travers les textes.
À Huguette Maure et Pascal Vandeputte pour l'édifice.
À Maître Calmels.
À Alexandre et Jean Poniatowski pour la maison du bonheur.

M'ont assisté sur ce projet :

Laurence, le stylo.
Pascale, le fusain.
Sonia, la plume.
Marc et Patrick, l'épée.
Chocolat, la patte.

Table des matières

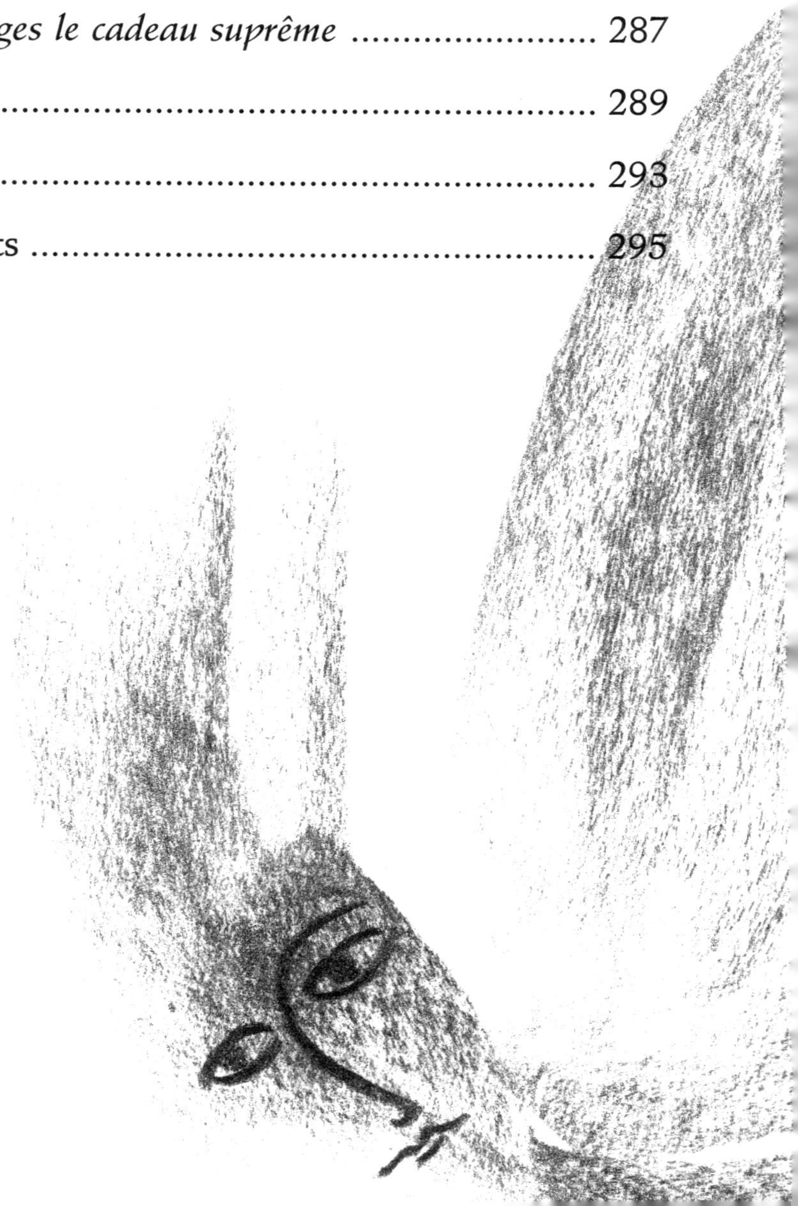

Directrice littéraire
Huguette Maure

Graphiste
Pascal Vandeputte

Attachées de presse
Nathalie Ladurantie
Sophie Hourdequin

Achevé d'imprimer par Corlet, Imprimeur, S.A. - 14110 Condé-sur-Noireau (France)
N° d'Imprimeur : 16342 - Dépôt légal : mars 1996 - *Imprimé en C.E.E.*

ISBN : 2-84098-150-5
50-1447-7
ML 305